Los ANCIANOS en la VIDA de la IGLESIA

9Marks

Edificando iglesias sanas

Otros libros de la serie de 9Marks Life in the Church, sobre la vida en la iglesia:

Biblical Theology in the Life of the Church por Michael Lawrence (Crossway)

¿Es tu iglesia sana? *9Marks* quiere ayudar a las iglesias a crecer en estos nueve signos de salud:

    (1) Predicación expositiva
    (2) Teología bíblica
    (3) Entendimiento bíblico de las buenas nuevas
    (4) Entendimiento bíblico de la conversión
    (5) Entendimiento bíblico del evangelismo
    (6) Membresía bíblica en la iglesia
    (7) Disciplina bíblica en la iglesia
    (8) Discipulado y crecimiento bíblico
    (9) Liderazgo bíblico en la iglesia

9Marks existe para equipar a los líderes de la iglesia con una visión bíblica y recursos prácticos con el fin de reflejar la gloria de Dios a las naciones a través de iglesias sanas.

Para ver una lista de los libros de *9Marks*, visita http://es.9marks.org/recursos/libros/.

Los ANCIANOS en la VIDA de la IGLESIA

Redescubriendo el modelo bíblico de liderazgo para la iglesia

PHIL A. NEWTON
MATT SCHMUCKER

Editorial PORTAVOZ

Título del original: *Elders in the Life of the Church: Rediscovering the Biblical Model for Church Leadership,* © 2014 por Phil A. Newton y Matt Schmucker, y publicado por Kregel Publications, una división de Kregel Inc., 2450 Oak Industrial Drive NE, Grand Rapids, Michigan 49505 U.S.A. Traducido con permiso. Todos los derechos reservados. Este libro es una actualización completa de la edición anterior *Elders in Congregational Life,* © 2005 por Phil A. Newton.

Edición en castellano: *Los ancianos en la vida de la iglesia* © 2021 por 9Marks y publicado por Editorial Portavoz, filial de Kregel Inc., Grand Rapids, Michigan 49505. Todos los derechos reservados.

EDITORIAL PORTAVOZ
2450 Oak Industrial Drive NE
Grand Rapids, Michigan 49505 USA
Visítenos en: www.portavoz.com

ISBN 978-0-8254-5880-4 (rústica)
ISBN 978-0-8254-6773-8 (Kindle)
ISBN 978-0-8254-7594-8 (epub)

1 2 3 4 5 edición / año 30 29 28 27 26 25 24 23 22 21

Impreso en los Estados Unidos de América
Printed in the United States of America

Para Karen,
¡en honor y celebración de nuestra vida juntos!

Para Eli,
¡a quien amo completamente!

Contenido

Prólogo

La iglesia es un reflejo del Hijo de Dios y, por eso, el liderazgo en la iglesia tiene mucha importancia. La iglesia es la forma como debe ser vista la gran esperanza: la eternidad con Dios en Cristo. El tiempo entre la ascensión de Cristo y su regreso, los cristianos en comunión unos con otros —amando, cuidando, motivando, compartiendo, corrigiendo y llevando sus cargas a través de los años— representan la imagen más clara del amor de Dios que este mundo puede ver.

La iglesia del Señor, su novia, no está compuesta solo de una lista de personas que son redimidas y santificadas, sino que, en la sociedad de los santos, existe algo que parece ser más humano de lo que se encuentra en la vida fuera de ella. Además, su brillo debe resplandecer como resultado de nuestra vida conjunta.

Ese era el plan desde el principio. Desde el inicio de los tiempos, Dios disfrutó de una comunión total consigo mismo (Padre, Hijo y Espíritu Santo). En la plenitud de su amor, Él hizo este mundo y después vino a redimirlo. Quienes son redimidos de entre la multitud de este mundo perdido son, en última instancia, quienes estarán con Dios para siempre.[1] En esa gran asamblea, nuestra unión con Cristo conocerá nuevas profundidades, riquezas y permanencia. Brillará y resplandecerá, irradiará y alegrará, añadirá una pasión y entendimiento con los que apenas podemos soñar ahora.

Cuando hablamos de liderazgo en la iglesia —es decir, en la iglesia local— debemos meditar en por qué es tan crítico *quién debe dirigir la iglesia y cómo*. Phil Newton es el hombre perfecto para escribir sobre este asunto: un cristiano humilde y gozoso que sabe lo que significa estar unido a Cristo. Más que eso, tiene décadas de práctica en el liderazgo como esposo y padre, y como pastor de su propia iglesia local en Memphis. Su entendimiento de la Palabra de Dios es aún más profundo que su opinión —¡una declaración notable si alguna vez has hablado con Phil o lo has escuchado predicar! Él ha experimentado lo que significa liderar una iglesia como único pastor y anciano, y llevar a cabo la transición

---

1. Ver 1 Tesalonicenses 5 y 2 Tesalonicenses 2 para algunas palabras de Pablo sobre esta gran realidad.

hacia la pluralidad de ancianos. Yo también soy pastor, he dirigido una iglesia y he vivido esa transición. Por esa razón, elogio a Phil y recomiendo su trabajo.

Tal vez tienes preguntas sobre el liderazgo. Tal vez eres diácono y estás preocupado por las ideas que tu pastor ha estado compartiendo. Quizás eres miembro de una iglesia desde hace muchos años y te preguntas cómo deberías pensar sobre la estructura de tu iglesia. Tal vez eres pastor y, a través del estudio de las Escrituras, tu propia experiencia o al observar otras iglesias, cuestionas la forma en la que tu iglesia está siendo dirigida. Encontrarás ayuda en este libro, donde la sabiduría bíblica y el afecto pastoral se unen y ofrecen la ayuda que necesitas. Las respuestas y sugerencias tienen muchos ejemplos bíblicos y personales.

Aunque pueden venir a nuestra mente diferentes objeciones sobre los ancianos en la iglesia, este libro aborda tres de forma excelente.

¿Es bautista? Puedes pensar que la idea de tener ancianos simplemente ¡no es bautista! Cuando nuestra iglesia estaba considerando el cambio, un miembro anciano dijo esto frente a un gran grupo en la escuela dominical.[2] Si compartes esa preocupación, el primer capítulo de Phil será interesante para ti. En él analiza a los bautistas a través de la historia —tanto en Inglaterra como en los Estados Unidos— especialmente sobre lo que significa tener múltiples ancianos en una iglesia local. Phil cita fuentes importantes para mostrar que los bautistas de tiempos antiguos reconocieron que los pastores son ancianos (en ese sentido, los bautistas siempre han tenido ancianos) y que los bautistas muchas veces han predicado, enseñado y escrito a favor de tener múltiples ancianos en una sola congregación.

Por eso, aunque es verdad que otros grupos —como los presbiterianos, los holandeses reformados, las iglesias bíblicas, las iglesias de Cristo y así sucesivamente— han defendido el hecho de tener ancianos, los bautistas también lo han creído y enseñado.

A pesar de que se ha convertido en una posición minoritaria entre los bautistas —y Phil aún está investigando este interesante hecho— siempre ha estado presente y, en la actualidad, parece estar experimentando un renacimiento. Después de leer este libro verás que tener ancianos es, en realidad, algo «bautista».

¿Es bíblico? A algunas personas que lean este libro no les preocupa si ser anciano es bautista. Tal vez te encuentras en una iglesia evangélica liberal, una

---

2. Escribí un pequeño libro que aborda esta preocupación de forma directa: Mark Dever, *By Whose Authority?* (Washington DC: 9Marks, 2005). Para obtener un breve resumen de enseñanza bíblica sobre los ancianos, ver el libro de Mark Dever titulado *Nine Marks of a Healthy Church*, 3.ª edición (Wheaton, IL: Crossway, 2013). Para obtener una visión más amplia de la manera en que los ancianos trabajan conforme a la forma de gobierno bautista, ver el libro de Mark Dever titulado *A Display of God's Glory* (Washington DC: 9Marks, 2001).

iglesia independiente, o alguna otra iglesia, y estás en el proceso de reconsiderar tu estructura. Para ti, la preocupación no es la identidad de tu denominación, sino la fidelidad bíblica. Esa es la preocupación de los mejores bautistas, ¡y también de los mejores presbiterianos, metodistas, congregacionalistas, episcopales y luteranos! Los cristianos entienden que la Biblia es la revelación de Dios de sí mismo y su voluntad para nosotros y, por eso, la Biblia es la guía de nuestra fe y nuestra forma de vivir. La Biblia nos enseña cómo enfocarnos en Dios, tanto de forma individual como en nuestras iglesias. La Biblia nos dice cómo vivir nuestra vida, y nos dice cómo debe estar organizada una iglesia. Por tanto, si estás preocupado por saber si el anciano es bíblico, encontrarás mucha ayuda en este libro.

El libro *Los ancianos en la vida de la iglesia* está lleno reflexiones cuidadosas, equilibradas e informadas de la Escritura. El capítulo 3 analiza el testimonio del Nuevo Testamento, observando las diferentes posiciones que son utilizadas por los líderes y abordando el asunto de múltiples ancianos en una sola congregación. El capítulo 5 considera los ejemplos del Libro de Hechos. La segunda parte se enfoca en cuatro textos principales: Hechos 20, el testimonio de la reunión de Pablo con los ancianos de Éfeso; 1 Timoteo 3, que presenta los requisitos necesarios para ocupar el oficio de anciano; Hebreos 13, las palabras dirigidas a los líderes de las congregaciones; y 1 Pedro 5, las palabras de Pedro sobre lo que significa ser un copastor del rebaño de Dios. Las tres partes que componen este libro hacen referencia y reconocen la Escritura. Phil no solo conoce la Biblia, sino que procura obedecerla. Como pastor, ha experimentado las dificultades de dirigir una congregación a través del cambio. ¿Por qué haría eso? Por su creencia en la capacidad de la Escritura y su compromiso a ser guiado por ella, tanto en la forma como se enfoca en Dios, como en la forma que dirige a su iglesia a hacer lo mismo. Después de leer este libro, estarás de acuerdo con Phil y verás que tener ancianos es, en realidad, algo bíblico.

¿Es lo mejor? Finalmente, puede que tu preocupación sea más práctica. Puede que no te encuentres tan preocupado por tu identidad denominacional o los intensos debates sobre textos específicos de la Biblia. Tal vez piensas que tener una pluralidad de ancianos parece ser la forma más bíblica de dirigir una iglesia, pero te preguntas *¿es en realidad lo mejor?* ¿Es lo mejor para tu iglesia en este momento? ¿Cómo puedes hacerlo? Tal vez tu pastor está promoviendo la idea ahora mismo. Quizás él te dio este libro para que lo leyeras. (¿No te encanta la forma en que los pastores te ofrecen libros para leer, como si no tuvieras nada más que hacer?). Quizás eres parte del equipo de liderazgo de una iglesia que está estudiando este tema. Quizás eres un pastor que está convencido de tener ancianos en su iglesia, pero no tienes idea de cómo lo pondrías en práctica. ¡Ánimo! ¡Has encontrado el libro correcto!

No conozco otro libro que ofrezca argumentos tan específicos y prácticos para la transición hacia la pluralidad de ancianos. La tercera parte: De la teoría a la práctica, es una excelente guía práctica para evaluar a los ancianos, presentarlos y comenzar sus funciones en la iglesia. Por la cantidad de información que hay en estos capítulos, es obvio que Phil ha vivido el proceso, y desea compartir sus propias experiencias —buenas y malas— para ayudarnos a tener mejores experiencias en nuestras iglesias. Si te encuentras leyendo este libro verás que tener ancianos es, sin duda, la mejor forma de dirigir tu iglesia.

Una palabra más de testimonio: estoy entusiasmado por este libro por lo que ha significado para mí, como pastor principal, el hecho de tener ancianos. Desde 1994, he tenido el privilegio de servir en la iglesia Capitol Hill Baptist Church en Washington, D. C. Esta iglesia, que fue fundada en 1878 y creció mucho durante la primera parte del siglo XX, disminuyó en número durante la última mitad del siglo. En los primeros meses y años de mi mayordomía en esta congregación bautista, que es muy tradicional (y mayor en edad), enseñé abiertamente sobre lo que significa tener ancianos —y con esto no quise decir simplemente tener más personal, sino entender que Cristo otorga a su iglesia maestros, algunos de los cuales pueden ser apoyados financieramente por la iglesia mientras otros no lo son. Estaba convencido de que estaba de acuerdo con la historia bautista, que era bíblico y que era simplemente lo mejor el cambio a una pluralidad de ancianos.

Enseñé que estos ancianos me ayudarían a guiar el rebaño. Enseñé de 1 Timoteo y Tito, de 1 Pedro y Hechos 20, de Hebreos 13 y Efesios 4. Cuando tuve la oportunidad instruí a la congregación utilizando el libro sobre ancianos de John MacArthur[3] distribuyendo múltiples copias de este en la congregación. Tuvimos el privilegio de que D. A. Carson viniera a nuestra iglesia y enseñara sobre este tema. Cité el ejemplo de otros pastores bautistas muy conocidos —desde C. H. Spurgeon hasta John Piper— quienes tenían ancianos.

Finalmente, después de dos años de consideración cuidadosa por un comité, la congregación votó por adoptar una nueva institución con pluralidad de ancianos. Solo un miembro votó en contra, pero seis años después, él aún continúa siendo un miembro feliz de la iglesia que asiste regularmente. ¿Cuál ha sido el resultado? Seis años de un mejor cuidado pastoral, sabiduría en la toma de decisiones, ayuda en las dificultades y gozo para mí al ver hombres piadosos y maduros, que han entregado su vida y sacrificado su tiempo para liderar la congregación que Dios les ha dado. Ha sido un tiempo maravilloso.

---

3. John MacArthur, Jr., *Answering the Key Questions about Elders* (Panorama City, CA: Grace to You, 1984).

Mientras lees este libro, oro para que Dios lo haga útil para ti, y para que experimentes lo mismo que yo: la bondad y cuidado de Dios a través del orden que Él estableció para su iglesia. Si Dios nos ha instruido de manera deliberada, entreguémonos a escuchar y prestarle atención a su Palabra en cada punto —aun en lo que se refiere a tener ancianos reconocidos en la iglesia.

La autoridad es un don de Dios para nosotros. Conocemos a Dios mejor cuando ejercemos y nos sometemos a la autoridad, especialmente porque este don de autoridad es muy poco comprendido y, muchas veces, mal utilizado en nuestras iglesias. Oro para que a través de este libro Dios te ayude a ti y a tu iglesia.

Mark Dever
Capitol Hill Baptist Church
Washington, D. C.

Agradecimientos

La primera edición en inglés de este libro, *Elders in Congregational Life* (*Los ancianos en la vida de la iglesia*), fue producida con el apoyo y ayuda de varios colegas y amigos: los miembros de la iglesia South Woods Baptist Church en Memphis donde serví desde 1987; mis compañeros ancianos: Jim Carnes, Tommy Campbell y Tom Tollett, amigos que me prestaron un lugar tranquilo para poder escribir. Richard y Ginger Hamlet, amigos que leyeron el manuscrito y ofrecieron sugerencias muy valiosas para mejorarlo. Suzanne Buchanan, Mark Dever, Ray Pritchard, Danny Akin, Tom Ascol, Matt McCullough, Randy McLendon y Todd Wilson; y amigos que me dieron la oportunidad de enseñar sobre los ancianos: los finados Stephen Olford y David Olford. ¡Mi deuda con todos estos amigos nunca podrá ser pagada!

El volumen actual se basa en la influencia significativa de aquellos que se destacaron, con la adición de algunos más. Trabajar en equipo junto a mi viejo amigo Matt Schmucker, quien contribuye con conocimiento de muchos años de experiencia como anciano, le otorga al libro un nuevo nivel de aplicación *y* color ¡Gracias, Matt! Jonathan Leeman y Bobby Jamieson de 9Marks añadieron habilidades editoriales y conocimiento eclesiástico para mejorar la utilidad del libro. ¡Gracias, hermanos!

Además de los tres ancianos que servían conmigo cuando el volumen original fue impreso, se unieron al cuerpo de ancianos Dan Meadows y Chris Wilbanks. Ellos, junto a los demás mencionados anteriormente, añadieron muchos niveles a mi entendimiento del ministerio de los ancianos. Uno de mis gozos más grandes en el ministerio es servir junto a estos hombres que oran por mí, me motivan y estimulan a un mayor amor por Cristo. Ellos me ayudan a cargar el peso de pastorear el rebaño. ¡Los amo mucho, hermanos!

En los últimos años, el Señor le ha otorgado a nuestra iglesia un grupo maravilloso de pastores ayudantes, actuales y previos. Ellos hicieron tantas preguntas importantes que dieron lugar a este libro. ¡Gracias, Drew Harris, Rich Shadden, Mike Beaulieu, Chris Spano, Mike Collins, Steven Hockman, Matt Gentry y James Tarrance! Matt Sliger, quien era un ayudante y ahora es uno de nuestros pastores, me ha ayudado de muchas maneras, al igual que nuestra asistente administrativa: Debbie Jones. ¡Me encanta servir junto a ustedes!

Algunos de mis profesores del Southeastern Baptist Theological Seminary perfeccionaron mi entendimiento del tema en este libro, especialmente John Hammett, Andreas Köstenberger, Bruce Ashford y Alvin Reid. Les agradezco su inversión en mí. Los miembros de mi grupo del doctorado, Cris Alley, Dale South, Josh Laxton, Louis Beckwith y Jason Mitchell se unieron a través de muchas horas de conversación sobre eclesiología, formas de gobierno de la iglesia y liderazgo, las cuales perfeccionaron mi entendimiento de estos temas importantes. ¡Gracias por ser el hierro que afila al hierro!

Mi familia ha sido una motivación a través del proceso de escritura y edición. ¡Mi esposa Karen es una ayuda incomparable y un gozo para mí! Ella ha escuchado mis discursos dispersos sobre mi investigación y escritos, y lo ha hecho con paciencia y aliento. ¡Karen, tú eres mi amor! ¡Mis hijos y sus cónyuges han escuchado mis conversaciones sobre este libro con mucha amabilidad y nunca actuaron con desesperación! Gracias Kelly y Adam, Andrew y Jessica, John, Lizzy y Stephen. Y gracias a mi madre, Jane Newton, quien nunca se cansó de preguntarme cómo iba con la escritura del libro. Además, escribí este libro para que la generación de mis nietos pueda tener un fundamento de liderazgo más fuerte mientras maduran en su entendimiento del evangelio y la iglesia de Cristo. Addie, Olivia, Spence, Clara, Stratton, Lyla (murió en el 2011), y Tripp me recuerdan que la generación que sigue necesita buenos fundamentos de normas bíblicas.

Gracias por tomar tiempo para leer y pensar en el tema de la pluralidad de ancianos y las normas de la iglesia. ¡Qué el Señor nos otorgue más pasión por seguir su diseño para la iglesia!

Phil A. Newton
28 de noviembre de 2012

En otoño de 1984, el Señor intervino con su gracia y me rescató de una condenación segura, dándome vida a través del nuevo nacimiento que solo se encuentra en Jesucristo. Su amor se demuestra en su provisión, y está íntimamente unido a una iglesia y varias personas sin las que no habría tenido el conocimiento y el corazón para escribir las palabras que se encuentran en este libro. Mi historia es su historia.

La iglesia Capitol Hill Baptist Church ha sido mi hogar espiritual desde 1991. Ellos recibieron un joven inexperto, lleno de energía (¡no un anciano!) y pacientemente me empujaron y llevaron a nuevos niveles de dedicación y amor por la iglesia de Cristo.

Los ancianos de la iglesia Capitol Hill Baptist Church han sido una fuente de sabiduría y motivación desde que me reuní por primera vez en el invierno de 1998-1999. He amado servir con ustedes y pido disculpas por todas las veces que mi confusión y terquedad extendieron nuestras reuniones hasta ya tarde.

Jonathan Leeman, quien sin duda está editando incluso este mismo párrafo, ha sido el mejor de los amigos y un recuerdo constante de piedad en palabra y conducta. Karen Race, Josh Coover, Kevin Hsu, Andrew Sherwood, Marcus Glover, Tim Gosselin, Katy Winsted, Bobby Jamieson, Justin Leighty, John Pastor, Paul Alexander, Paul Curtis, Scott Gurley, Susan Gwilliam, Brooke Santamaria, Zach Moore, Tosan Ogharaerumi y Samuel Jindoyan, quienes de una manera u otra me han prestado su corazón y mente para la causa de la edificación de iglesias sanas a través de *9Marks*. Agradezco de manera especial a Ryan Townsend, el nuevo director ejecutivo de *9Marks*, por apoyar este proyecto. Oro para que el Señor bendiga todos tus planes.

Desde 1994, Mark Dever ha sido mi amigo, pastor, vecino cercano y compañero anciano. Juntos hemos enterrado amigos queridos, visto a otros apartarse de la fe, trabajado para proteger las ovejas que están bajo ataque, visto a muchos bautizarse y asistir a lo que parecían miles de bodas. Mark ha creído lo mejor de mí cuando faltaba evidencia, ha modelado generosidad con sus palabras y dones y, a través de su ejemplo, me ayudó a creer en el cielo y en Aquél que se sienta en el trono por el que vale la pena esperar. Soy un pesimista por naturaleza y por experiencia me convertido en un optimista mayormente por mi amistad con Mark.

Le pedí a una fructífera, leal y fiel chica rubia que tiene como sobrenombre Eli que se casara conmigo en agosto de 1987 y dijo «¡Claro!» A pesar de mis cambios, su determinación, dedicación y amor no han variado. No me sorprende ver esas mismas cualidades presentes en mis personas favoritas del planeta, mis hijos: Chelsea, Jason, Lauren, Katie y Joanna. ¡Prefiero estar con ustedes en la mesa de la cocina que en cualquier otro lugar del mundo! Si estoy calificado para escribir sobre lo que significa ser un anciano es porque ustedes seis me han apoyado en la «administración de mi hogar» y lo han llenado del aroma y el amor de Cristo.

Matt Schmucker
19 de septiembre de 2012

Introducción

«¿Por qué ancianos?». La pregunta me fue planteada mientras nuestra congregación pasaba por una transición hacia el liderazgo de ancianos. Los ancianos eran algo extraño en la mente de mi denominación en ese momento. Un buen estudio de la Escritura, la historia de la iglesia y las implicaciones prácticas cambiaron la forma que pensábamos, pero eso fue hace más de 20 años.

A partir de la primera publicación en inglés de *Los ancianos en la vida de la iglesia* en 2005, los debates sobre el tema han aumentado. Matt Schmucker y yo hemos atendido innumerables llamadas telefónicas, correos electrónicos y visitas donde pastores nuevos y experimentados, y líderes de la iglesia nos interrogaron sobre la introducción del tema de los ancianos en sus iglesias. Algunos preguntaron las razones bíblicas por las cuales cambiar su estructura y otros preguntaron cómo conciliar su forma de gobernar con la historia de la iglesia. La mayoría parecían preocupados por saber cómo funcionaba una iglesia que era gobernada por un grupo de ancianos. ¿Cómo podrían hacer la transición en sus iglesias hacia una sana pluralidad de ancianos? ¿Podrían ellos hacerlo sin que hubiera división en sus iglesias? ¿Cómo reconocerían a los hombres calificados para servir como ancianos? Muchos aún hacen las mismas preguntas y por esa razón escribimos este libro.

No obstante, antes de entrar en los detalles más importantes de la pluralidad de ancianos, permíteme hablar un poco sobre mi propia historia de transición hacia el liderazgo de ancianos.

Hay tres elementos principales que me guiaron hacia la pluralidad de ancianos: la Escritura, la historia bautista y los elementos prácticos de la vida de la iglesia. Mientras predicaba sermones sobre textos bíblicos que enseñaban sobre la pluralidad de ancianos experimenté varios momentos incómodos porque suavizaba o ignoraba la enseñanza debido a mi propio contexto pastoral. Las referencias de los ancianos abundan en el Nuevo Testamento y por eso es imposible no encontrar estos textos mientras predicas a través de los libros de la Biblia. Adopté la explicación superficial que igualaba a los ancianos de la iglesia primitiva con el personal pastoral de hoy en día. Esto complacía a mi audiencia, pero estaba claro para mí que impuse una perspectiva moderna sobre un texto antiguo. Antes de continuar ofreciendo esta explicación a mi congregación, tuve que asegurarme de que esta interpretación era fiel al texto bíblico. Si, a través de mi propio estudio de la Escritura no me convencía de que esta interpretación era bíblica, ¿cómo podría convencer a mi congregación? Mientras más estudiaba los textos bíblicos, encontraba menos apoyo para simplemente igualar a los ancianos al personal moderno de la iglesia. La integridad bíblica me llamó a un cambio en la forma que estudiaba estos textos.

La historia también jugó un papel importante en la manera que mi pensamiento fue cambiando. Cuando era adolescente descubrí que mi iglesia local reconoció a los ancianos en su historia antigua. Los primeros pastores fueron identificados como anciano Gibson, anciano Hudson y anciano Jennings. ¿Por qué fueron llamados *ancianos* en el siglo XIX si en realidad eran pastores? La respuesta a esa pregunta llegó varios años más tarde cuando un amigo me envió una copia de un sermón de W. B. Johnson titulado *The Rulers of a Church of Christ* (Los gobernantes de una iglesia de Cristo) de su libro *The Gospel Developed through the Government and Order of the Churches of Jesus Christ* (El evangelio desarrollado a través del gobierno y el orden de las iglesias de Jesucristo) (1846). Johnson, el primer presidente de la Convención Bautista del Sur, estableció claramente la necesidad bíblica y práctica de la pluralidad de ancianos en la vida bautista. La reputación de Johnson como líder entre los bautistas del sur hizo que su discurso no fuera un simple marcador histórico para *Los ancianos en la vida de la iglesia*. Si la vida congregacional de alguno, o tal vez muchos, bautistas de los siglos XVIII y XIX incluía la práctica del liderazgo de ancianos, entonces ¿por qué los bautistas de los siglos XIX y XX hicieron una transición hacia una estructura de liderazgo de un solo pastor, personal y diáconos?

Por último, las preocupaciones prácticas dieron motivos para cuestionar la estructura de autoridad común de las iglesias bautistas. He experimentado mi participación en conflictos de la iglesia, desánimo en reuniones de negocios, diáconos pocos calificados y luchas de poder en la vida congregacional. Fui testigo de la falta de compromiso entre el pastor y los diáconos, lo que afectó la unidad y la vida de una iglesia. ¿Era esta la manera en que las cosas tenían que ser si eras un bautista? Muchos pensaban que sí. Sin embargo, ¿cómo le responderé al Señor de la iglesia si consiento al conflicto y la confusión en el liderazgo de la iglesia?

Conociendo mi responsabilidad ante Dios por la manera en que dirijo la iglesia que sirvo, sabía que tenía que tomar un mejor camino aun cuando el precio fuera alto. ¿Existe una manera más bíblica de dirigir la vida de la iglesia? Esa fue la pregunta que enfrenté a finales de 1980 y la que muchos enfrentan actualmente. La necesidad de cambio no debe ser ignorada, pero la metodología no tiene que dar lugar a reacciones precipitadas que afecten el equilibrio de las congregaciones. Sin embargo, los líderes de la iglesia y las congregaciones deben trabajar para descubrir la voluntad revelada por Dios en la Escritura y, después, obedecerla fielmente.

Los ancianos en la vida de la iglesia analiza la pluralidad de ancianos a partir de los mismos tres ángulos: histórico, bíblico y práctico. A pesar de que Matt y yo hemos escrito nuestras experiencias como bautistas que han hecho la transición hacia ancianos, ambos hemos hablado con muchos que no son bautistas sobre la misma necesidad de establecer normas sanas para la iglesia. Aunque la mayoría de nuestros ejemplos provienen de nuestro trasfondo bautista, creemos que las iglesias de otras denominaciones encontrarán recomendaciones históricas, bíblicas y prácticas que serán igualmente útiles para establecer una sana estructura en la iglesia.

La primera parte de este libro es la sección histórica, es la más corta de las tres, pero es de ayuda, especialmente para aquellos que tienen un trasfondo bautista —que es mi propia herencia denominacional—, para ver cómo las iglesias bautistas con un liderazgo de pluralidad de ancianos en realidad no son algo extraño después de todo. La pregunta más importante que he recibido sobre la historia de los ancianos en la vida bautista es sobre qué fue lo que sucedió para cambiar el pensamiento bautista de la pluralidad de ancianos. ¿Por qué la práctica común bautista de la pluralidad de ancianos de los siglos XVII, XVIII y bien entrado el XIX cambió, por lo menos en los Estados Unidos, en el siglo XX? Pienso que la sección histórica ayudará a responder esa importante pregunta, y otras, y demostrará que los ancianos encajan muy bien con el hecho de ser bautista.

La segunda parte regresa a las Escrituras y revisamos cuatro textos bíblicos claves, estudiando cada uno de ellos de manera expositiva para mostrar la enseñanza bíblica sobre el liderazgo de los ancianos. Estos mismos textos me hicieron sentir incómodo al principio de mi ministerio, porque temí que las iglesias que servía no tuvieran la intención de adoptarlos, sin embargo, tenía la responsabilidad de enseñar sobre ellos. ¡Si no es bíblico ciertamente no necesitamos enfrentar el problema de la transición hacia el gobierno de ancianos! Pero si es bíblico, entonces estamos obligados a reconsiderar la forma en que gobernamos y dirigimos nuestras iglesias a la luz de la Palabra de Dios. Esta reconsideración finalmente lleva al cambio.

La tercera parte nos lleva de la teoría a la práctica: ¿Cómo llevamos el texto bíblico a la práctica real del liderazgo plural de ancianos? ¿Cómo cambia esto la manera en que conducimos la vida de iglesia? Aquí es donde aconsejo a los líderes de las iglesias a moverse de forma lenta, deliberada y suave. ¡Ningún líder debería leer un libro sobre la pluralidad de ancianos y anunciar repentinamente el cambio a su congregación! ¡Eso podría ser desastroso! Sin embargo, debe comenzar el proceso cuidadoso de enseñar, instruir y dirigir a su congregación hacia una forma sana de liderazgo en la iglesia. Las preguntas que he recibido de pastores, líderes y estudiantes de seminario a través de los años toman forma en los capítulos de esta sección; por lo menos hago el esfuerzo de responderles. He tratado de considerar muchos de los obstáculos y objeciones de la transición del gobierno de la iglesia. Te exhorto a leer estos capítulos cuidadosamente antes de comenzar un cambio masivo en tu iglesia.

El liderazgo de la iglesia continúa siendo importante, independientemente del tamaño o la ubicación de la iglesia y por esa razón añadí el capítulo 21, «El desarrollo del liderazgo en lugares difíciles: misioneros, iglesias nuevas y ancianos». Mis conversaciones con líderes de misiones y compatriotas me llevaron a una seria reflexión sobre cómo establecer el liderazgo de ancianos cuando el misionero tiene una oportunidad mínima de hacerlo, especialmente donde la persecución parece ser la norma. Para aquellos que están en la obra transcultural, puede que encuentres este capítulo muy útil y también puede que ayude a congregaciones involucradas en la obra misionera a ser más sensibles a los desafíos que enfrentan nuestros misioneros.

¡El mejor cambio de este libro llegó con la inclusión de los capítulos sinceros de Matt Schmucker! Matt ha sido mi amigo desde mediados de los años 90, cuando nos conocimos en una conferencia. Desde entonces, hemos hablado mucho sobre la familia, los deportes, el evangelio, normas de la iglesia y la vida. Hemos orado y llorado juntos. ¡Amo su franqueza y pasión por la iglesia de Cristo! Encontrarás muchos ejemplos de esto en sus capítulos. Su narración de la restauración de la iglesia Capitol Hill Baptist Church hacia una salud vibrante te dará esperanza y motivación, así como conocimiento para tu propio contexto. Ambos oramos para que este libro sea útil para la iglesia de Cristo y los líderes fieles que buscan pastorear el rebaño comprado por su sangre (Hch. 20:28).

Abreviaturas

ANF	Alexander Roberts y James Donaldson, eds. *Ante-Nicene Fathers*. Reimpresión, 1885. 10 vols. Peabody, MA: Hendrickson, 2004.
BDAG	Frederick W. Danker. *A Greek-English Lexicon of the New Testament and Other Early Christian Literature*. 3.ª ed. Chicago, IL: University of Chicago Press, 2000.
CrChr	Philip Schaff, ed. David S. Schaff, ed. rev. *The Creeds of Christendom with a History and Critical Notes*. 3 vols. 6.ª ed. Grand Rapids, MI: Baker, 1993.
EMQ	*Evangelical Missions Quarterly*
LKGNT	Fritz Rienecker. *A Linguistic Key to the Greek New Testament*. Cleon L. Rogers Jr., ed. Grand Rapids, MI: Zondervan, 1980.
NAC	*New American Commentary*. Nashville, TN: B&H.
NICNT	*New International Commentary on the New Testament*. Grand Rapids, MI: Eerdmans.
NIGTC	*New International Greek Testament Commentary*. Grand Rapids, MI: Eerdmans.
NTC	*New Testament Commentary*. Grand Rapids, MI: Baker.
TDNT	Gerhard Kittel, ed. *Theological Dictionary of the New Testament*. Trad. Geoffrey W. Bromiley. 10 vols. Grand Rapids, MI: Eerdmans, 1964.
WBC	*Word Biblical Commentary*. Waco, TX: Word. Nashville, TN: Thomas Nelson.

PRIMERA PARTE

¿Por qué ancianos?

CAPÍTULO UNO

¿Por qué los *ancianos bautistas* no son una contradicción?

Los retratos antiguos de hombres mayores trajeron preguntas a mi mente joven. Eran las fotografías de los pastores que habían servido en mi iglesia local durante el siglo XIX, y despertaron mi curiosidad adolescente cada vez que los veía al caminar por el pasillo. Cada uno tenía el título de «anciano» bajo su nombre.

Sabía que los presbiterianos y las congregaciones de la Iglesia de Cristo tenían un oficio llamado «anciano», pero nunca había escuchado de un anciano en una iglesia bautista.

Sin embargo, las imágenes no mentían, y mi iglesia, First Baptist Church de Russellville, Alabama, había reconocido a los ancianos en una ocasión. La iglesia había sido fundada por congregaciones de las ciudades cercanas en el año 1867 «con los ancianos R. J. Jennings y Mike Finney constituyendo el presbiterio».[1]

Mi iglesia no era la única. En siglos anteriores, las iglesias bautistas se referían a menudo a sus pastores como ancianos. Y no solo eso, sino que con frecuencia tenían una pluralidad de ancianos incluyendo hombres que no eran pagados por la iglesia. Algunos llamaron a estos ancianos no ordenados «ancianos gobernantes».[2] Por ejemplo, J. H. Grimes frecuentemente se refiere a los pastores como *ancianos* al escribir a principios del siglo XX. Él se refería al anciano John Bond de Statesville como «el único con licencia de ministro en ese tiempo que fue ordenado de manera regular por la iglesia Union Church en el año 1820 por un

---

1. Boyce Broadus, *Baptists of Russellville, Alabama, 1867-1967* (Birmingham, AL.: Banner Press, 1967), 3. La señorita Broadus era la nieta del destacado teólogo bautista del sur, John Broadus.

2. Gregory A. Wills, *Democratic Religion: Freedom, Authority, and Church Discipline in the Baptist South, 1785-1900* (Nueva York: Oxford University Press, 1997), 51, 155 n. 4. Wills obtiene esta conclusión de varios registros históricos de los bautistas de Georgia de los siglos XVIII y XIX.

presbiterio que consistía en los ancianos Joshua Lester y David Gordon».[3] Más adelante, Bond sirvió como pastor, pero fue llamado «anciano» antes de entrar al pastorado. En las iglesias bautistas de Tennessee, Grimes llamó «ancianos laicos» a los hombres involucrados en el liderazgo pastoral que no tenían un salario.[4]

LA PLURALIDAD DE ANCIANOS ENTRE LOS BAUTISTAS ESTADOUNIDENSES

Muchas iglesias bautistas de Estados Unidos fueron dirigidas por una pluralidad de ancianos, tanto remunerados como no remunerados.

Por ejemplo, David Tinsley, un prominente bautista que servía junto al padre de Jesse Mercer[5] en Georgia, a finales del siglo XVIII, fue ordenado cuatro veces: primero en el oficio de diácono, luego al de anciano gobernante, después como predicador del evangelio y, finalmente, al oficio del evangelista.[6] Como anciano no pagado ni miembro del personal, era parte de la pluralidad de ancianos de su iglesia. Su servicio con el destacado líder Silas Mercer demuestra la importancia otorgada a la pluralidad de ancianos entre los bautistas.[7]

Se puede encontrar una amplia evidencia del liderazgo de pluralidad de ancianos en las minutas de la principal asociación de los bautistas de la era colonial, la Asociación Bautista de Filadelfia. Por ejemplo, en 1738, la asociación evaluó si un anciano que gobernaba y que había sido apartado por la imposición de manos «podía más adelante ser llamado por la iglesia, debido a sus dones, en Palabra y doctrina [por ejemplo, como pastor], y ser ordenado nuevamente por la imposición de manos». La respuesta fue simple: «Sí».[8] En realidad, parece ser norma en

---

3. J. H. Grimes, *History of Middle Tennessee Baptists* (Nashville: Baptist and Reflector, 1902), 158.

4. Ibíd. Ciertamente, los términos *ancianos gobernantes* y *ancianos laicos* no son títulos del Nuevo Testamento. Sin embargo, la distinción de estos títulos refleja a algunos de los títulos que son utilizados comúnmente en la iglesia moderna, por ejemplo, pastor *principal*, pastor *asociado*, pastor de *educación* y pastor *ejecutivo*. Todos son considerados como funciones de servicio en posiciones pastorales, pero no todas tienen la misma función en el establecimiento de la iglesia local. El adjetivo califica la función de la manera que lo ha hecho con los títulos de anciano *gobernante* y el anciano *laico*. Estoy en deuda con el Dr. Daniel Akin por plantear preguntas sobre esta importante distinción histórica (correspondencia personal, 24 de julio de 2003).

5. Jesse Mercer, también prominente ministro bautista, fue el fundador de la Universidad de Mercer.

6. David Benedict, *General History of the Baptist Denomination in America and Other Parts of the World* (Boston: Manning and Loring, 1813), 176.

7. Wills, *Democratic Religion,* 31, identifica a Silas Mercer de Georgia e Isaac Backus de Massachusetts como *Revolutionary War-era leaders* entre los bautistas. Así, el servicio de Tinsley en los ancianos pluralistas tuvo lugar en una iglesia prominente.

8. A. D. Gillette, ed., *Minutes of the Philadelphia Baptist Association 1707-1807: Being the First One Hundred Years of Its Existence* (1851; repr.; Springfield, MO: Particular Baptist Press, 2002), 39.

la Asociación de Filadelfia hacer una distinción entre los ancianos gobernantes y aquellos que ministran la Palabra regularmente.[9] La pluralidad era su práctica.

También en el acta de la reunión de 1790 de la Asociación Bautista de Kentucky Elkhorn, la iglesia Cooper Run Church preguntó si el oficio de anciano, a diferencia del de ministro, era una institución evangélica. La asociación respondió: «La opinión de la asociación es que es una institución evangélica». Los bautistas del siglo XVIII reconocieron a los ancianos que no eran parte del personal como parte de la pluralidad de ancianos de sus iglesias locales.[10]

La Asociación de Charleston también reconoció que los ministros son llamados «ancianos» y sugirió que las iglesias debían ser dirigidas por «presbiterios» que tuvieran una pluralidad de «ministros» o «ancianos».[11]

En resumen, la práctica no era universal pero muchas iglesias bautistas de los siglos XVIII y XIX practicaron el liderazgo plural. El historiador bautista Greg Wills expresa: «Estos ancianos asistían al pastor según la necesidad en la predicación, el bautismo y la Cena del Señor. Eran líderes de la congregación por su sabiduría, piedad, conocimiento y experiencia. Dichas iglesias reconocían los dones y el llamado de todos los ancianos que estaban entre ellos».[12] Por un tiempo, muchos bautistas hicieron distinción entre los «ancianos gobernantes» y «los ancianos docentes». Los que gobiernan se enfocan en asuntos administrativos y de gobierno de la vida de la iglesia, mientras que los que enseñan ejercen responsabilidades pastorales que incluyen la administración de las ordenanzas. Para 1820, el título de «anciano gobernante» había desaparecido y algunos afirmaron que el pastor y los diáconos constituían los ancianos. No todos estuvieron de acuerdo, incluyendo el primer presidente de la Convención Bautista del Sur, W. B. Johnson, quien «enseñó que Cristo requería de manera estricta que cada iglesia tuviera una pluralidad de ancianos».[13]

LA CAÍDA DE LOS BAUTISTAS ESTADOUNIDENSES EN LA PLURALIDAD DE ANCIANOS

Frecuentemente surge la pregunta de por qué los bautistas abandonaron la práctica de la pluralidad de ancianos. El teólogo Stanley Grenz identificó a Isaac

---

9. Ibíd., 102.

10. Basil Manly Jr., «History of the Elkhorn Association», visitada el 9 de febrero de 2011; http://baptisthistory.page.comelkhorn.assoc.his1.manly.htm1.

11. En «A Summary of Church Discipline», de Mark Dever, ed., *Polity,* 120, y referencia en plural a los ministros en la página 125.

12. Greg Wills, «The Church: Baptists and Their Churches in the Eighteenth and Nineteenth Centuries», en *Polity: Biblical Arguments on How to Conduct Church Life,* ed. Mark Dever (Washington, DC: Center for Church Reform, 2001), 33-35.

13. Ibíd., 34. Wills resume la visión de Johnson.

Backus (1724-1806) como una de las razones principales del abandono. Backus, uno de los líderes bautistas más significativos del siglo XVIII, mejor conocido en nuestros días por su obra orientada a la política, aun cuando se reunía con los miembros del Congreso Continental. Sin embargo, Backus también promovió ampliamente el evangelismo y la plantación de nuevas iglesias. Como prolífico escritor y talentoso orador, influenció más de una generación. Creció como congregacionalista y pastoreó la iglesia New Light Church en Titicut, Massachusetts, comenzando en 1748 antes de adoptar la visión bautista en 1756. Después sirvió como pastor de la iglesia First Baptist Church de Middleborough, Massachusetts, durante cincuenta y dos años hasta su muerte.

La familia de Backus sufrió a manos de la jerarquía religiosa de las colonias y, por eso, él reaccionó correctamente contra cualquier tiranía o jerarquía religiosa. Deploró cualquier forma de gobierno que despreciara al individuo común en la iglesia. Muchas iglesias bautistas practicaban la pluralidad de ancianos en ese tiempo, probablemente debido a la influencia de la Asociación de Filadelfia. Pero el énfasis de Backus en el individualismo, unido a su congregacionalismo exagerado, dio lugar al menosprecio de la pluralidad de ancianos en las iglesias que estaban bajo su influencia. Grenz explica: «Backus favoreció a un clero muy "débil" cuando el verdadero poder se encontraba en los mismos miembros de las iglesias».[14] Por consiguiente, Backus puso el límite de un solo anciano a las iglesias que él ayudó a comenzar.[15]

El ministro bautista John Leland (1754-1841) tomó el manto de Backus sobre la libertad religiosa y la forma de gobierno de la iglesia a través de sus propios escritos y oratoria. Ambos hombres habían sido moldeados por el énfasis en el individuo practicado por la cultura colonial en desarrollo, y habían relegado la iglesia a una posición secundaria con relación al individuo.[16] Como lo destaca un historiador, Backus hizo un llamado a una «forma de gobierno congregacional absoluta» que era más adecuada para el individualismo, mientras Leland «equiparó el congregacionalismo, la forma de gobierno de la iglesia y el cristianismo» probablemente inclinándose más hacia Thomas Jefferson que la Escritura para establecer su visión.[17] Ambos líderes bautistas temían que cualquier estruc-

---

14. Stanley Granz, *Isaac Bakcus—Puritan and Baptist: His Place in History, His Thought, and Their Implications for Modern Baptist Theology* (NABPR Dissertation Series, 4; Macon, GA: Mercer University Press, 1983), 278-279.

15. Ibíd., 279.

16. Edwin S. Gaustad, «The Backus-Leland Tradition», en *Baptist Concepts of the Church: A Survey of the Historical and Theological Issues Which Have Produced Changes in Church Order*, Winthrop S. Hudson, ed. (Chicago: Judson Press, 1959), 106.

17. Ibíd., 122-123.

tura eclesiástica pudiera quitar el poder de la congregación y esto los llevó a menospreciar la idea del liderazgo de la pluralidad de ancianos, aun cuando esos ancianos dirigieran bajo la autoridad final de la congregación (como sucedía con las iglesias de la Asociación Bautista de Filadelfia).

El énfasis en el individualismo y la caída de la pluralidad de ancianos continuó hasta mediados del siglo XIX con los escritos prolíficos de Francis Wayland. Wayland, junto a Edwards Hiscox y John Newton Brown, dieron forma a lo que sería conocido durante generaciones como la ortodoxia bautista.[18] Wayland trató las diferentes formas de gobernar la iglesia como accidentes históricos. Él no creía que el Nuevo Testamento presentara una estructura organizacional normativa, y por eso declaró que las decisiones sobre el gobierno de la iglesia podían variar dependiendo de la iglesia, adoptando cada una lo que le parecía ser más útil. A pesar de favorecer la política congregacional, no se enorgullecía de ello, sino que hacía énfasis en la libertad individual. Este énfasis continuo en el individualismo erosionó tanto la naturaleza corporativa de la iglesia local como la estructura de liderazgo de la pluralidad de ancianos.[19]

En la misma época, el surgimiento del landmarkismo se enfocó en el mismo individualismo que aumentaba, y su énfasis en una democracia estricta en las iglesias deterioró aún más el modelo de liderazgo establecido en el Nuevo Testamento.[20] Así, el landmarkista J. M. Pendleton, en su *Baptist Church Manual* (Manual bautista para la iglesia), de 1893, declaró que «los pastores y diáconos son solo oficiales escriturales permanentes de la iglesia».[21]

A pesar de esta diversidad, las iglesias bautistas modernas que buscan adoptar el liderazgo plural tienen una herencia razonable como fundamento[22] que se refleja claramente a través de algunos de los documentos de bautistas anteriores que tratan el tema de las formas de gobierno. Dos ejemplos finales: primero, Benjamin Griffith en *A Short Treatise Concerning a True and Orderly Gospel Church* (Un breve tratado sobre una iglesia evangélica verdadera y ordenada) (1743), enseña claramente sobre la pluralidad de ancianos, señalando a los ancianos gobernantes como aquellos dotados para «asistir al pastor o maestro en el gobierno de la iglesia».[23] Más adelante explicó: «Las labores de enseñanza y gobierno le

---

18. Norman H. Maring, «The Individualism of Francis Wayland», en *Baptist Concepts*, Hudson, 135.

19. Ibíd., 152-158, 165-166.

20. Ver a Robert G. Torbet, Landmarkism, en *Baptist Concepts*, Hudson, 170-195 para un análisis útil de la influencia del landmarkismo temprano.

21. Pendleton, J. M., *Baptist Church Manual* (Nashville: Broadman Press, 1966), 24, 32.

22. Estoy en deuda con Shawn Wright del Southern Baptist Theological Seminary en Louisville, Kentucky, con la investigación y comentarios que ayudaron a aclarar este punto (correspondencia personal, 24 de enero de 2003).

23. Benjamin Griffith, *A Short Treatise Concerning a True and Orderly Gospel Church* (Philadelphia:

pertenecen al pastor, pero en caso de que no se encuentre disponible, o la labor de gobierno sea muy grande para él, Dios ha provisto para su asistencia, y estos son los llamados ancianos gobernantes».[24] Griffith vio a los ancianos junto al pastor, que ministraban la Palabra, fortaleciendo sus manos para las demandas del ministerio cristiano. Ellos debían ser útiles y «facilitar la labor del pastor o maestro, manteniendo en alto el honor del ministerio».[25]

En 1798, la Asociación Bautista de Filadelfia encargó a Samuel Jones (1735–1814), pastor y académico de influencia en las colonias del centro, revisar las disciplinas de la Confesión de Fe de Filadelfia. Él hizo esto en el año 1805. En su trabajo, Jones admitió que hubo muchas disputas entre los bautistas sobre la legitimidad de los «ancianos gobernantes». Él pensaba que era mejor que las iglesias locales decidieran por ellas mismas si incluían este oficio en particular en sus respectivas congregaciones y, por eso, ofreció declaraciones a favor y en contra de la práctica. En realidad, él afirmó que los ancianos gobernantes pueden ayudar a «aliviar parte de la carga del ministro» de la misma manera que también lo hacen los diáconos. Él dijo que podían resolver «algunas ideas difíciles y mala voluntad» de los miembros de la congregación que pudieran surgir de las decisiones del liderazgo. Más adelante explicó que no todos los ministros tienen dones para dirigir los asuntos de la congregación y que otros pueden manejar mejor esas responsabilidades. Por tanto, la congregación necesita asignar a dichos hombres la autoridad para servir en dichas capacidades.[26] A pesar de que prefiero no destacar al «anciano gobernante», como es común en los círculos presbiterianos, los argumentos de Jones indican claramente que los primeros bautistas reconocieron la pluralidad de ancianos como parte necesaria del gobierno de la iglesia.

LOS BAUTISTAS INGLESES

La práctica de incluir ancianos en la vida bautista no comenzó en los Estados Unidos. La pluralidad de ancianos era común en Inglaterra durante los siglos XVII y XVIII. Al mencionar varios ejemplos de ancianos laicos de las iglesias bautistas,[27] el historiador A. C. Underwood destacó que los primeros bautistas

---

Philadelphia Baptist Association, 1743), en Mark Dever, ed., *Polity: Biblical Arguments on How to Conduct Church Life* (Washington, DC: Center for Church Reform, 2001), 98.

24. Ibíd.

25. Ibíd.

26. Samuel Jones, «A Treatise of Church Discipline and a Directory (1798)», en Dever, *Polity*, 145-146.

27. Mi uso de *ancianos laicos* como una manera de explicar la práctica histórica de la pluralidad

no solo reconocieron la pluralidad de ancianos, sino que también destacaron las funciones de los ancianos en las iglesias locales. Él menciona a la iglesia del siglo XVII, Broadmead Church de Bristol, que tenía un pastor, ancianos que gobernaban, diáconos y diaconisas.[28]

Sin embargo, los ancianos bautistas eran diferentes de los presbiterianos. Los primeros «retrocedieron ante la idea» de que los ancianos en una iglesia funcionaran como ancianos en otra. Por tanto, ellos nunca habrían considerado la idea de un sínodo o presbiterio fuera de la iglesia local. La autoridad le pertenecía a la iglesia local. La única excepción parece haber ocurrido cuando los ancianos de una iglesia, por el bien de la necesidad, ayudarían a ordenar oficiales o administrar las ordenanzas en otra iglesia. En dichos casos, los ancianos funcionaban como ministros del evangelio, pero sin autoridad pastoral en la otra iglesia.[29]

La mayoría de los bautistas ingleses de ese tiempo, a diferencia de los presbiterianos, rechazaron la idea de que los «ancianos gobernantes» fueran diferentes de los «ancianos docentes». La iglesia Devonshire Square Church de Londres, donde pastoreaba William Kiffin, reconoció «una semejanza en los ancianos», cada anciano compartía responsabilidades y autoridad en la iglesia. De la misma manera, en 1688, en una iglesia de Kensworth, Bedforshire, «fueron escogidos tres hombres conjunta e igualmente para oficiar en el partimiento del pan y la administración de otras ordenanzas, y la iglesia acordó al mismo tiempo proveer y mantener todo a su cargo».[30] El renombrado Benjamin Keach también rechazó la idea de los ancianos gobernantes como una posición diferente, pero permitió que la iglesia pudiera «escoger algunos hermanos dispuestos y prudentes para que fueran de *ayuda* en el *gobierno*», probablemente como una alianza separada o, más probable, como miembros de la pluralidad de ancianos.[31] Sin embargo, algunas iglesias bautistas marcaron una diferencia entre los ancianos docentes y los ancianos gobernantes. En dichos

---

de ancianos no es un respaldo del término para el uso moderno. Una mejor diferenciación podría ser *ancianos que no son parte del personal* sirviendo con ancianos que son parte del personal de la iglesia. Esto supone que, a diferencia de los ancianos del personal, los que no son parte del personal no reciben ningún pago de la iglesia por su servicio.

28. A. C. Underwood, *A History of the English Baptists* (Londres: Carey Kingsgate Press, 1947), 130-31.

29. En James M. Renihan, «The Practical Ecclesiology of the English Particular Baptists, 1675-1705: The Doctrine of the Church in the Second London Baptist Confession as Implemented in the Subscribing Churches» (tesis doctoral, Trinity Evangelical Divinity School, 1997), 196.

30. Ibíd., 201.

31. Benjamin Keach, *The Glory of a True Church and Its Discipline Display'd* (Londres: sin editorial, 1697), 15-16 (énfasis Keach), citado en Renihan, «Practical Ecclesiology», 202.

casos, «el pastor era el jefe de los ancianos de la iglesia», mientras los ancianos gobernantes compartían la supervisión con él.[32]

Ciertamente, no todas las iglesias bautistas de los ingleses de esta época practicaron la pluralidad de ancianos, pero «la mayoría de los bautistas reformados, o calvinistas, estaban comprometidos a una pluralidad y paridad de ancianos en sus iglesias» al creer que la pluralidad de ancianos era «necesaria para tener una iglesia completa».[33]

Los ancianos nunca debían dominar con su posición en sus iglesias. Eran «mayordomos responsables ante su Señor y siervos para con su pueblo». Sus deberes, según un sermón de ordenación de Nehemiah Coxe en 1681, eran «la oración (dirigiendo la adoración), la predicación y el ejercicio de la disciplina; y los deberes privados como la visita del rebaño para motivarlos, exhortarlos y reprenderlos».[34] Hanserd Knollys, otro líder destacado de los bautistas ingleses del siglo XVII, describió los deberes de la pluralidad de ancianos de la siguiente manera:

> El oficio del *pastor, obispo* y *presbítero* o *anciano* en la iglesia de Dios consiste en asumir el cargo, supervisión y cuidado de aquellas almas que el Señor Jesucristo le ha encomendado, alimentar el rebaño del Señor, cuidar sus almas, liderar, guiarlas y gobernarlas… según las leyes, constituciones y ordenanzas del Evangelio.[35]

CONFESIONES BAUTISTAS

Los documentos y declaraciones confesionales sobre la forma de gobierno de la iglesia entre los primeros bautistas de Inglaterra y Estados Unidos confirmaron la práctica de la pluralidad de ancianos. La Confesión de Londres de 1644 afirmó:

> Al ser así unidos, cada iglesia tiene el poder otorgado por Cristo para su bienestar, para escoger para sí mismos y reconocer personas para el cargo de pastores, maestros, ancianos y diáconos calificados según la Palabra, como aquellos a los que Cristo ha designado en su Testamento para alimentar, gobernar, servir y edificar a su Iglesia, y que nadie más tiene el poder de imponerlos, tanto a estos como a cualquier otro.[36]

---

32. Ibíd.

33. Ibíd., 205.

34. Ibíd., 210, resumiendo los comentarios de Coxe.

35. Ibíd., 210; citando a Hanserd Knollys, *The Word That Now Is* (Londres: Tho. Snowden, 1681), 52.

36. John Piper, «Biblical Eldership: Shepherd the Flock of God Among You», ap. 1; consultado el 29 de marzo de 2003; www.desiringgod.org/resource-library/seminars/biblical-eldership-part-1a. Ver también el libro de John Piper, *Biblical Eldership (Minneapolis: Desiring God Ministries, 1999).*

Al igual que la Confesión de los Bautistas de Londres, la Declaración de Saboya de 1658 —confesión congregacionalista que contenía mucha de la sustancia en las confesiones bautistas más recientes —identificó a los «pastores, maestros, ancianos y diáconos» como «los oficiales designados por Cristo para ser escogidos y apartados por la iglesia».[37]

La Confesión Bautista de 1688 (la Confesión de Filadelfia) era similar a la Declaración de Saboya, con solo un cambio en el nombre de los oficios, identificados como «obispos o ancianos y diáconos».[38]

La Confesión de Nueva Hampshire de 1833 —documento fundamental de la Convención Bautista del Sur de 1925, para su *Fe y Mensaje Bautistas*— identifica en la iglesia local solo a los oficiales escriturales como los «obispos, pastores y diáconos, cuyos requisitos, demandas y deberes están definidos en las epístolas a Timoteo y Tito».[39]

El Resumen de Principios de 1858 —confesión que aún se utiliza en los seminarios teológicos bautistas del sur y sureste— estableció «que los oficiales regulares de una iglesia son los obispos o ancianos y los diáconos».

A pesar de que en *Fe y Mensaje Bautistas*, de 1925, de los bautistas del sur, se reconoce el oficio de los ancianos, las revisiones de los años 1963 y 2000 eliminan los títulos de *obispo* y *anciano*: «Sus oficiales escriturales son los pastores y los diáconos». El cambio demuestra cómo la pluralidad de ancianos dejó de usarse en la práctica bautista».[40]

Evidentemente, estas declaraciones confesionales son un poco vagas y dan razón a aquellos que afirman la pluralidad de ancianos y aquellos que la rechazan. No todas las iglesias bautistas inglesas y coloniales practicaron la pluralidad de ancianos. Según algunas versiones, solo lo hizo una minoría. Sin embargo, la presencia de la pluralidad de ancianos entre líderes destacados y en las iglesias

---

37. *CrChr*, 3:725.

38. Ibíd., 3:739.

39. Ibíd., 3:747.

40. Paul Burleson en un sermón titulado «An Historical Study of Baptist Elders—1 Peter 5:1-4», en la iglesia Trinity Baptist Church en Norman, Oklahoma; consultado el 21 de noviembre de 2002; http://www.hhbc.com/webpages/baptist1.htm, ofrece tres razones del declive de los ancianos en la vida bautista de finales de 1800 hasta 1900. Primero, en la expansión de las iglesias bautistas hacia el oeste, el plantador y pastor único muchas veces sirvió como ministro de circuito manejando la mayor parte de los deberes de la iglesia con una pluralidad de ancianos que se desvanecía en el proceso. Probablemente, el liderazgo masculino calificado era escaso durante los primeros días. Segundo, el surgimiento del landmarkismo con su énfasis en «el gobierno democrático con ningún anciano gobernando» tuvo una profunda influencia en la vida y práctica de los bautistas del sur. Tercero, «el surgimiento de los campbelitas» —llamados actualmente iglesia de Cristo, que utilizaban la palabra anciano de manera exclusiva— hicieron que los bautistas reaccionaran y rechazaran el nombre *anciano*, utilizando solo la palabra *pastor* para aquellos involucrados en el ministerio y liderazgo de la iglesia.

fuertes contradice el concepto de que los ancianos son inusuales entre los bautistas.

W. B. JOHNSON Y LOS BAUTISTAS DEL SUR

Como fundador de la Convención Bautista del Sur y su primer presidente denominacional, W. B. Johnson dejó un legado de fidelidad bíblica y pasión por el evangelio. Su obra sobre el gobierno de la iglesia, «The Gospel Developed through the Government and Order of the Churches of Jesus Christ» (El evangelio desarrollado a través del gobierno y el orden de las iglesias de Jesucristo) (1846) continúa siendo una guía generalmente confiable para la motivación de las iglesias bautistas a ser fieles a la Palabra de Dios. Después de exponer la evidencia bíblica sobre la pluralidad de ancianos en las iglesias del primer siglo, Johnson explicó que cada anciano (u «obispo» o «supervisor», como él los llamó) aportó un «talento específico» a las necesidades de la iglesia. Añadió: «La importancia y necesidad de un obispado en cada iglesia, personificando dones para diferentes servicios, es más evidente para el cumplimiento de uno de los grandes fines para los cuales Cristo vino al mundo y, por lo cual, cuando ascendió al cielo recibió dones para los hombres» (ver Ef. 4:7-16).[41] En una pluralidad, cada anciano ofrece diferentes dones y habilidades para que todo el cuerpo se beneficie de su ministerio compartido. Johnson establece: «Una pluralidad en el obispado es de gran importancia para el consejo y la ayuda mutuos, para que el gobierno y la edificación del rebaño puedan ser fomentados de la mejor manera».[42] Al revisar la enseñanza escritural sobre los ancianos, Johnson explica: «Estos gobernantes eran todos iguales en rango y autoridad, y ninguno tenía privilegio sobre el resto. Esto se confirma en el hecho de que todos debían cumplir los mismos requisitos y, aunque algunos laboraban en la Palabra y la doctrina y otros no, la diferencia entre ellos no era el rango, sino el tipo de servicio».[43] Él identificaba la igualdad entre los ancianos independientemente de su función o rol en la iglesia.

Johnson también era realista. Aunque reconoce que la Escritura requiere la pluralidad de ancianos, destacó que algunas iglesias pueden no estar dispuestas a establecer una pluralidad inmediatamente: «En una iglesia donde no se puede tener más de un anciano, este debe ser designado bajo el principio de que tan pronto pueda ser conseguido otro debe haber una pluralidad».[44] Asimismo,

---

41. W. B. Johnson, «The Gospel Developed through the Government and Order of the Churches of Jesus Christ» (Richmond: H. K. Ellyson, 1846); en Dever, *Polity*, 193.

42. Ibíd., 192-193.

43. Ibíd., 191.

44. Ibíd., 194.

Johnson hizo una distinción entre los ancianos y los diáconos. El oficio de los ancianos es espiritual, mientras que el de los diáconos es temporal. «Los intereses de la iglesia que requiera un cuidado temporal, caen bajo la responsabilidad de los *diáconos* como *siervos* de la iglesia».[45] Por supuesto, los diáconos también funcionan en pluralidad.

¿Tenían todas las iglesias bautistas del pasado una pluralidad de ancianos? Obviamente no, pero muchas creían que era el modelo del Nuevo Testamento. El pastor John Piper, después de analizar las confesiones bautistas históricas, llegó a la misma conclusión: «Lo menos que podemos decir a partir de este análisis histórico de las confesiones bautistas es que *es falso afirmar que el liderazgo de ancianos no es bautista.* Por el contrario, el liderazgo de ancianos es más bautista que su ausencia, y su desaparición es un fenómeno moderno, similar a otros cambios de la doctrina que hacen que su desaparición sea cuestionable en el mejor de los casos».[46]

DESAPARICIÓN RECIENTE DE LA PLURALIDAD DE ANCIANOS

Los últimos doscientos años han sido testigos de la desaparición de la pluralidad de ancianos entre los bautistas. Los pastores comenzaron a actuar como directores ejecutivos en lugar de los pastores humildes descritos en el Nuevo Testamento. Su personal es contratado según sus habilidades profesionales y sus iglesias son dirigidas como grandes negocios que requieren las estructuras corporativas de una compañía exitosa.

Una mirada sincera al gobierno general actual de las iglesias da lugar a preguntas sobre nuestra diligencia para conformarnos según la Escritura. Específicamente, ¿se están diferenciando bien los cristianos occidentales del mundo que les rodea? ¿Estamos actuando como sal y luz en nuestras comunidades? ¿Son nuestros «valores familiares» perceptiblemente diferentes a los de nuestro prójimo? Relacionadas con estas preguntas sobre la santidad de la iglesia están las preguntas sobre su gobierno: ¿son nuestras congregaciones alimentadas y disciplinadas de la misma manera que en el Nuevo Testamento? ¿Están nuestras listas de miembros infladas y podría esto estar contribuyendo a nuestra mundanalidad? ¿Los pastores y personal de la iglesia rinden cuentas a alguien además de ellos mismos? ¿Podría la alarmante tasa de comportamiento inmoral entre los ministros estar relacionada con la desconexión entre el personal de la iglesia y una pluralidad de ancianos piadosos, tanto laicos como del personal? Para

---

45. Ibíd., 196-197.
46. Piper, *Biblical Eldership*, ap. 1.

decirlo claramente, creo que la experiencia reciente nos muestra que la Escritura enseña que la santidad de una iglesia está relacionada con su forma de gobierno, de la misma manera que la fe está relacionada con el orden.

Nuestros antepasados bautistas buscaron fundamentar la estructura y las prácticas de su iglesia en la enseñanza de la Santa Escritura. Estos incondicionales no conformaron sus iglesias a los diseños populares actuales, sino que aplicaron las verdades de la Escritura para trazar un camino para sus herederos. Al final, el hecho de que los bautistas históricamente practicaron la pluralidad de ancianos o no, es secundario. El enfoque principal de los líderes de la iglesia de hoy debe ser entender lo que enseña la Palabra de Dios y luego organizar sus iglesias conforme a ello. La historia sirve simplemente para afirmar la veracidad de la Escritura.

REFLEXIONES

- ¿Qué papel juega la historia en el entendimiento de la vida de la iglesia moderna?
- ¿Practicaron todas las primeras iglesias bautistas la pluralidad de ancianos?
- ¿Cuáles eran las posiciones de Benjamin Griffith, Samuel Jones y W. B. Johnson sobre la pluralidad de ancianos?
- ¿Cuál fue la influencia que tuvieron Isaac Backus, John Leland y Francis Wayland en la forma de gobierno de la iglesia bautista?
- ¿Por qué hubo un movimiento que se alejó de la pluralidad de ancianos en los bautistas de los siglos XIX y XX?

CAPÍTULO DOS

Ovejas sin pastor

Abandonado. Estaba seguro de eso. Era noviembre del año 1990 y mi esposa, mis dos niños y yo estábamos tratando de preparar el funeral de Madeline Dunmire, la abuela de mi esposa. Estábamos parados frente a la iglesia Capitol Hill Metropolitan Baptist Church, donde su abuela Dunmire había sido miembro desde 1924 hasta su muerte. Sin embargo, el edificio se veía abandonado.

No había señales exteriores que identificaran el edificio porque se habían caído años atrás. La mitad de la moldura de las vidrieras había sido pintada probablemente diez años atrás, y la otra mitad estaba perdiendo la pintura y estaba descuidada desde quién sabe cuándo. El terreno de la iglesia estaba rodeado por una cerca de alambre y una parte se había caído. Frente a la cerca había unos arbustos con espinas para «mantener lejos a los vagabundos». De hecho, los arbustos podrían también haber asustado un gran número de visitantes y tenían una gran cantidad de latas de cerveza y basura.

Pusimos nuestro auto en un terreno vacío cercano y lo estacionamos al lado de otro auto destrozado. Las cuatro puertas de la iglesia que eran visibles desde la calle estaban cerradas y no se veía a nadie moviéndose dentro del edificio oscuro. De pie, afuera, en el frío helado, la conversación con mi esposa era algo como esto:

—Aquí no hay nadie.

—Debe haber alguien.

—Este lugar está abandonado.

—Puede ser.

—¿Estás seguro de que este es el lugar correcto?

—Recuerdo haber venido cuando era niña para los almuerzos de madres e hijas.

—Este lugar no parece estar abierto, cariño.

Finalmente, una mujer de mediana edad con acento sureño se acercó a la última puerta que tocamos. Ella preguntó: «¿Puedo ayudarlos?».

Resulta que esta era la iglesia de la abuela y estaba llevándose a cabo un funeral. Nancy, la señora amigable de Georgia que nos abrió la puerta, nos llevó hacia la guardería. Parecía un hospital europeo oriental de la guerra de principios del siglo XX, pero más sucio. La habitación estaba rodeada de cunas blancas de metal con poca pintura que estaban sobre un piso de linóleo sucio. Estaba iluminada por tres focos descubiertos que colgaban de un alambre del techo y las personas contratadas que trabajaban en la guardería no hablaban inglés.

Decidimos mantener a nuestros hijos con nosotros y entonces caminamos a través de una serie de pasillos hasta llegar al «santuario». Los diferentes tonos de gris y azul del cabello de las ancianas que estaban sentadas en las últimas filas de asientos eran tan fuertes como el olor a naftalina que brotaba de sus abrigos de lana y piel.

El servicio comenzó y, de forma sorprendente, no hubo ningún inconveniente. El coro vestido con túnicas cantó a partir del himnario bautista y el evangelio fue predicado a una audiencia anciana de doscientas personas en un salón con poca iluminación y con capacidad para mil personas.

En conversaciones posteriores se hizo evidente que mi familia estaba buscando un remanente de lo que se conocía como los «días de gloria». Desde 1930 y hasta 1950, el edificio estuvo lleno de jóvenes veteranos de guerra y sus padres, ahora eran viejos e iban muriendo. Una parte del grupo de ancianos era conocido como el «Club de la triple L» que significaba Larga Vida y Disfruta (por sus siglas en inglés). Tenían su propio salón en el sótano que estaba frente al Salón Comunitario, conocido anteriormente como el tabernáculo inferior. Otra grupo era conocido como los «Panteras Grises», un nombre que adoptaron cuando expulsaron a un joven pastor en los años ochenta, el cual había querido establecer un modelo de crecimiento contemporáneo en la iglesia, que fuera sensible a los buscadores, pero los Panteras habían ganado y el joven pastor se fue para iniciar un ministerio de consejería.

Esta primera visita a Capitol Hill Metropolitan Baptist Church, que unos años más tarde dejaría el nombre de «Metropolitan», no nos dejó una impresión que nos hiciera querer regresar. (Desde entonces, la iglesia se conoce con el nombre de Capitol Hill Baptist Church, y así la estaré llamando de aquí en adelante, o CHBC). A pesar de todo, mi esposa y yo nos mudamos recientemente a Washington D. C. con nuestra familia y decidimos unirnos a la iglesia. Tal vez podríamos hacer algún bien y, lo que es más importante, era una iglesia donde se predicaba el evangelio con claridad.

Quién sabía lo que Dios tenía planeado.

A través de una serie de entrevistas providenciales, no planificadas, fui contratado por la iglesia en el verano de 1991 para mejorar el funcionamiento interno de la iglesia. Mi plan era ayudar por noventa días y luego comenzar la escuela de posgrado, pero lo que había visto de la iglesia desde afuera simplemente se convirtió en algo más interesante desde adentro.

Conocí a la secretaria de la iglesia, quien estaba tan intimidada por su computadora IBM 286 que tenía un extintor cerca por si la máquina se incendiaba. Tenía cinco pares de zapatos debajo de su escritorio, y cada par era un poco más grande que el último para acomodar sus pies hinchados a lo largo del día.

Conocí a la Sra. Dicks de 96 años, la secretaria financiera, quien aún utilizaba una calculadora de escritorio con manubrio y rollo de papel del tamaño de un pequeño microondas. Ella ayudaba a supervisar dieciséis cuentas que se encontraban distribuidas en más de seis bancos. («¡No queremos que nadie ponga sus manos en todo el dinero!»). A dos ancianos le tomó toda la mañana y hasta el almuerzo para contar la ofrenda y depositar el dinero en los diferentes bancos.

Conocí a George, un misionero de buen corazón retirado de Pakistán que visitaba los hospitales y escogía los himnos del domingo. Y a Bill, el encargado de mantenimiento de sesenta y seis años que no sabía cómo mantener nada, pero habría sido un gran pastor.

Me di cuenta de que la iglesia no era popular en el vecindario y había varios motivos para esto, pero la razón principal era la destrucción de casas históricas para construir estacionamiento. Estos estacionamientos permitieron que la congregación llegara de sus casas cercanas, pero creó «huecos» en el vecindario donde una vez había edificaciones que eran de mucho orgullo.

La congregación era una extraña combinación de personas. Por un lado, teníamos al anciano, Carl F. H. Henry, fundador de la revista *Christianity Today* (El cristianismo hoy) que fue reconocido por la revista *TIME* como «el Billy Graham para el hombre que piensa». Al Dr. Henry, le gustaba sentarse en el banco debajo de la parte más débil del techo. Siempre estuve esperando que el yeso cediera y le cayera encima. Por otro lado, había un conocido fornicador que cantaba solos desde la galería del coro y usaba un sobrero mexicano de borlas.

Teníamos al Dr. Joe, quien se cortaba las uñas durante el servicio de la mañana. Él se sentaba cerca de Ed, un trabajador del gobierno retirado. Ed utilizaba una corbata de banderas la mayoría de los domingos y solo conducía grandes Cadillacs. Era tan nacionalista que juraría que Jesús debió haber nacido en el medio oeste (de Estados Unidos), y no en Medio Oriente.

A nuestro ujier de la puerta principal le faltaba un dedo índice y, el de la puerta trasera, Alvin Minetree de 80 años, usaba fajas de colores para combinar sus sombreros y adornar sus trajes blancos. Él saludaba a la mayoría de las mujeres con un «aquí viene una dama hermosa».

Este desfile de personajes se reunía cada domingo en la mañana para absorber música, música y más música. El organista tenía un peinado tipo *bouffant* y tocaba su órgano manual Allen con un volumen tan alto que el piso se estremecía. La directora inglesa del coro parecía tener complejo de culpa por ser inglesa porque nunca dejaba de tocar canciones patrióticas que recordaran lo mucho que Dios había bendecido a los Estados Unidos. Teníamos un coro de niños, solos y duetos de piano. Pero mi favorito era el grupo de instrumentos de metal, donde cada persona que alguna vez había tocado un instrumento cuando estuvo en la secundaria era llamado a subir las escaleras del ático y desempolvar sus cornetas. Imagina a los que tocaban la trompeta y el trombón con la cara roja tocando «Cristo divino, Hijo unigénito» y «Ve y dilo a la montaña» para el deleite de personas con discapacidad auditiva.

El predicador generalmente era juzgado por la duración del sermón. Si la bendición era otorgada antes del mediodía obtenía una calificación alta porque esto permitía que los ancianos pudieran llegar a la cafetería antes de que salieran otras iglesias con cultos más largos y animados. Y a la congregación, en realidad, le gustaba el sermón de los niños: era corto, directo y los niños siempre estaban hermosos.

Como era administrador de la iglesia, asistía a las reuniones de diáconos. Estas eran llevadas a cabo en el salón de la Triple L y me recordaban las visitas de los años sesenta al lugar donde cuidaban a mi abuela. Charlie, el diácono amoroso que vivió hasta los 103 años, llegaba temprano para tomar el asiento que le permitía recostar su cabeza contra una columna. Si la reunión pasaba de las 8:30 de la noche probablemente perdíamos a Charlie en la tierra del sueño.

El amigable Frank nunca se quejaba y no le gustaba a la gente lo hiciera.

A Bland, de 80 años, no le gustaba la luz que teníamos en la puerta trasera de la iglesia, pero le encantaba el toldo blanco de metal de Sears que nos resguardaba de la lluvia.

Ed, quien usaba las corbatas de banderas, trataba de bloquear la ayuda de la iglesia para el centro local de crisis de embarazo cuando llegaba el tiempo del presupuesto cada año porque «¡el aborto es un asunto político!».

Había un par de hombres buenos, callados y piadosos que se unían al grupo frecuentemente, pero pocos parecían tener la habilidad de observar la Palabra de Dios y prestarle atención a su instrucción para darle forma a la iglesia. La inercia se había establecido en años anteriores y la incertidumbre sobre el futuro había detenido a los líderes y la congregación. Muchas veces me dijeron que «estábamos en un terreno rico pero con poco dinero» según lo evidenciaba el presupuesto de 300.000 dólares que la iglesia luchaba por completar y la cual era utilizada principalmente en el edificio. En resumen, esta era una generación que había pasado toda su vida adulta siendo testigo de la decadencia de su ciudad e iglesia, y parecía estar paralizada por ello.

Sin embargo, no todas las iglesias estadounidenses del centro de la ciudad de finales del siglo XX tenían este mismo destino. La mayoría de los escritores sobre el crecimiento de iglesias habrían dicho que esta iglesia tenía cuatro situaciones en su contra:

1. Estaba afiliada a una denominación (los Bautistas del Sur).
2. Estaba localizada en el centro de la ciudad (a cinco cuadras del edificio de la Casa Blanca que en ese entonces no era un buen vecindario).
3. El edificio era viejo.
4. El estacionamiento era limitado.

A pesar de todo, lo que se convirtió en algo evidentemente obvio cada vez que los diáconos o varios comités se reunían, era que no había ningún grupo de líderes fuertes y piadosos. Los pocos hombres que podían haber ocupado esa función eran muy viejos o estaban muy cansados de los esfuerzos de décadas de vida en la iglesia.

Por consiguiente, la iglesia tenía muy poco enfoque y atraía personas sin escrúpulos, lobos que se disfrazaban de ovejas. Eran ovejas sin pastor y había muchas personas ancianas, pero no ancianos.

Los ancianos en el Nuevo Testamento

El peligro que enfrentan las congregaciones modernas es el de leer en las Escrituras nuestras propias ideas del siglo XXI sobre el gobierno de la iglesia. Hemos añadido muchas funciones y opciones: directores de medios de comunicación, pastores de esparcimiento, comités de escuela dominical, consejos de directores, sin dejar de mencionar los seminarios y libros que les dicen a las iglesias «cómo hacerlo».

El deseo por aumentar el crecimiento y expandir el ministerio ha complicado la estructura de las iglesias. Las consecuencias se han multiplicado. Primero, las iglesias han transferido los privilegios y cargas del ministerio al personal «profesional», mientras pasan por alto líderes dotados a quienes Dios ha colocado en su servicio. Segundo, las iglesias han permitido que el llamado a alimentar, equipar y discipular a creyentes para que sean sal y luz en el mundo, se pierda en grandes eventos y actuaciones coreográficas. Como resultado, tanto las iglesias como un mundo espiritualmente en necesidad sufren. Es por eso por lo que entender el fundamento bíblico de los ancianos es importante para el establecimiento de iglesias dinámicas y enfocadas en Cristo.[1]

Ningún texto del Nuevo Testamento ofrece todos los detalles necesarios para la organización de una iglesia, pero si combinamos los textos que abordan el liderazgo, el marco y la toma de decisiones podemos construir un sistema para la vida de la iglesia. El marco puede ser desarrollado de diferentes maneras dependiendo de la influencia cultural, la personalidad, las necesidades urgentes y los dones que haya dentro de la iglesia. No obstante, hay varios elementos que son esenciales para toda iglesia local, incluyendo el oficio de los ancianos y los diáconos.

Estos dos oficios fueron establecidos en las iglesias del Nuevo Testamento

---

1. Ver el libro de John Piper, *Hermanos, no somos profesionales* (Barcelona: Editorial Clie, 2011).

durante el tiempo de los apóstoles. Después de la era apostólica, las primeras iglesias siguieron el mismo modelo de la pluralidad de ancianos y los diáconos como podemos leer en el *Didaché* (*ca.* 80-150 d.C.).[2] Clemente de Roma (95 d.C.) identificó a los «obispos y diáconos» como los oficiales designados de la iglesia, y no hizo ninguna distinción entre los obispos y los ancianos.[3] No fue sino hasta el tiempo de Ignacio a principios del siglo II, que el oficio de obispo se convirtió en algo diferente a los ancianos, dando lugar a la sucesión histórica del episcopado monárquico.[4] Y, aunque las primeras iglesias practicaron el liderazgo de la pluralidad de ancianos aun durante el aumento del episcopado, a través de los siglos, el énfasis otorgado a la estructura de la iglesia comenzó a comprometer el evangelio mismo. Sin embargo, la Reforma corrigió esto. Lutero y Calvino hicieron que la política fuera secundaria a la tarea principal de la predicación del evangelio y, más tarde, las confesiones evangélicas afirmaron el modelo de la pluralidad de ancianos y diáconos. Los ancianos fueron quienes principalmente abordaron las necesidades espirituales de las congregaciones, mientras que los diáconos abordaron las necesidades materiales.

TRES TÍTULOS

Los ancianos (presbíteros)

El término *anciano* (*presbíteros*) y sus homólogos se encuentran sesenta y seis veces en el Nuevo Testamento.[5] Las dos docenas de veces que el término se utiliza en los Evangelios se refieren mayormente a aquellos hombres que, por su edad y estatus, estuvieron involucrados en la estructura de liderazgo de la comunidad judía. Los Evangelios generalmente no describen a estos ancianos de manera favorable, ya que se unieron a los líderes espirituales de la comunidad judía en el rechazo del Mesías (Mt. 15:2, 16:21, 21:23; Mr. 8:31; Lc. 22:52). En otros lugares de los Evangelios, la palabra simplemente se refiere a una mayor edad (Jn. 8:9).[6]

Sin embargo, los ancianos de la comunidad cristiana en el Nuevo Testamento

---

2. Simon Kistemaker, *Acts*, New Testament Commentary (Grand Rapids: Baker, 1990), 525, citando *The Apostolic Fathers*, vol. 1, *Did.* 15.1 (Loeb Classical Library).

3. *1 Clem.*, 42.5-7, 44.3; *ANF*, 1:16-17.

4. Ign. *Magn.*, 6.1; *ANF*, 1.61.

5. Benjamin L. Merkle, *The Elder and Overseer: One Office in the Early Church* (Studies in Biblical Literature 57; Hemchand Gossai, ed. gen.; Nueva York: Peter Lang, 2003), 43.

6. En los tiempos del Nuevo Testamento, el anciano se integraba en la vida cotidiana. Por ejemplo, en la antigua Esparta se aplicaba el término a aquellos que gobernaban sus comunidades, así como a quienes tomaban decisiones en los círculos académicos. Los griegos, a diferencia de los judíos, no necesariamente contemplan la edad en el uso del término y aquellos considerados ancianos en la antigua Israel tenían responsabilidades sobre los asuntos políticos, militares y hasta judiciales. Sin

funcionaban como representantes de la iglesia.[7] Por ejemplo, los ancianos cristianos de Jerusalén recibían regalos de los creyentes de Antioquía a través de Pablo y Bernabé (Hch. 11:30). Más tarde, cuando Pablo y Bernabé volvieron a las iglesias que habían establecido durante su primer viaje misionero «constituyeron ancianos en cada iglesia» (14:23). En cada una de las iglesias nuevas de Asia menor, fueron apartados múltiples ancianos para que las congregaciones pudieran ser alimentadas y enseñadas en la sana doctrina, estableciendo claramente el modelo de la pluralidad de ancianos. La autoridad de estos primeros ancianos cristianos no surgió en virtud de la edad o tiempo en la iglesia, sino que recibieron sus ministerios de los misioneros apostólicos.[8] Y cuando esos misioneros se fueron, la labor de la predicación del evangelio, el fortalecimiento y la motivación de los discípulos frente a las tribulaciones, les pertenecía a los ancianos (Hch. 14:21-22).

Los ancianos también se unieron a los apóstoles para recibir a Pablo y Bernabé, y escuchar su informe de sus esfuerzos misioneros (Hch. 15:2, 4). Los ancianos apoyaron a los apóstoles al abordar el problema de los judaizantes legalistas que buscaban socavar a los jóvenes convertidos (Hch. 15:22), y luego se unieron a los apóstoles en la redacción y envío de una carta a las nuevas iglesias, expresando la autoridad única otorgada a estos representantes de la iglesia de Jerusalén (Hch. 15:23). La autoridad de los ancianos en asuntos doctrinales se hizo patente cuando Pablo entregó estas ordenanzas en su segundo viaje misionero (Hch. 16:4). Mientras estaba en Mileto, y durante su tercer viaje misionero, Pablo se reunió con los ancianos de la iglesia de Éfeso para una exhortación final antes de su larga prueba en la prisión romana (Hch. 20:17). En resumen, la estructura de la iglesia puede haber evolucionado lentamente a través de los años, pero la pluralidad de ancianos era parte integral de la vida de la iglesia desde el inicio.

En realidad, no sería sorpresa que Lucas hubiera detenido el proceso de escribir el Libro de Hechos para anunciar el desarrollo de los ancianos. Pero así como Lucas simplemente describe el inicio de la plantación de la iglesia sin mencionar la orden apostólica para hacerlo, también expresa la designación de los ancianos sin mencionar el mandato apostólico explícito de hacerlo. Es decir, el testimonio histórico demuestra claramente las prácticas normativas de la iglesia del Nuevo Testamento, y la pluralidad de ancianos estaba en el centro de

---

embargo, cuando surgió el tiempo de los reyes, los ancianos fueron sustituidos por la burocracia real. G. Bornkamm, «Presbuteros», en *TDNT*, 6:652–57.

7. Ver a Merkle en *The Elder and Overseer*, 44-56, para una discusión del uso de la palabra *presbíteros* en el Antiguo Testamento, en la sinagoga y en la cultura antigua.

8. G. Bornkamm, «Presbuteros», en *TDNT*, 6:664.

estas prácticas. El equilibrio del Libro de los Hechos demuestra que los ancianos eran parte de la estructura de liderazgo de las primeras iglesias.

Entonces, lo inusual sobre los ancianos en la iglesia primitiva es que no eran extraños. Cada ejemplo de ellos en las páginas del Nuevo Testamento los presenta trabajando como una pluralidad en iglesias individuales (excepto cuando se menciona a un anciano o supervisor en particular. Por ejemplo: 1 P. 5:1; 2 Jn. 1; 3 Jn. 1).

Supervisor (episkopos)

Junto al título de «anciano» están los títulos de «obispo» (o «supervisor», el término que utilizaremos a lo largo de este libro; véase la nota a pie de la NBLA). y «pastor». El concepto de supervisor (del griego *episkopos*), al igual que el de anciano, era común durante los tiempos de la iglesia primitiva. Los griegos utilizaron el término para definir un oficio que tenía funciones de supervisor, tanto en círculos políticos como religiosos.[9] Esto transmitía la idea de «observar, considerar, tener en cuenta, algo o alguien». Por tanto, implicaba cuidar o supervisar a otros, especialmente a los que están en necesidad.[10] Durante los siglos IV y V a.C., Atenas utilizó *episkopoi* como título para los funcionarios estatales que actuaban como supervisores para mantener el orden público, ejerciendo muchas veces poderes judiciales.[11]

Las Epístolas utilizaron «supervisor» u obispo indistintamente con «anciano».[12] Pablo, después de su ministerio en Creta, instruye a Tito a designar «ancianos en cada ciudad» (Tit. 1:5, nota una vez más la pluralidad de ancianos en las iglesias individuales de las pequeñas ciudades de Creta). Volviendo a describir sus requisitos, el apóstol los llama «supervisores» (1 Ti. 3:1-7; Tit. 1:7). En su carta a los Filipenses, Pablo se dirige específicamente a los supervisores y diáconos (Fil. 1:1). Pedro utiliza la forma verbal de supervisar (*episkopeø*) al explicar los deberes de los ancianos (1 P. 5:1-3). Lucas también utiliza ambos términos, «anciano» y «supervisor», para describir el oficio y la función de los ancianos de Éfeso (Hch. 20:17, 28). Todos estos pasajes asumen el establecimiento de los supervisores en el liderazgo de la iglesia. Por tanto, los ancianos parecen ser una parte esencial del liderazgo de la iglesia primitiva y su estabilidad continua.

El liderazgo de los supervisores debe reflejar a Cristo, a quien Pedro describió como «el Pastor y Guardián [*episkopon*] de sus almas» (1 P. 2:25, NBLA). Pedro utiliza el término Guardián (o Supervisor) para hablar de la suficiencia de la muerte

---

9. *BDAG*, 379-380.

10. H. Beyer, «Episkopos» en *TDNT*, 6:486.

11. Ibíd., 610-11.

12. Ver a Merkle en *The Elder and Overseer*, 1-161, quien expresa de manera convincente que los títulos de *anciano* y *supervisor* representaban el mismo oficio en el Nuevo Testamento.

de Cristo en la cruz para que los creyentes «[vivieran] a la justicia» (1 P. 2:24). Por medio del evangelio son liberados de estar continuamente «como ovejas descarriadas» (1 P. 2:24-25). Cristo es llamado el «Guardián de sus almas», lo cual implica que Él cuida a aquellos que son de su propiedad para guardarlos de los efectos del pecado y dirigirlos a vidas justas. Así, al igual que Cristo, un supervisor guardará la vida espiritual de aquellos que se encuentren a su cargo, buscando protegerlos de los peligros de las falsas enseñanzas y el engaño del pecado para que la iglesia pueda vivir como sal y luz del mundo para la gloria de Cristo.

Pastor (Poimen)

El título «pastores» (Ef. 4:11) se une a los de ancianos y supervisores para profundizar en los matices de este oficio de la iglesia. La palabra significa «pastor», y es traducida de esta forma a través de los Evangelios y en dos de las epístolas (Mt. 9:36, 25:32, 26:31; Jn. 10:2, 11-12, 16; He. 13:20; 1 P. 2:25, la mayoría refiriéndose a Cristo como el Pastor de sus ovejas). Sirvió como un adjetivo común entre los gobernantes de antiguo Oriente.[13]

Tanto el Salmo 23 como el tema del Buen Pastor en Juan 10 ofrecen un rico significado a la imagen del pastor que dirige, restaura, guía, protege y provee para las ovejas, llamándola a cada una por su nombre y entregando su vida por ellas. Pablo asocia los términos «pastores y maestros» cuando describe los dones que Jesús otorgó a la iglesia (Ef. 4:11), lo cual es mejor traducido como «maestros guías» o «pastores-maestros». La naturaleza del término indica protección, gobierno, guía, alimento y cuidado del rebaño.[14] Cristo utilizó la forma verbal (poimainø) en su encargo para Pedro después de la resurrección: «Pastorea mis ovejas» (Jn. 21:16). El verbo también une «anciano» y «supervisor» al explicar la función de los ancianos de pastorear el rebaño de Dios (Hch. 20:28; 1 P. 5:2). Pablo también lo utiliza metafóricamente cuando describe la obra que él y Bernabé hicieron entre los corintios (1 Co. 9:7).

Anciano—la madurez espiritual del oficio

Supervisor—liderazgo y dirección de la iglesia

Pastor—alimenta, nutre y protege el rebaño

Aunque *anciano* parece ser el término dominante para el oficio que tiene que

---

13. J. Jeremias, «Poimane» en *TDNT*, 6:486.
14. *BDAG*, 842.

ver con las necesidades espirituales de la iglesia local, *supervisor* y *pastor*, como se ha descrito, son utilizados como sinónimos de anciano. Cada uno ofrece una imagen más clara de la dignidad y función de los ancianos en la vida de la iglesia: *anciano* hace énfasis en la madurez espiritual requerida para este oficio; *supervisor* implica liderazgo y dirección otorgado a la iglesia; *pastor* sugiere alimento, nutrición y protección del rebaño.[15] Los diferentes antecedentes culturales de cada uno en la iglesia del Nuevo Testamento pueden haber determinado cuál era el título aplicado a esta pluralidad de líderes piadosos. Y, aunque puede no ser posible hacer una distinción clara, parece que los judíos cristianos preferían *anciano* mientras que los cristianos gentiles usaban más frecuentemente el título de *supervisor*, refiriéndose cada uno al mismo oficio.[16] El único uso del nombre *pastor* es encontrado en Efesios, aunque puede sospecharse que cada una de las iglesias encontró este título útil para describir la función de sus líderes espirituales.

PLURALIDAD EN EL LIDERAZGO

Es difícil construir un argumento bíblico contra la pluralidad de ancianos en la iglesia primitiva. El estudioso del Nuevo Testamento, Bill Murray, expresa: «Se dice que tanto la iglesia de Filipo como la de Éfeso tenían múltiples "ancianos". Estos no pueden ser "pastores de varias iglesias" en las áreas de Filipo o Éfeso». Y explica por qué: «Primero, cada iglesia es mencionada de forma individual. Segundo, se mencionan los ancianos *[plural]*». Luego deduce que habían «múltiples ancianos en cada iglesia».[17] A esto añadió que, a menos que un anciano en particular sea mencionado, el término —al igual que *supervisor* y *pastor*— siempre es usado en plural (Hch. 11:30; 14:23; 15:2, 4, 22-23; 16:4; 20:17, 28; Ef. 4:11; 1 Ti. 5:17; Tit. 1:5; Stg. 5:14; 1 P. 5:1). El teólogo Wayne Grudem, después de analizar los textos sobre los ancianos del Nuevo Testamento, concluyó de forma similar:

> Primero, ningún pasaje sugiere que cualquier iglesia, independientemente de lo pequeña que sea, tenga solo un anciano. El modelo constante del Nuevo Testamento es una pluralidad de ancianos «en cada iglesia» (Hch. 14:23) y «en cada ciudad» (Tit. 1:5). Segundo, no vemos una diversidad de formas de gobierno en la iglesia del Nuevo Testamento, sino un

---

15. Merkle, *The Elder and Overseer*, 156, explica que el término «anciano» es más una descripción del carácter, mientras que el de «supervisor» es más una descripción de una función.

16. Ibíd.

17. Correspondencia personal con Bill Murray, Germantown, Tenn., 2 de septiembre de 2002.

modelo unificado y consistente, donde cada iglesia tiene ancianos que la gobiernan y la cuidan (Hch. 20:28; He. 13:17; 1 P. 5:2-3).[18]

¿Quiénes eran los ancianos de la iglesia primitiva? Es fácil leer nuestros conceptos modernos de lo que es un pastor principal y el personal de su iglesia en el modelo del Nuevo Testamento, pero no hubo ninguna escuela teológica profesional que produjera «pastores» en el primer siglo. Las primeras iglesias seleccionaron hombres de su congregación para que sirvieran como ancianos. Cuando Pablo y Bernabé volvieron a Listra, Iconio y Antioquía, ellos «constituyeron ancianos en cada iglesia» (Hch. 14:23). Los designados no eran aprendices ministeriales ni pastores conocidos, sino que Pablo y Bernabé escogieron varios hombres de las mismas iglesias para que sirvieran como ancianos en sus propias congregaciones. En estos pasajes, y a través del Nuevo Testamento, no existe ninguna evidencia de que el oficio de anciano se haya convertido en un servicio parecido al ministerio moderno a tiempo completo. En cambio, parece que los hombres piadosos que demostraron carácter cristiano y cualidades de liderazgo fueron apartados para servir en sus iglesias, muchas veces mientras continuaban con sus ocupaciones habituales. Probablemente, no todos tenían dones de predicación, pero ciertamente todos eran «aptos para enseñar» (1 Ti. 3:2).[19]

Tito siguió este mismo modelo de designar ancianos mientras actuaba como representante apostólico en la isla de Creta. Pablo instruyó a Tito para que estableciera «ancianos en cada ciudad», y luego expresa los requisitos necesarios para el servicio espiritual en la iglesia (Tit. 1:5-9). En el lenguaje moderno, hace falta una referencia en la designación de quienes eran «llamados a predicar». No niego el llamado a predicar, creo en él fuertemente.[20] Sin embargo, un don especial para predicar nunca es expuesto como requisito para servir como anciano. Él debe ser «apto para enseñar» y apto para «exhortar con sana enseñanza y convencer a los que contradicen», no existe ningún requisito relacionado a estar equipado con dones de predicación.[21] Puede que algunos ancianos necesiten estarlo, pero no todos. Los ancianos deben conocer las doctrinas de la

---

18. Wayne Grudem, *Systematic Theology: An Introduction to Biblical Doctrine* (Grand Rapids: Zondervan, 1994), 100-120.

19. Ver el Capítulo 21 donde es abordado el tema del desarrollo de liderazgo en establecimientos misioneros, especialmente entre grupos étnicos no alcanzados.

20. Ver a Tony Sargent en *The Sacred Anointing: The Preaching of Dr. Martyn Lloyd-Jones* (Wheaton, IL: Crossway, 1994), 17-38.

21. Ver 1 Timoteo 3:2, donde la enseñanza se refiere a la instrucción de doctrina bíblica; y Tito 1:9, donde las exhortaciones o recomendaciones deben estar fundamentadas en la Escritura al igual que las refutaciones.

Santa Escritura y ser aptos para utilizar «la espada del Espíritu» cuando enseñen o hablen con los demás, pero el requisito del ministerio del púlpito no es impuesto sobre ellos.

Precisamente aquí encontramos el modelo de sabiduría del Nuevo Testamento de la pluralidad de ancianos. Ningún hombre tiene todos los dones necesarios para dirigir una congregación, y algunos están equipados con fuertes dones del púlpito, pero no tienen habilidades pastorales efectivas. Otros sobresalen en la obra pastoral de visitación y consejería, pero no son fuertes en lo que se refiere a la exposición en el púlpito. Algunos tienen habilidades poco comunes para organizar y administrar los ministerios de la iglesia, pero fallan en habilidades del púlpito y la consejería. Algunos, sin duda tienen múltiples dones y son capaces de hacer diferentes cosas, pero la presión de atender todas las necesidades ministeriales de la iglesia puede fácilmente agotar aun al hombre más dotado.

El dilema es que cada congregación necesita ser dirigida por hombres que tengan todas estas habilidades: púlpito, pastoral y administrativa. Por supuesto, muchas congregaciones no tienen los recursos financieros para contratar ministros capacitados que cumplan con todas las necesidades y, con demasiada frecuencia, retrasan el satisfacer dichas necesidades. Sin embargo, el modelo de ancianos del Nuevo Testamento hace que estos retrasos sean innecesarios. Las necesidades serán suplidas y las iglesias serán fortalecidas mientras trabajan pacientemente para reunir hombres piadosos y dotados que sirvan de igual manera para el bien de la salud espiritual de la iglesia y la misión. Algunos de estos hombres serán compensados como ministros de tiempo completo o parcial, mientras otros servirán *gratis*.

El liderazgo por una pluralidad de hombres piadosos que son responsables unos con otros reduce la tentación de que un hombre tome una autoridad excesiva o utilice la iglesia para satisfacer su ego. Toda debilidad del hombre es complementada por las fortalezas de sus compañeros ancianos. Piensa en la advertencia de Pablo a los ancianos de Éfeso (Hch. 20:17-38). Pablo no le advirtió a un hombre los peligros que le esperaban a su iglesia, sino a un grupo de hombres. Un hombre puede ceder a la presión de la persecución. Un hombre puede caer presa de los falsos maestros. Un hombre puede ser abrumado por los diferentes problemas. En cambio, el liderazgo plural aumenta la habilidad de la iglesia de permanecer firme, independientemente de los obstáculos de la fe. Mark Dever, pastor principal de la iglesia Capitol Hill Baptist Church en Washington, D.C. y anciano de la congregación, defiende la posición de apartar ancianos de dentro de la iglesia local. Sus comentarios sobre la pluralidad ofrecen un testimonio claro de la efectividad de este modelo bíblico:

Probablemente, lo más útil a mi ministerio pastoral en mi iglesia ha sido el reconocimiento de otros líderes [la mayoría de los cuales no reciben un salario de la iglesia]. El servicio de los demás ancianos junto a mí ha tenido muchos beneficios. Una pluralidad de ancianos debe ayudar a la iglesia completando los dones del pastor, compensando algunos de sus defectos, complementando su juicio y creando apoyo en la congregación para decisiones, dejando a los líderes menos expuestos a la crítica injusta. Dicha pluralidad también hace que el liderazgo tenga más fundamento y permanencia, y permite una continuidad más madura. Motiva a la iglesia a tomar una mayor responsabilidad al crecimiento espiritual de sus propios miembros y ayuda a hacer que la iglesia sea menos dependiente de sus empleados. Nuestra propia iglesia en Washington ha disfrutado de estos beneficios y más por los dones de Dios hacia nosotros a través de los ancianos».[22]

EL PASTOR PRINCIPAL Y LA PLURALIDAD DE ANCIANOS

No estoy sugiriendo que las iglesias sustituyan a su pastor y dividan la carga entre los ancianos. De hecho, muchas veces es mejor que algunos hombres de cada iglesia se involucren de tiempo completo en las labores del ministerio, especialmente aquellos que estarán involucrados en el ministerio semanal de la proclamación. Esta parece ser la clara indicación en 1 Timoteo 5:17: «Los ancianos que gobiernan bien, sean tenidos por dignos de doble honor, *mayormente los que trabajan en predicar y enseñar*». El «doble honor» se refiere a la remuneración.[23] Por ejemplo, mi propia agenda semanal está llena de un riguroso estudio de preparación para enseñar y predicar, aconsejar, reuniones con el personal, visitas y otras responsabilidades pastorales. Con todo esto, sería difícil, si no imposible, ser empleado en un trabajo secular y también otorgarle la atención adecuada a mi familia. Los ancianos no sustituyen la necesidad de un pastor que trabaja en la Palabra y le otorga todo el liderazgo a la iglesia, sino que se unen a él como compañeros servidores llenando las brechas de las debilidades del pastor, levantando sus manos mientras predica, en sentido figurado, y compartiendo la carga para suplir las necesidades pastorales de la iglesia.

Algunas personas tratan la idea de la pluralidad de ancianos como un *tercer* oficio del Nuevo Testamento que debe ser añadido a los oficios del pastor y diácono. De hecho, Juan Calvino creía que había cuatro oficios: pastor, doctor, anciano y diácono.[24] Sin embargo, el Nuevo Testamento enseña que una plu-

---

22. Mark Dever, *A Display of God's Glory: Basics of Church Structure* (Washington, DC: Center for Church Reform, 2001), 24.

23. *LKGNT*, 631.

24. Ver a Juan Calvino en *Institutes of the Christian Religion* (ed. John T. McNeil; trans. Ford Lewis

ralidad de ancianos laicos pertenece al mismo oficio que el pastor principal y cualquier otro personal pastoral. Benjamin Merkle explica correctamente que el uso limitado de «pastor» en el Nuevo Testamento enfatiza la función doble del pastorado y la enseñanza del rebaño del Señor, que son las mismas funciones de los ancianos y supervisores. Así, el «pastor» no es un oficio separado del supervisor o el anciano. Además, las epístolas no mencionan ningún grupo de requisitos adicionales de carácter para el pastor porque sus requisitos se encuentran en las cualidades que pertenecen a los ancianos y los supervisores.[25]

Mis compañeros ancianos sirven para protegerme y así poder cumplir mi llamado y ministerio. Por ejemplo, mi agenda del verano de 2002 estaba inusualmente llena. Dirigí un viaje misionero, estuve varias semanas fuera de la ciudad, escribí una revista digital, prediqué durante una semana a seiscientos niños de un campamento juvenil, participé en una conferencia, dirigí nuestro programa de verano de internos, tomé unas vacaciones familiares y completé mis responsabilidades regulares de ministerio. Además, un amigo me invitó a dirigir una conferencia de misiones en su iglesia durante el otoño y sometí la solicitud a los ancianos. Estos hombres comprenden el grupo de mayor apoyo con el que me he asociado y me motivan a participar en el ministerio más allá de nuestra iglesia. Pero, en este caso, ellos sabían que estaba muy sobrecargado y me dijeron que aceptar esa predicación no sería una buena decisión. A pesar de lo mucho que quería participar en la conferencia, sobre todo porque era un tema que amo, acepté su decisión como la más sabia. Uno de los ancianos me había dicho, «Pastor, queremos protegerte de *ti mismo*». Y estaba en lo correcto. En la providencia de Dios, ocupé el tiempo de la conferencia para viajar fuera de la ciudad para ministrar a mi suegro que murió poco tiempo después. Esos días siempre estarán grabados en mi mente como un tiempo preciado en que ayudé a un hombre moribundo. El Señor utilizó a mis compañeros ancianos para mantenerme en el camino y así poder cumplir mejor mi ministerio y, más importante aún, mantener la prioridad de ministrar a mi propia familia.

DEBERES DE LOS ANCIANOS

En algunas de mis discusiones con otros líderes de la iglesia sobre el tema de los ancianos, surge la pregunta: «¿No es cierto que los ancianos de las iglesias

---

Battles; Philadelphia: Westminster Press, 1960), 4.3. Ver también a Paul Avis en *The Church in the Theology of the Reformers* (Eugene, OR: Wipf and Stock, 2002 de 1981 Marshall, Morgan, and Scott publication), 109-115.

25. Benjamin L. Merkle, *Preguntas y respuestas sobre ancianos y diáconos* (Grand Rapids: Portavoz, 2012), 55.

bautistas simplemente hacen el trabajo de los diáconos?». Es verdad que algunas iglesias han aumentado el nivel de calificación de sus diáconos para que funcionen como ancianos, aun cuando su título no lo refleje. Sin embargo, parece que la mayoría de los diáconos son tratados como un comité administrativo. Ellos manejan los problemas del calentador de agua, deciden si pintar nuevamente el estacionamiento, aprueban el viaje de los jóvenes de la iglesia y así sucesivamente.

De hecho, estas tareas no son despreciables o innecesarias, son muy importantes. No obstante, debemos entender que, cuando el grupo de liderazgo de una iglesia es abrumado por lo material y temporal, puede fallar en la atención de las necesidades espirituales más profundas.

Por consiguiente, bíblicamente los diáconos *sí* se ocupan de los asuntos temporales y materiales de la vida de la iglesia para que los ancianos tengan libertad de concentrarse en los asuntos espirituales. Los diáconos aplican mucha sabiduría y energía en las grandes necesidades materiales de la iglesia y muchas veces utilizan estas oportunidades para ministrar también las necesidades espirituales de los demás.

Sin embargo, los ancianos tienen un enfoque diferente. El pastor de Minneapolis, John Piper, divide las funciones de los ancianos en dos categorías: enseñanza y gobierno. Él expresa: «[Los ancianos] son los guardianes doctrinales del rebaño y los supervisores de la vida de la iglesia, responsables ante Dios de la alimentación, cuidado y ministerio de las personas».[26] Grudem coincide diciendo: «Entonces los ancianos tienen la responsabilidad de gobernar y enseñar en las iglesias del Nuevo Testamento».[27] Y, aunque la inclusión de estas categorías parece apropiada, los deberes de los ancianos pueden ser explicados mejor de cuatro maneras: doctrina, disciplina, dirección y distinción en modelar la vida cristiana.

Doctrina. El primer requisito bíblico que distingue a los ancianos de los diáconos es que los ancianos deben ser aptos para enseñar e involucrar a otros doctrinalmente, aun aquellos en desacuerdo (1 Ti. 3:2; Tit. 1:9). La atención de los ancianos a la doctrina le asegura al rebaño que sus líderes espirituales los guardarán de los «lobos rapaces» que pudieran atacarlos para socavar su fe (Hch. 20:28-30). Pero los ancianos no son solo guardianes, sino también maestros de la verdad. Pastorear el rebaño de Dios requiere alimentar la iglesia de las ricas verdades de la Palabra de Dios (1 P. 5:2).

Los ancianos de mi iglesia discuten regularmente el contenido en el púlpito y la enseñanza en los salones de clase. Yo discuto libremente con ellos mi

---

26. John Piper, «Biblical Eldership: Shepherd the Flock of God Among You» sec. 6; consultado el 25 de marzo de 2003; http://www.desiringgod.org/resource-library/seminars/biblical-eldership-part-1a. Ver también a John Piper en *Biblical Eldership* (Minneapolis: Desiring God Ministries, 1999).

27. Grudem, *Systematic Theology*, 153-179.

agenda de predicación para que puedan ofrecer su perspectiva sobre cómo puedo dirigir «todo el consejo de Dios» en mi ministerio del púlpito (Hch. 20:27). También trabajamos juntos para planificar la capacitación continua que ofrece nuestra iglesia en el amplio rango de disciplinas cristianas y ministerios, así como para organizar conferencias y seminarios para el beneficio de la iglesia y la comunidad. Desarrollamos módulos de enseñanza para varios lugares patrocinados por la iglesia que incluyen estudios históricos y teológicos, temas relacionados con la familia, evangelismo, apologética y asuntos personales; preparación de viajes misioneros, clases sobre cómo estudiar la Biblia y estudios sobre disciplinas espirituales, todas recomendadas y usualmente enseñadas por nuestros ancianos. Nuestros ancianos quieren que nuestra iglesia comprenda todos los géneros de la literatura bíblica y se encuentre equipada en las amplias facetas de las disciplinas espirituales. Por consiguiente, ayudan a trazar un plan de doctrina para la iglesia.

Cuatro deberes de los ancianos

- **Doctrina**
- **Disciplina**
- **Dirección**
- **Distinción**

Disciplina. Unido a la doctrina se encuentra la disciplina. La palabra transmite la idea de capacitación, amonestación, motivación, corrección y algunas veces apartar a alguien de la congregación de la iglesia. La disciplina de la iglesia ha perdido popularidad en la mayoría de los círculos, pero es fundamental para mantener saludables las congregaciones.[28] Y, aunque la disciplina es una labor de toda la iglesia (Mt. 18:15-20; Gá. 6:1-2), los ancianos deben ayudar a llevar la carga dirigiendo su práctica para asegurar la salud de la iglesia. Una vez más, esto cae bajo la función del pastorado, al igual que cuidar las almas de la congregación (He. 13:17). Si un pastor enfrenta solo el llevar los asuntos de disciplina a la congregación, no hay duda de que los oponentes lo atacarán. Pero la fortaleza de los líderes piadosos de la iglesia enfrentando juntos estos asuntos, obliga a

---

28. Ver a Mark Dever en *Nine Marks of a Healthy Church*, ed. rev. (Wheaton, IL: Crossway, 2004), 167-194; Jonathan Leeman, *The Church and the Surprising Offense of God's Love: Reintroducing the Doctrines of Church Membership and Discipline* (9Marks; Wheaton, IL: Crossway, 2010).

toda la iglesia a reconocer la seriedad de la disciplina. Mucho antes de que mis compañeros ancianos y yo presentáramos una persona a la iglesia para expulsarlo, habíamos orado y llorado juntos sobre la condición espiritual de la persona.

Recuerdo una conversación con un compañero pastor donde él se lamentaba por una pareja que asistía a su iglesia, que era divisiva y problemática. Él me dijo que no estaba seguro de cómo manejar la situación, pero entendía que necesitaba actuar rápido o tendría mayores problemas en sus manos. Afortunadamente, este pastor tiene ancianos en su iglesia. Le sugerí que pidiera a los ancianos que llamaran a esta pareja para consejo y advertencia para que, los ancianos, como grupo, pudieran llevar la carga y no solo el pastor. Los ancianos pudieron decidir un curso de acción para proteger la iglesia de la división, y a su pastor de involucrarse en la controversia.

Dirección. La dirección implica toma de decisiones, planificación, administración, delegación y hasta gobierno de los detalles de la vida de la iglesia. Aquí es donde el trabajo del pastorado incluye no solo alimento, sino también dirigir el rebaño (1 P. 5:2). Tal vez esta obra de pastorado y alimento es por la cual el término *supervisor* es utilizado indistintamente con *anciano,* ya que los supervisores antiguos estuvieron involucrados en dirigir a aquellos que estaban bajo su cuidado. Pablo parece estar refiriéndose a la tarea de dirección cuando exhorta a los creyentes tesalónicos a apreciar a los líderes, a que «reconozcáis a los que trabajan entre vosotros, y os presiden en el Señor, y os amonestan; y que los tengáis en mucha estima y amor por causa de su obra» (1 Ts. 5:12-13). «Presiden en el Señor» se refiere específicamente a guiar y dirigir la iglesia.[29] Pablo también habla del «gobierno» (1 Ti. 5:17) de los ancianos, lo cual indica que ejercerán «una posición de liderazgo, *gobierno, dirección, estar a la cabeza*».[30] Algunos han abusado de este concepto de «gobierno», interviniendo en cada aspecto de la vida de sus miembros. Los líderes espirituales no tienen por qué manipular o controlar el rebaño que le pertenece al gran Pastor.[31] Dominar una posición y autoridad en la iglesia está estrictamente prohibido (1 P. 5:3). Sin embargo, el escritor de Hebreos llama a estos líderes espirituales quienes «velan por vuestras almas», ofreciendo una impresión distinta de la dirección regular del ministerio (He. 13:17). Dirigir el rebaño no es un negocio duro y rígido, sino que hace un llamado al involucramiento regular con el mismo, y el conocimiento de la congregación. Por eso es por lo que Santiago instruye a los santos dispersos a

---

29. *LKGNT*, 602.

30. *BDAG*, 870; cursivas en el original.

31. Esto está claramente establecido en Hechos 20:28: «Por tanto, mirad por vosotros, y por todo el rebaño en que el Espíritu Santo os ha puesto por obispos, *para apacentar la iglesia del Señor*, la cual él ganó por su propia sangre», y en 1 Pedro 5:2: «*Apacentad la grey de Dios* que está entre vosotros».

llamar a «los ancianos de la iglesia» para que oren por los miembros que están enfermos (Stg. 5:14). Los ancianos deben buscar conocer las necesidades del rebaño, entendiendo sus fortalezas y debilidades mientras reconocen sus dones espirituales y vocaciones ministeriales.

Distinción. La responsabilidad más desafiante de un anciano implica vivir diferente o ser ejemplo en la vida cristiana. Los ancianos deben ser modelos para el rebaño, lo cual es la razón del rechazo público inmediato cuando alguien cae en pecado manifiesto (1 Ti. 5:19-21). Pedro dijo a los ancianos que sean ejemplos para el rebaño (1 P. 5:3). Y el escritor de Hebreos pide, a los creyentes que luchan, reflexionar sobre aquellos que los habían estado guiando e imiten su fe (He. 13:7).

Debido a que los ancianos son establecidos como ejemplo, Pablo ofrece una descripción detallada de la forma que debe ser su carácter (1 Ti. 3:2-7; Tit. 1:6-9). Con la excepción de «aptos para enseñar» y «no un recién convertido», todos los cristianos deberían poder, en principio, imitar lo que es un anciano. Sin embargo, los ancianos deben ser ejemplo de lo irreprensible que debe caracterizar a todo el que conoce a Cristo (1 Ti. 3:2; Tit. 1:6).

¿Qué diferencia pueden hacer los ancianos en la vida de la iglesia? Si una congregación tiene un grupo de líderes espirituales piadosos que caminan con Cristo, que ayudan al cuerpo a desarrollar los detalles de la vida cristiana, que prestan atención a la doctrina de la iglesia, que mantienen la disciplina de los miembros y regularmente proporcionan dirección a la iglesia, esa iglesia estará mejor posicionada para crecer espiritualmente y llevar a cabo el ministerio.

REFLEXIONES

- ¿Cuál es el desafío del gobierno de las iglesias modernas a la luz de la Palabra de Dios?
- ¿Cuáles son los tres títulos utilizados para la pluralidad de ancianos y cómo cada uno refleja el significado del oficio?
- ¿Cómo es enseñada la pluralidad de ancianos en el Nuevo Testamento?
- ¿Cuáles son las fortalezas de la pluralidad en la iglesia local?
- ¿Cuáles son los cuatro deberes de los ancianos?

CAPÍTULO CUATRO

No es realmente una idea nueva

«Permíteme decirte dos cosas de mi, que, si las conocieras, probablemente no te gustarían. Número uno, soy calvinista. Número dos, creo que los ancianos son bíblicos y deben dirigir la iglesia».

Este era el esfuerzo de Mark Dever para hacer que el comité del púlpito de la iglesia Capitol Hill Baptist Church se uniera a él teológicamente. Se estaba buscando un nuevo pastor principal después de un pastorado corto y trágico que finalizó en enero de 1993. Dever, el nuevo doctor de Cambridge, sabía que la conversación necesitaba ser más sustancial si ambas partes iban a discernir si eran compatibles. Habían pasado varias horas hablando sobre comida china y nadie había preguntado nada significativo sobre lo que creía el nuevo joven candidato. Años más tarde escuché a Mark comparar a los bautistas del sur con un hombre cuyo vehículo se estrelló de frente con otro. El hombre despertó de un coma y solo recordaba una cosa: evangelismo. Aparentemente por el trauma, la teología y la eclesiología se habían desvanecido de la mente de los bautistas del sur.

Mark predicó dos veces durante el fin de semana, tuvo un tiempo de preguntas y respuestas con la iglesia y se reunió con varios subgrupos de la iglesia junto al personal. El lunes por la mañana, antes de abordar el avión, dos miembros ancianos de la iglesia tuvieron otra reunión con Mark. ¿De qué querían hablar estos padrinos de la iglesia? De todas las cosas que escucharon durante el fin de semana solo había una cosa que les molestaba: la conversación de Mark sobre los ancianos.

¿Por qué este tema se quedó en la mente de estos hombres? Pienso que por cinco razones. Primero, era desconocido para ellos. Ellos eran bautistas de toda su vida y mencionar la palabra «ancianos» era para la mayoría de los bautistas como decir «Colegio Cardenalicio». Era desconocido y tal vez hasta secreto y, por tanto, era sospechoso.

Segundo, faltaba una historia. Richard Nixon tenía su famosa cinta de 18,5 minutos, pero no era nada comparado con la iglesia de Capitol Hill Baptist Church. Había mucho conocimiento bíblico y un gran recuerdo de la historia de la iglesia local de las últimas décadas. Pero había una brecha de 1.900 años, donde la historia de la iglesia simplemente era invisible. Era como si nadie hubiera dicho o escrito nada sobre la iglesia entre el apóstol Pablo y Rick Warren.

Tercero, olía a presbiteriano. La lógica es la siguiente: los presbiterianos tienen ancianos. Nosotros no somos presbiterianos y, por tanto, no tenemos ancianos. No estamos seguros de por qué razón no somos presbiterianos, pero sabemos que no lo somos.

Cuarto, inercia. «No cambies nada solo restáuralo». Esa era la verdad imposible, inalcanzable e inconfundible por la cual la iglesia vivía. Irónicamente, una mujer piadosa que asistía a la iglesia desde hacía décadas pero que nunca se había unido, estaba haciendo circular, entre el personal de la iglesia, un artículo titulado «Por qué las iglesias no cambian». La congregación había dominado el arte de la indecisión. y palabras como «audaz» y «valiente» estaban ausentes de su vocabulario.

Quinto, temían la toma de poder. En realidad, este era el verdadero culpable. Y, aunque no pudieron explicarlo, los padrinos estaban en lo cierto en que añadir ancianos daría lugar al control y otorgaría la autoridad a algunos; ellos se habían acostumbrado a la autoridad que tenían, más o menos, nadie. En ese momento, la iglesia estaba dividida en varios comités. Había un comité de diáconos, de diaconisas, de finanzas, de edificios, de vivienda, de misiones, de púlpito, consejo de iglesia, de flores (sí, flores), así como un comité de comités. Para muchos en la iglesia, establecer la autoridad en un grupo de hombres era señal de problemas.

Para Dever, la idea de los ancianos no era nueva ni extraña. Él había estado en iglesias bautistas que tenían ancianos fieles en los años ochenta y hasta había ayudado a plantar una. En una carta del año 1991, él instruyó a los ancianos de una iglesia joven de Massachusetts a buscar un pastor y mencionó nueve cosas diferentes. Él escribió lo siguiente con relación al liderazgo de la iglesia:

Séptimo, y tal vez más difícil inicialmente en tu situación, requeriría que la persona entienda y se encuentre convencida de la práctica del Nuevo Testamento de tener una pluralidad de ancianos (ver Hch. 14:23; la práctica regular de Pablo de mencionar varios ancianos en cualquier iglesia local). Estoy completamente convencido de esto como la práctica del Nuevo Testamento y es especialmente necesario en iglesias tanto entonces como ahora sin una presencia apostólica.

Esto no significa que el pastor no tiene una función diferente (busca las referencias de la predicación y los predicadores en una concordancia), sino que es una parte fundamental del cuerpo de ancianos. Esto significa que las decisiones que involucran a la iglesia, pero que no llegan a la atención de toda la iglesia, no deben recaer solo en el pastor sino en los ancianos como equipo.

Y, aunque en ocasiones esto sea incómodo (como estoy seguro de que sabes muy bien), tiene muchos beneficios para completar los dones del pastor y darle apoyo en la iglesia, y de muchas otras maneras que mencionamos ahora.

En todo caso, esto tendría que quedar muy claro cuando se llama a un pastor. Si es un bautista del sur típico, pensará que los ancianos son diáconos o que simplemente están para ayudarlo a hacer lo que él desea. Puede no entender claramente el hecho de que estás invitándolo especialmente a ser uno de los ancianos y, entre ustedes, el pastor o anciano principal de enseñanza.

Estoy convencido de que, si la mayoría de los pastores entendieran esta idea, la aceptarían debido al peso que se les quita de sus hombros. Además, estoy preocupado porque, muchos de aquellos que no lo harían, actúen según un entendimiento no bíblico de su propia función, o peor aún, motivados por un egoísmo no santificado.[1]

Para calmar los temores del rebaño, Dever les comunicó que podría pastorear felizmente sin ancianos por cuarenta años, que no dividiría la iglesia por ello. Sin embargo, con o sin ancianos, tenía que suceder algo. Debido a la edad de la congregación, el modelo de dar y la demografía de la ciudad, mantener el *status quo* no era una opción. Aun así, debido a la renuencia de la congregación al cambio, cambiar la iglesia no sería fácil.

Afortunadamente, la iglesia Capitol Hill Baptist Church llamó a Dever como pastor y, en el otoño de 1994, comenzó su ministerio entre ese remanente precioso y de alguna forma renuente. Debido a que mi propio trabajo temporal de 90 días como administrador de la iglesia, de alguna manera, creció a varios años, él y yo hicimos lo mejor que pudimos para comenzar a trabajar en conjunto ese otoño como pastor y administrador.

Ahora, veinte años más tarde y en retrospectiva, puedo decir con confianza cuatro cosas sobre el esperado cambio de la iglesia en ese momento, específicamente el cambio de establecer una pluralidad de ancianos. Primero, el cambio era necesario.

---

1. Se ha editado un poco esta carta.

Habíamos visto muchos edificios antiguos de iglesias de nuestro vecindario ser vendidos y éramos conscientes de lo que podría sucedernos. Algunos fueron demolidos y otros fueron transformados: a la iglesia Grace Baptist Church le pusieron el nombre de Condominios Grace. Para crear algún tipo de movimiento, primero escribí un artículo para el boletín de nuestra iglesia titulado «Nuestra ventana de cinco años de oportunidad». Esa «ventana» se estaba cerrando rápidamente.

Segundo, el cambio sería solitario. No había unidad en la visión y esto seguiría afectando a la iglesia a menos que creciera hasta el punto donde el remanente renuente se convirtiera en una pequeña minoría. Fred Catherwood, yerno de D. Martyn Lloyd-Jones y miembro de la iglesia de Mark en Cambridge, Inglaterra, le dijo a Mark antes de irse de Inglaterra: «Recuerda Mark, puede que en cinco años esa iglesia sea tuya, pero ciertamente no cuando llegues». Para un pastor nuevo, una iglesia antigua es una acumulación de personas que llegaron en diferentes momentos por distintas razones bajo el ministerio de diferentes hombres. El nombre de Mark podía estar en la firma, en el membrete y los boletines, pero tendría que trabajar duro para ganar sus corazones y aún más duro para hacer que tuvieran un mismo pensamiento. Sin una pluralidad de ancianos que ayude con el trabajo, se sentiría solo.

Tercero, el cambio sería gradual. Para lograr un cambio en una iglesia donde hay poca comprensión y confianza, los pastores muchas veces recurrían a la política y la manipulación. Indudablemente, muchos pastores hacen presión para el cambio más rápido de lo que la congregación puede sobrellevarlo, pero vi a Mark moverse lenta y cuidadosamente. Por ejemplo:

- Abordó el tema de los ancianos durante el curso normal de la predicación expositiva, semana tras semana.
- Fue ejemplo de lo que públicamente debía ser un anciano mientras dirigía los servicios y, en privado, al pastorear su familia.
- Motivó a la congregación al regalarle buenos libros cada miércoles en la noche durante el estudio bíblico y los domingos en la noche en la reunión de oración de la iglesia. (En los años noventa había pocos libros buenos sobre los ancianos, pero se repartían).
- Invitó a su amigo D. A. Carson, cuando fue a Washington D. C. a dar una presentación sobre los ancianos durante la hora de escuela dominical.

En todo esto, nunca hubo prisa o una demanda de cambio.

Después de unos años llegó el momento de tratar los estatutos desactualizados de la iglesia. La nueva transcripción se llevó a cabo a través de varias personas y grupos, y tomó dos años más. Un vecino bromeó diciendo: «¡A los padres fundadores le tomó menos tiempo escribir la Constitución de los Estados Unidos!». Cuando llegó la oportunidad de votar sobre el nuevo documento que incluía a los ancianos, solo hubo una persona que se opuso. ¡Solo una! Pienso que esta falta de oposición se debió a la gracia de Dios por el enfoque gradual y sin prisa de Mark para el cambio. Herb Carlson, miembro de la iglesia desde 1947, dijo de Mark en su décimo aniversario como pastor: «No recuerdo ningún día donde algo haya cambiado, ¡pero ahora todo es diferente!». Esa es la señal de un buen ritmo.

¿Es que los nuevos estatutos eran exactamente de la manera que Dever esperaba? No. Mark y yo trabajamos en el borrador inicial apuntando hacia una dirección en particular, especialmente incluyendo los oficios de ancianos y diáconos, pero después de dos años de edición de los demás, el documento estuvo mejor escrito y elaborado con algunas diferencias del original, pero nada importante había cambiado. La lección: los pastores jóvenes muchas veces pelean por las hojas en lugar de los árboles y el bosque, y debemos mantener nuestros ojos en el panorama general. Simplemente estábamos felices porque íbamos en la dirección correcta.

Cuarto y último, el cambio valdría la pena. ¿Preferirías ser un pastor solitario o tener un grupo de ancianos piadosos y calificados que te ayudaran a luchar con la doctrina, la disciplina y la dirección? ¿Puede Sara bíblicamente casarse una vez más después de su divorcio? ¿Debe Ben ser expulsado por pecado sexual? ¿Debemos renovar el área de educación o donar más dinero a las misiones? Ser pastor significa llevar una carga: soportar el peso de predicar fielmente la Palabra de Dios al pueblo de Dios; llevar el peso de las ovejas que pecan; acarrear el peso de aquellos que sufren. Alabado sea Dios porque diseñó todo para que el peso fuera llevado por muchos y no solo por uno. Pregúntale a un pastor que está acompañado y es apoyado y sostenido por ancianos piadosos, y te dirá que hacer el cambio vale la pena.

CAPÍTULO CINCO

Carácter y congregacionalismo

¿Por qué necesitamos líderes espirituales conocidos como ancianos y diáconos en nuestras iglesias? Los miembros muchas veces tienen altos niveles educativos, mucha experiencia y varias habilidades. Además, la mayoría de las congregaciones tienen menos de 100 miembros. ¿No sería más fácil que un solo hombre dirigiera la iglesia?

De hecho, un solo hombre no puede atender todas las necesidades de cualquier ministerio, y algunas iglesias esperan que lo haga porque es el motivo por el cual lo eligieron. Pero el organismo vivo conocido como iglesia local tiene muchas otras necesidades y oportunidades de servicio y crecimiento que no pueden ser satisfechas por un solo hombre. Él puede destacarse en la predicación, pero tener deficiencias en ministrar a los que están pasando por situaciones difíciles. Él puede mantener horas regulares de consejería, pero descuidar la planificación, dirección y equipamiento de la iglesia. Muchas veces el pastor se convierte en blanco de críticas porque falla en el uso de diferentes sombreros para satisfacer las necesidades (y algunas veces caprichos) de la congregación. La iglesia puede tener expectativas irreales para el pastor solitario, y el pastor puede sucumbir ante los sentimientos de fracaso al no cumplir con las expectativas de la iglesia. Pero existe una mejor manera. Cada situación que enfrenta la iglesia es un llamado a consultar la Palabra de Dios. En algunas áreas, la Palabra no aborda directamente el asunto en cuestión, pero tiene principios que vale la pena ejecutar. En otras áreas, ofrece una respuesta clara. Ciertamente, el asunto de los ancianos y los diáconos es uno de esos casos.

ANALIZANDO EL LIBRO DE HECHOS

Cuando analizamos el libro de Hechos, vemos que los títulos oficiales de ancianos y diáconos no fueron mencionados de forma inmediata en la iglesia primitiva. No había ningún comité de formación o anuncios que estableciera los oficios. En cambio, vemos el surgimiento de lo que algunos han denominado «prototipo de diáconos» en «las siete» personas llamadas por la iglesia a ocuparse de la distribución de alimentos en Hechos 6, así como un prototipo del ministerio de los ancianos en «los doce» apóstoles que trabajaban en la Palabra y la oración (Hch. 6:4). El primer grupo estaba enfocado en las necesidades materiales de la iglesia, mientras que el último buscaba enseñar y gobernar la iglesia.

Los primeros capítulos de Hechos se refieren a los apóstoles sin mencionar a los ancianos y, luego, el capítulo 11 se refiere a «los ancianos» (Hch. 11:30). No es sino hasta Hechos 14:23 que los «ancianos» son designados formalmente en la iglesia: «Y constituyeron ancianos en cada iglesia, y habiendo orado con ayunos, los encomendaron al Señor en quien habían creído». Estas iglesias jóvenes y pequeñas de Asia menor necesitaban instrucción bíblica, disciplina regular, liderazgo espiritual y modelos de fe. Por eso, el apóstol Pablo, queriendo asegurar el crecimiento espiritual continuo de las iglesias, designó ancianos (plural) en cada iglesia (singular). En Hechos 15:2, los ancianos se unieron a los apóstoles como los líderes espirituales en Jerusalén y, de aquí en adelante, los ancianos se convirtieron en la norma en el libro de Hechos (Hch. 15:4, 6, 22-23; 16:4; 20:17; 21:18). Todo esto ofrece un excelente modelo.

A pesar de que no se menciona a los diáconos en los Hechos, la carta de Pablo a la iglesia de Filipos los trata como parte del liderazgo oficial de la iglesia junto a la pluralidad de supervisores (Fil.1:1). Su primera carta a Timoteo también trata a los diáconos como una parte importante del servicio espiritual en Éfeso bajo el cuidado pastoral de Timoteo (1 Ti. 3:8-13). En las epístolas de Pablo, Pedro, Santiago, Juan, el libro de Hebreos y Apocalipsis, hay pasajes significativos que hacen referencia a los líderes espirituales de las congregaciones (1 Ti. 3:1-7; He. 13:7, 17-19; Stg. 5:14-15; 1 P. 5:1-5; 3 Jn. 12; Ap. 2–3). Ninguna porción de la Escritura relaciona todo lo concerniente a estos líderes espirituales, pero el conjunto de estos pasajes forma una maravillosa estructura de trabajo de la verdad en la vida de iglesia del Nuevo Testamento.

¿POR QUÉ ANCIANOS Y DIÁCONOS?

Aunque los diáconos no son el objetivo de este libro, es útil reflexionar por un momento sobre ambos oficios:

1. *Los ancianos y diáconos son el modelo enseñado en la iglesia primitiva.* Las primeras iglesias sirvieron como modelo para la estructura y el liderazgo

de las iglesias *de hoy en día*. En lugar de simplemente estructurar las iglesias actuales de una forma inteligente, pero no bíblica, las iglesias deben respetar la política evidente en la Escritura. Esto tiene sentido para los evangélicos que creen en la suficiencia de la Escritura para la vida y la práctica.

2. *Los ancianos y diáconos aseguran a las congregaciones que «toda persona» recibirá un ministerio efectivo.* Las responsabilidades de los ancianos y los diáconos ciertamente coinciden a veces —los diáconos en realidad encontrarán mucho trabajo espiritualmente orientado, mientras que los ancianos a veces tendrán que lidiar con asuntos materiales— sin embargo, ambos oficios son diferentes en sus deberes esenciales.

3. *La Escritura no especifica una cantidad exacta de ancianos y diáconos que deban ser designados en la iglesia, pero presenta los oficios en plural (dos o más).* Si varias congregaciones, al igual que la iglesia más madura y grande de Jerusalén, y la débil y pequeña iglesia de Listra, necesitan ancianos, entonces es evidente que las iglesias de cualquier tamaño y ubicación geográfica también los necesitan. Además, el paso del tiempo no disminuye las necesidades espirituales o materiales de aquellos que componen la iglesia. En resumen, el Nuevo Testamento no trata la ubicación, el tamaño o la madurez de la iglesia como factores relevantes para determinar si una iglesia necesita ancianos y diáconos.

4. *Los ancianos y los diáconos le dan a la iglesia la oportunidad de funcionar bajo la autoridad otorgada por Dios, la cual mantiene la iglesia en la dirección correcta, construye unidad y aumenta la eficiencia del ministerio.*

Las iglesias se benefician espiritualmente del ministerio efectivo de los ancianos y los diáconos. Por consiguiente, las iglesias tienen una responsabilidad significativa en la designación de candidatos calificados para los oficios.

¿Por qué necesitamos ancianos y diáconos?

- **Es el modelo de la iglesia del Nuevo Testamento.**
- **El modelo asegura que las congregaciones tengan un ministerio completo y equilibrado.**
- **El modelo suple las diversas necesidades congregacionales a través del funcionamiento en la pluralidad.**
- **El modelo fortalece la unidad y eficiencia de la iglesia.**

No parece haber una manera específica en la que los ancianos fueran escogidos en la iglesia primitiva. Como lo expresa el estudioso Daniel Wallace: «Mucha de la instrucción otorgada sobre el orden de la iglesia es *ad hoc* en lugar de un principio universal».[2] Por tanto, debemos entender que está sujeto a principios y que es flexible. Hechos 14 dice que Pablo y Bernabé «designaron» los primeros ancianos de las iglesias de Asia menor (v. 23, LBLA). Sin embargo, Simon Kistemaker como comentarista destaca lo siguiente: «El término *designar* realmente significa aprobar por votación en una reunión congregacional»,[3] indicando que Pablo y Bernabé involucraban de alguna manera a la congregación en la decisión. En el caso anterior de los prototipos de diáconos en Hechos 6, el lenguaje también sugiere que la congregación estuvo involucrada en el proceso de la toma de decisiones. A ellos se les dijo que seleccionaran de entre ellos siete hombres (Hch. 6:3), indicando que debían evaluar o examinar a los hombres que serían seleccionados para ese oficio.[4] Luego, la congregación presenta los nombres de los siete hombres que cumplen con la aprobación apostólica. La forma exacta en que hicieron esto no es explicada.

Lo mismo sucede en la carta a Tito. En el proceso de formación de la iglesia de Creta, a Tito se le dijo que designara «ancianos en cada ciudad» (Tit. 1:5, LBLA). ¿Tito escogió los hombres sin involucrar a la congregación? La ambigüedad del lenguaje lo hace difícil de expresar con certeza, pero la palabra «designar» sugiere una vez más que es mejor pensar que Tito recibió aportes de la congregación y ciertamente la aprobación de aquellos que designó.

En lo que se refiere a la manera que las iglesias debían seleccionar a los ancianos y diáconos, tal vez es mejor dejar los detalles precisos del proceso a las iglesias de forma autónoma e individual. Parece haber cierta flexibilidad, pero como mínimo, las congregaciones deben estar involucradas en la nominación de hombres fieles o la afirmación de hombres nominados por los ancianos existentes. Ciertamente, los nominados deben ser evaluados por el cuerpo de ancianos para poder eliminar cualquiera que no califique para el oficio. Eliminar candidatos es difícil de cumplir a nivel congregacional debido a la naturaleza intensiva y personal que requiere el análisis.

LOS ANCIANOS Y EL CARÁCTER

En las epístolas pastorales, el oficio de supervisor es algo a lo que un hombre

---

2. Daniel Wallace, «Who Should Run the Church? A Case for the Plurality of Elders», 7; visitado el 25 de marzo de 2003; http://www.bible.org/docs/soapbox/caseform.htm.

3. Simon Kistemaker, *Acts,* New Testament Commentary (Grand Rapids: Baker, 1990), 525.

4. *BDAG, episkeptomai,* 378.

puede aspirar (1 Ti. 3:1, LBLA), pero ¿es que solo se ofrece como voluntario para servir como anciano? La lista de los requisitos de carácter sin duda significa que las iglesias deben, de alguna forma, examinar a aquellos que aspiran a servir como ancianos, porque, si no, los lobos espirituales tendrán entrada abierta al liderazgo de la iglesia. Los ancianos que fallan en mantener el carácter y la práctica necesarios para este oficio deben ser reprendidos públicamente ante toda la iglesia. Pueden ser acusados públicamente, pero solo si hay por lo menos dos o tres testigos para que no sean infundados cargos contra ellos (1 Ti. 5:19-21).

> *El estándar de los ancianos y los diáconos debe ser alto, para que estos oficiales sirvan como se debe en sus respectivas congregaciones.*

¿Qué califica a un hombre para el oficio de anciano en la iglesia local? En mi observación, la mayor equivocación de las iglesias al considerar los ancianos —incluso las iglesias que tienen diáconos que funcionan como ancianos— es un descuido de los requisitos bíblicos. El estándar debe ser alto para que estos oficiales sirvan como se debe en sus respectivas iglesias. De hecho, nada es más importante que examinar a los hombres a la luz de los requisitos establecidos en 1 Timoteo 3 y Tito 1, y luego esperar que esos hombres permanezcan fieles a estos requisitos. En las iglesias donde cambiar al liderazgo de ancianos pueda crear un conflicto exagerado, recomendaría por lo menos aumentar el estándar de los requisitos espirituales de todos los líderes. Las iglesias que llenan sus espacios vacíos de liderazgo sin considerar seriamente los requisitos de las personas escogidas preparan el escenario para problemas más serios. Como fue expresado por el pastor John Piper: «Los requisitos nunca deben ser sacrificados por la experiencia técnica».[5] Gerald Cowen añade: «Para que la iglesia tenga un impacto moral en la sociedad, deben ser considerados los estándares más altos».[6] Designar oradores públicos, contables, expertos legales, gerentes de proyectos, ejecutivos bancarios y gurús publicitarios no contribuye al liderazgo espiritual. Las personas que están bíblicamente calificadas para cualquier oficio pueden tener una experiencia técnica adicional de este tipo, pero eso siempre debe ser secundario.

---

5. John Piper, *Biblical Eldership: Shepherd the Flock of God among You,* sec. 4; visitado el 25 de marzo de 2003; http://www.desiringgod.org/resource-library/seminars/biblical-eldership-part-1a.

6. Gerald Cowen, *Who Rules the Church? Examining Congregational Leadership and Church Government* (Nashville: Broadman and Holman, 2003), 63.

---

1 Timoteo 3:1-7

Palabra fiel: Si alguno anhela obispado, buena obra desea. Pero es necesario que el obispo sea irreprensible, marido de una sola mujer, sobrio, prudente, decoroso, hospedador, apto para enseñar; no dado al vino, no pendenciero, no codicioso de ganancias deshonestas, sino amable, apacible, no avaro; que gobierne bien su casa, que tenga a sus hijos en sujeción con toda honestidad (pues el que no sabe gobernar su propia casa, ¿cómo cuidará de la iglesia de Dios?); no un neófito, no sea que envaneciéndose caiga en la condenación del diablo. También es necesario que tenga buen testimonio de los de afuera, para que no caiga en descrédito y en lazo del diablo.

Es mejor pensar en estas características una por una.[7] El requisito principal de un anciano es que sea *irreprensible*. Pablo pide esto: «Es necesario que el obispo *sea* irreprensible» (énfasis agregado).[8] *Irreprensible* sirve como paraguas bajo el cual el resto de los requisitos quedan cubiertos. John MacArthur escribe: «*Esto no significa que un hombre debe ser perfecto*», porque «si fuera así, ¡todos seríamos descalificados! Esto significa que no debe haber una situación muy grande en su vida que otros puedan señalar».[9] Piper añade: «La palabra parece ser general para vivir de una manera que no haga que los demás piensen mal de la iglesia, de la fe o del Señor... El enfoque aquí no es la relación de una persona con el Señor, sino la manera como lo ven los demás».[10] Un hombre que es conocido como violento, mujeriego, que hace negocios turbios o es ligero de lengua no tiene lugar entre los ancianos.

La frase *marido de una sola mujer* ha generado muchos comentarios a través de los años. Muchos comentaristas ofrecen declaraciones detalladas sobre su significado y por eso no es necesario analizar aquí los asuntos relacionados con este requisito. Pero, en resumen, la frase significa literalmente «hombre de una sola mujer», apuntando a la fidelidad y devoción continua en la relación de matrimonio. En días donde existe una falla moral excesiva en el liderazgo de la

---

7. Ver el capítulo 9 para un ejemplo de cómo un pastor puede enfocar este texto exposicionalmente haciendo las aplicaciones pastorales apropiadas.

8. Fueron añadidas cursivas donde la palabra *sea* implica una necesidad moral.

9. John MacArthur, *Shepherdology: A Master Plan for Church Leadership* (Panorama City, CA: Master's Fellowship, 1989), 72.

10. Piper, *Biblical Eldership*, sec. 7.

iglesia, es crítico que los ancianos establezcan un ejemplo de fidelidad y devoción en sus matrimonios. ¿Existe alguna razón para cuestionar la devoción hacia su esposa de un candidato a anciano? Si es así, entonces no debe ser colocado en una posición de liderazgo.[11]

La palabra *sobrio* (o *templado*) se refiere a la habilidad de un anciano de ejercer dominio propio sobre sus deseos para que no tomen dominio de su vida, ya sea referente al alcohol (como el significado original) o los deseos mayores de la carne. El anciano debe ser sobrio en todas las cosas.

Prudente implica que la mente del anciano permanece comprometida, que es apto para ejercer sano juicio aun en tiempos de dificultad.

Decoroso (o *respetable*) implica que la vida personal del anciano está bien ordenada, incluyendo sus relaciones con los demás. Él no se compromete con la falsedad, sino que guarda su vida interna con esmero para que su conducta externa pueda darle honor a Cristo y el evangelio.

Un anciano debe también ser *hospedador*, una palabra que se refiere al amor a los extraños. Su hogar debe estar abierto a los demás como centro de ministerio más allá de las paredes del edificio de la iglesia.

La *aptitud para enseñar* del anciano (1 Ti. 3:2; Tit. 1:9) es muy importante para su labor. Basados en 1 Timoteo 5:17, algunos dividen los ancianos por categorías en ancianos gobernantes y ancianos docentes: «Los ancianos que gobiernan bien, sean tenidos por dignos de doble honor, mayormente los que trabajan en predicar y enseñar». No hay duda de que todos los ancianos deben estar involucrados en el gobierno de la iglesia, pero todos también deben estar involucrados en el ministerio de enseñanza de la iglesia. Ahora, algunos ancianos sobresalen en la enseñanza mientras otros lo hacen en el gobierno, pero convertir esta diferencia en dos tipos de oficios no es real y va más allá de la intención de este versículo. El equilibrio necesario entre la enseñanza y el gobierno mantiene a todo el grupo de ancianos enfocado en la Escritura. Además, se requiere que los ancianos sean teológicamente astutos, bíblicamente claros y preparados para instruir personas o grupos según la necesidad. Un anciano que solo sabe cómo «gobernar» pero no tiene la precisión bíblica necesaria para el llamado a la enseñanza creará una falta de armonía entre los ancianos. Nada ha perfeccionado más a los ancianos de mi iglesia que asegurarse de que todos somos estudiantes de la Escritura responsables de enseñar a la iglesia.

Un anciano *no debe ser adicto al alcohol*. John Piper lo expresa de esta manera: «La libertad de las esclavitudes debe ser tan apreciada que no haya

---

11. Ver Andreas J. Köstenberger, *God, Marriage, and Family* (2a ed.; Wheaton, IL: Crossway, 2010), 239-248, para un análisis más detallado de las diferentes posiciones sobre «hombre de una sola mujer».

ataduras».[12] En otras palabras, un anciano no debe «ser dado al vino» o ser «esclavo de la bebida», él también debe guardarse en otras áreas de su vida donde pueda ser tentado a esclavizarse.[13]

El dominio propio debe también ser manifestado en el temperamento del anciano. Por consiguiente, *no debe ser agresivo sino amable,* es decir, no problemático, sino amable y tolerante.

Un anciano es *pacífico.* Hace todo lo posible por evitar un conflicto innecesario en la iglesia.

Está *libre del amor al dinero,* lo cual nos recuerda la naturaleza temporal de las cosas materiales y el poder esclavizante del materialismo. La generosidad, el contentamiento y la disciplina financiera personal sirven para curar el amor al dinero.

Un anciano debe gobernar bien su propia casa, manteniendo sus hijos en sujeción con toda honestidad. Pablo señala que, si un hombre «no sabe gobernar su propia casa, ¿cómo cuidará de la iglesia de Dios?». En otras palabras, un anciano debe establecer ejemplo de liderazgo espiritual en el hogar, John Piper expresa:

El hogar es un terreno de prueba para el ministerio. [El anciano] debe tener hijos sumisos. Y aunque esto no significa perfección, sí quiere decir bien disciplinados para que no rechacen descarada y regularmente las instrucciones de sus padres. Los hijos deben reverenciar al padre (*meta pases semnotetos*). Él debe ser un líder espiritual amoroso y responsable en el hogar. Su esposa debe ser respetada y amada con ternura. Su relación debería ser abiertamente admirable.[14]

La habilidad de un hombre en un área no está desconectada de su habilidad en otra.

Ya que la madurez espiritual es muy importante en la vida del anciano, un anciano *no debe ser un recién convertido.* ¿Por qué? Pablo explica: «Para que no se envanezca y caiga en condenación incurrida por el diablo». Nada parece enorgullecer más a una persona inmadura que un título. Los ojos de los miembros de la iglesia están constantemente fijos sobre los ancianos, buscando una conducta ejemplar e instrucción. Poner un nuevo creyente en una posición con funciones tan demandantes puede llevarlo a caer en la trampa del diablo del orgullo.[15]

---

12. Piper, *Biblical Eldership,* sec. 7.

13. *LKGNT,* 622.

14. Piper, *Biblical Eldership,* sec. 7.

15. Pablo no establece este mismo requisito en la epístola de Tito, un asunto abordado más adelante en el Capítulo 21. «Un recién convertido» se refiere al contexto.

Ya que un anciano representa a su iglesia (y por ende a Cristo), debe *tener una buena reputación con los de afuera de la iglesia*. Una vez más, ¿por qué? Pablo responde: para no caer en descrédito y en lazo del diablo. Esto no significa que el mundo establezca el estándar de los líderes de la iglesia, pero no hay duda de que los líderes de la iglesia nunca deben estar por debajo de los estándares de carácter, dignidad y corrección del mundo (excepto cuando los estándares del mundo sean contrarios a la Palabra de Dios, como, por ejemplo, los conceptos contemporáneos de la tolerancia). Los altos estándares de la vida cristiana no deben ser un motivo para que el mundo acuse de hipocresía a los líderes de la iglesia.

La lista de cualidades de carácter que Pablo le menciona a Tito se parece a la lista otorgada a Timoteo, pero con algunas variaciones.

Tito 1:5-9

Por esta causa te dejé en Creta, para que corrigieses lo deficiente, y establecieses ancianos en cada ciudad, así como yo te mandé: el que fuere irreprensible, marido de una sola mujer, y tenga hijos creyentes que no estén acusados de disolución ni de rebeldía. Porque es necesario que el obispo sea irreprensible, como administrador de Dios; no soberbio, no iracundo, no dado al vino, no pendenciero, no codicioso de ganancias deshonestas, sino hospedador, amante de lo bueno, sobrio, justo, santo, dueño de sí mismo, retenedor de la palabra fiel tal como ha sido enseñada, para que también pueda exhortar con sana enseñanza y convencer a los que contradicen.

Podemos suponer que ambas epístolas ofrecen un ejemplo de lo que debe ser el carácter cristiano cuando es tomado en serio.

El requisito de *irreprensible* está en Tito y en Timoteo como un protector del equilibrio de los requisitos del carácter.

Aunque el lenguaje de Tito sobre la familia difiere un poco del de Timoteo, la intención es la misma. El anciano debe establecer un ejemplo al gobernar su hogar sabiamente. Él debe ser *marido de una sola mujer, tener hijos creyentes que no estén acusados de disolución, ni de rebeldía.* John Piper ofrece un comentario útil que explica lo que Pablo quiere decir con relación a los hijos de los ancianos:

Aquí el enfoque no es solo la relación de los hijos con el padre, sino su comportamiento en general. Ellos no deben ser culpables de la acusación de una "vida salvaje" o un comportamiento descontrolado. Y no deben ser "rebeldes".

¿Es que *pista* significa «creer» (como en la Reina-Valera) o «fiel» en el sentido de honestidad y confiable? A favor de lo último estaría el uso de la palabra en 1 Timoteo 3:11, donde las mujeres (diaconisas o esposas de diáconos) deben ser *pistas en pasin*, fieles en todas las cosas. Otros lugares de las epístolas pastorales donde la palabra parece tener este significado son: 1 Timoteo 1:12, 15; 3:1; 4:9; 2 Timoteo 2:11, 13; Tito 1:9; 3:8. Por tanto, la idea parece ser hijos que están bien educados, generalmente obedientes, responsables y confiables.[16]

En otras palabras, un anciano no puede garantizar que sus hijos sean cristianos, pero es responsable de asegurarse que ellos se comporten bien mientras están bajo su cuidado.

Pablo continúa repitiendo la necesidad de que un anciano sea *irreprensible*, pero ahora la razón es que el anciano sea un *administrador de Dios.* El término apunta hacia la responsabilidad continua del anciano de administrar los negocios de la iglesia. Si es agobiado por las críticas o la necesidad de esconder su comportamiento, entonces no le irá bien como administrador de un cuerpo espiritual.

En Tito, Pablo añade que un anciano no debe ser *soberbio*, es decir, no muy terco sobre sus propias opiniones hasta llegar a ser no enseñable, inflexible o considerado solo consigo mismo.[17]

Tampoco debe *ser iracundo*, o tener la costumbre de responder cada vez que alguien lo contradice. En cambio, debe estar marcado por *amar lo que es bueno, sobrio, justo, santo y dueño de sí mismo.* Sus prioridades están enfocadas en las cosas importantes: relaciones, justicia, pureza y devoción al Señor. La lista culmina con «dueño de sí mismo», que es un término que significa «autodominio completo, que controla todos los impulsos apasionados y mantiene la voluntad fiel a la voluntad de Dios».[18]

Aunque Pablo le dice a Timoteo que los ancianos deben ser *aptos para enseñar,* él amplía esto en Tito, diciendo que un anciano debe también aferrarse a la «palabra fiel que está conforme a la enseñanza». Es decir, un hombre no debe solo

---

16. Piper, *Biblical Eldership*, sec. 7
17. *LKGNT*, 652.
18. Ibíd.

entender la doctrina bíblica sino aplicarla diligentemente a su vida y práctica. Un anciano debe ser un estudiante de la Escritura, fiel en leer y estudiar la doctrina de la Biblia y constante en profundizar en la Palabra, estableciendo así un ejemplo para la congregación. La fidelidad de un hombre a la Palabra le permite ser apto «para exhortar con sana enseñanza» —enseñar, amonestar e instruir de forma individual o en grupo— «y convencer a los que contradicen». Es decir, maneja fácilmente el error y la falsa enseñanza, y corrige a aquellos que aplican mal la Palabra de Dios para motivos egoístas o legalistas.

> *Lo más extraordinario de todas estas características es que no hay nada extraordinario sobre ellas.*
>
> **—D. A. CARSON**

Para evitar el autoescrutinio, algunas personas han dicho que estos requisitos de carácter son imposibles de alcanzar y que nadie los cumple. Pero pienso que es más adecuado decir que Pablo está llamando a los ancianos de estos textos a actuar como cristianos genuinos. Además de la habilidad de enseñar, ninguna de las características debe ser extraña entre los cristianos, porque todos los creyentes deben ser «irreprensibles». D. A. Carson una vez expresó que «lo más extraordinario de estas características es que no hay nada extraordinario sobre ellas».[19] Vivir de esta manera demuestra que el anciano toma seriamente la intención del evangelio de santificar a un pueblo para la posesión de Dios (Tit. 2:14).

Los ancianos no solo dirigen la congregación, sino que también deben trabajar entre ellos. Por eso los requisitos de carácter son muy importantes para que el liderazgo plural viva en unidad y trabajen juntos en humildad. Alexander Strauch expresó claramente esta necesidad:

Cuando funciona de manera apropiada, el liderazgo compartido requiere un mayor ejercicio del servicio humilde que el liderazgo individual. Para que un liderazgo de ancianos funcione efectivamente, los ancianos deben mostrar respeto mutuo, someterse unos a otros, esperarse pacientemente, considerar genuinamente los intereses y perspectivas de los demás y mostrarse mutuamente contentos. Entonces, el liderazgo de ancianos aumenta el amor entre los hermanos, la humildad, la reciprocidad, la paciencia y la interdependencia amorosa, cualidades que deben destacarse en el servicio de la iglesia.[20]

---

19. Afirmado en un «Henry Forum» ofrecido en la iglesia Capitol Hill Baptist Church.

20. Alexander Strauch. *Biblical Eldership: An Urgent Call to Restore Biblical Church Leadership*, rev. y amp. (Littleton, CO: Lewis and Roth, 1995), 114.

Un hombre debe demostrar que puede someterse a los ancianos antes de solicitarle que dirija con los ancianos.

Sería sabio que cualquier iglesia que busque una transición hacia el liderazgo de ancianos, mientras los líderes enseñan el tema, enfatice el carácter aún más que la función de los ancianos. Las funciones variarán un poco dependiendo de la iglesia, pero el carácter no. Una vida de servicio santa y humilde debe siempre marcar a los hombres que son apartados para ser ancianos. Los ancianos, los diáconos y cualquier otro oficial de la iglesia que fallan en reflejar el carácter requerido de los líderes espirituales han hecho un gran daño a las iglesias. Por tanto, debemos establecer los estándares de Dios asegurándonos de que los mismos sean paralelos a la enseñanza de la Escritura. Aun las congregaciones que no están seguras sobre lo que deben hacer los ancianos, son más propensas a seguirlos cuando viven como cristianos, y eso, en esencia, es lo que describen los requisitos. En un tiempo donde el carácter cristiano muchas veces parece no distinguirse del carácter del mundo, los ancianos deben establecer un ejemplo sobre cómo vivir como discípulos fieles. El objetivo de una iglesia no debe ser establecer un liderazgo plural de ancianos a cualquier precio, sino aumentar los estándares del liderazgo espiritual de la iglesia a cualquier precio.

LA PLURALIDAD EN EL MARCO CONGREGACIONAL

En el proceso de aumentar el liderazgo espiritual, las iglesias deben buscar modelos bíblicos, incluyendo el liderazgo plural de ancianos. Pero algunos líderes de iglesia le temen al término *ancianos*. Un líder bautista del sur estableció su oposición claramente: «No estoy a favor del gobierno de ancianos en la iglesia bautista del sur a la que pertenezco y, si la iglesia instituye el gobierno de ancianos, me iré».[21]

Durante las últimas dos décadas, varias iglesias bautistas han adoptado el liderazgo plural de ancianos de una manera u otra, pero no todas lo han hecho fácilmente. Las iglesias se han dividido porque las personas temen que adoptar

---

21. Citado en el libro de Robert Wring, *An Examination of the Practice of Elder Rule in Selected Southern Baptist Churches in the Light of New Testament Teaching* (tesis doctoral, Mid-America Baptist Theological Seminary, 2002), 96-97.

un modelo de ancianos plural significa abandonar la apreciada práctica bautista del congregacionalismo. Los pastores han sido despedidos de la hermandad de sus asociaciones de liderazgo local por el liderazgo de ancianos. Como crecí en una iglesia bautista del sur, me di cuenta de que el oficio de ancianos era ajeno a nuestra política. Por otro lado, en las congregaciones de la iglesia de Cristo los ancianos parecían gobernar tan firmemente que aparentaban servir a su antojo. Dicha ilustración de gobierno totalitario de ancianos atemorizó muchas mentes bautistas. En otras iglesias, los ancianos carecían de la dignidad espiritual del oficio. Y, en otras, los ancianos débiles parecían no tener la pasión que debía caracterizar el liderazgo espiritual.

Ninguna de estas imágenes de ancianos viene de la Biblia, pero ayudan a explicar por qué el oficio de ancianos muchas veces es temido. Muchos bautistas temen la pérdida del congregacionalismo, aunque muchos pastores han temido la pérdida de autoridad.

Estos temores son comprensibles, pero como cualquier situación que causa temor, dar un paso hacia atrás y una mirada imparcial a los hechos puede aliviar la ansiedad. Yo puedo temer a una serpiente que se encuentra en mi camino, pero si me detengo a pensar que no es venenosa y que puedo pasar, por un lado, no necesito temblar. Los hechos cambian toda mi perspectiva. Por tanto, consideremos el panorama general.

El liderazgo plural no debe eliminar el congregacionalismo. Es verdad que algunas formas de liderazgo plural pasan por alto completamente a la congregación. Sin embargo, en la iglesia primitiva la congregación estaba involucrada en las decisiones. Tanto Jesús como Pablo dijeron que las iglesias tenían la autoridad final sobre asuntos de disciplina en la iglesia (Mt. 18:15-17; 1 Co. 5). La iglesia de Jerusalén seleccionó a los diáconos según el consejo de los apóstoles, proveyendo un modelo factible para el involucramiento congregacional en la recomendación de líderes espirituales y temporales (Hch. 6:1-5). Después que los apóstoles y ancianos establecieron la posición de la iglesia sobre el problema planteado por los judaizantes, la congregación se involucró aprobando la recomendación de enviar mensajeros a las iglesias de Asia menor como la voz oficial de la iglesia en Jerusalén. La congregación, como un todo, no formó parte de las discusiones o debates, sino que fueron informadas más tarde y afirmaron el resultado del consejo: «Entonces pareció bien a los apóstoles y a los ancianos, con toda la iglesia, elegir de entre ellos varones y enviarlos a Antioquía con Pablo y Bernabé» (Hch. 15:22). La frase en español «Entonces pareció bien» fue un término político en el mundo griego para «votar» o «comunicar una medida en la asamblea».[22]

---

22. *LKGNT*, 299-300.

No existe ninguna evidencia de que la iglesia primitiva votara en cada situación. En cambio, el liderazgo plural de ancianos manejó de forma competitiva y eficiente los asuntos del diario vivir, y la iglesia respetaba y se sometía a su liderazgo, sabiendo que los hombres confiables que estaban ante ellos eran parte del diseño divino. En una ocasión, a las iglesias se le tuvo que recordar la obediencia y el sometimiento al liderazgo plural de ancianos, pero los ancianos no eran déspotas, y la congregación ejercía funciones decisivas en la vida de la iglesia (1 Ts. 5:12-13; He. 13:17). En otras palabras, ciertamente existía el congregacionalismo, pero no a tal grado que la reunión pública fuera lo que literalmente dirigía la iglesia.

El gobierno congregacional *absoluto* es difícil de manejar en la práctica. Durante mis primeros años de ministerio, el presidente de un seminario le dijo a un grupo de jóvenes que aspiraban al ministerio que si una iglesia *votaba* para hacerte pastor entonces tenías que obedecer porque esa era la voluntad de Dios. Me sorprendió su tono (y todavía lo estoy) y su insistencia en que la voluntad de Dios puede ser conocida de manera infalible a través del voto de la congregación. Solo hay que leer un poco de historia de la iglesia para rechazar esa idea. Los votos de la iglesia son afectados por la depravación humana al igual que las personas, y pueden difícilmente asegurar la revelación de la mente de Dios. Las congregaciones deben trabajar para entender lo que la Escritura enseña en lugar de asumir que las iglesias hablan infaliblemente cada vez que se reúnen.

> Una iglesia no es solo una democracia sencilla, porque en las iglesias hay un reconocimiento claro de nuestro estado caído, de nuestra tendencia a equivocarnos y, por otro lado, de la *inerrancia* de la Palabra de Dios. Por tanto, los miembros de una congregación pueden tal vez ser democráticos solo en el sentido de que trabajan como congregación para tratar de entender la Palabra de Dios.[23]

El liderazgo de ancianos debe dirigir el cargo a partir del gobierno y entendimiento de la Palabra de Dios. Como son hombres que están dedicados a la Escritura y la oración, los ancianos se ganan la confianza de la congregación, y esto aumenta su autoridad como líderes espirituales de la iglesia. La autoridad de los líderes es necesaria en una iglesia, como lo es en cualquier tipo de gobierno. Y aunque los gobiernos nacionales, estatales y locales sirven por la voluntad de sus ciudadanos, los ciudadanos dependen de los candidatos elegidos para la provisión de liderazgo, dirección y protección de la vida diaria, y los ciudadanos se someten a

---

23. Mark Dever, *Nine Marks of a Healthy Church* (Wheaton, IL: Crossway, 2000), 212.

esta autoridad porque organiza sus vidas. De la misma manera, la congregación que se somete al liderazgo de los ancianos puede funcionar con un mayor orden y propósito mientras hace responsable a los ancianos de ejercer sus responsabilidades fielmente bajo el señorío de Jesucristo. «El ministerio de la iglesia», escribe John Piper, «es primeramente una labor de los miembros a través de la adoración a Dios, nutrirse uno al otro y dar testimonio al mundo. Las estructuras internas para el gobierno de la iglesia *no son* el ministerio principal de la iglesia, sino el equipamiento y movilización necesarios para que los santos hagan la obra del ministerio».[24] Por tanto, la congregación en general debe enfocarse en la movilización del ministerio en lugar de pasar el tiempo preocupándose por el gobierno; esa responsabilidad es confiada al pequeño grupo de ancianos. Piper añade: «Las estructuras de gobierno deben ser simples y eficaces para estos fines, y no buscar incluir la mayor cantidad de personas posible para que tengan oficios, sino liberar y formar tantas como sea posible para el ministerio».[25]

En el centro de la oposición al liderazgo plural de ancianos se encuentran los pastores, que temen perder su autoridad en la iglesia. Aunque muchas iglesias bautistas dicen ejercer el congregacionalismo, su estructura real parece más un episcopado monárquico: el gobierno solitario de un hombre sobre la congregación. Los primeros bautistas se resistieron al episcopado monárquico en la iglesia de Roma e Inglaterra, y sus voces discrepantes hicieron eco junto a otros evangélicos del siglo XVII, que estaban alarmados ante los abusos cometidos por el gobierno solitario de un solo hombre sobre la iglesia. Por eso, los bautistas establecieron congregaciones con autoridad final en asuntos de la vida de la iglesia, pero también reconocieron la necesidad de un orden, que solo es posible a través del liderazgo espiritual. La Confesión de Fe de Filadelfia (1742) ofrece un buen ejemplo tanto de la voz congregacional, como de la autoridad espiritual de los ancianos:

[Artículo 8]. Una iglesia en particular reunida y completamente organizada según la mente de Cristo consiste en oficiales y miembros: y los oficiales designados por Cristo deben ser escogidos y apartados para la iglesia (llamada y reunida) para la administración especial de las ordenanzas y la ejecución del poder o deber que Él les confió o al cual los llamó hasta el fin del mundo. Estos son los obispos o ancianos y los diáconos.

[Artículo 9]. La manera designada por Cristo, para llamar a cualquier persona formada y dotada por el Espíritu Santo para el oficio de obispo

---

24. Piper, *Biblical Eldership*, sec. 4, principio 2.
25. Ibíd., sec. 4, principio 3.

o anciano en la iglesia, es haber sido escogido ahí por el voto común de la iglesia misma, apartado solemnemente a través del ayuno y la oración y con la imposición de manos del liderazgo de la iglesia, si hubiera uno antes constituido; y de un diácono, que sea escogido por el voto similar y apartado a través de la oración y la imposición de manos.[26]

Los oficiales de la iglesia, los ancianos y los diáconos, son designados por Cristo y escogidos por la iglesia. Ellos tienen la «ejecución del poder o deber que Él les confió o al cual los llamó» para servir a la iglesia de Cristo. Cada anciano es «escogido ahí por el voto común» —o votación— «de la iglesia misma». Por tanto, el pastor no pierde autoridad, sino que la comparte con la pluralidad de líderes espirituales escogidos por la iglesia.

¿Es que esta autoridad compartida debe ser temida por el pastor que ha sido llamado a servir vocacionalmente a la iglesia? No, si los ancianos se aferran a los requisitos bíblicos para el carácter y la práctica. En su lugar, un pastor debe recibir esta estructura como un medio otorgado por Dios para protegerlo y mejorar el ministerio de la iglesia. Es seguro que surgirán problemas mayores cuando hombres no calificados sirvan como ancianos, pero es parte de la lucha continua que enfrenta la iglesia hasta que Cristo regrese. El pastor debe trabajar para predicar, enseñar, capacitar y orar hasta que el Señor purifique el fundamento del liderazgo de la iglesia, haciendo que sea posible para el pastor compartir la autoridad con el liderazgo plural de ancianos.

Otro elemento que infunde temor es el concepto de «gobierno». Si gobernar significa control dictatorial sobre la vida de los miembros de la iglesia —entrometiéndose en las decisiones personales y poniendo demandas que están fuera de los parámetros del ministerio de la iglesia en los miembros— entonces dicho gobierno debe ser temido. De hecho, el gobierno de ese tipo ha dado lugar a la mala fama del liderazgo plural de ancianos y es una distorsión de la imagen bíblica. Los ancianos nunca deben gobernar de una manera «dominante», sino servir a la iglesia con humildad, reflejando el gobierno pastoral ejemplificado por Cristo. Pastorear el rebaño de Dios demanda gobierno, pero los ancianos deben ejercer ese gobierno como aquellos que darán cuenta al Príncipe de los pastores (1 P. 5:2-5; He. 13:17).

El liderazgo plural de ancianos sirve para prevenir que un hombre caiga preso de la tentación de dominar la congregación. La autoridad compartida perfecciona el enfoque y la espiritualidad de los ancianos. Un pastor que es llamado por una iglesia

---

26. Timothy y Denise George, eds., *John A. Broadus: Baptist Confessions, Covenants, and Catechisms* (Nashville: Broadman and Holman, 1996), 86.

a la labor de tiempo completo ciertamente tiene una responsabilidad mayor que los demás ancianos por los deberes confiados a él. En este caso, el pastor está primero entre los que tienen la misma autoridad, primero en virtud del llamado de la iglesia, su capacitación y sus dones, pero no es un «llanero solitario» en el liderazgo de la iglesia. Daniel Wallace explica que «la responsabilidad y nuestra naturaleza pecaminosa» ofrecen una de las razones más claras para la autoridad compartida del liderazgo plural de ancianos. Él continúa diciendo:

> Cada líder sabe que le falta un equilibrio completo, y que hay cosas con las que aún lucha. Además, aún más allá de la naturaleza pecaminosa está el factor de la personalidad. Algunos pastores son hombres de detalles y otros son hombres de grandes visiones. A algunos le gusta la música y a otros no … Todos juntos contribuimos a la manera en que el cuerpo de Cristo funciona, pero una iglesia que sigue bloqueada con la personalidad y las debilidades de un hombre siempre estará desequilibrada…
>
> *Las iglesias que tienen un pastor como autoridad por encima de los demás (que funciona como un episcopado monárquico) tienen una cantidad desproporcional de fallas morales en lo más alto de su liderazgo.* En otras palabras, es menos probable que un pastor caiga en pecado si es el *primus inter parus* («el primero entre sus semejantes» en el sentido de su visibilidad y formación, y no su espiritualidad) que si está por encima del resto del liderazgo.[27]

En resumen, una pluralidad de ancianos protege tanto al pastor como a la congregación.

Liderazgo plural de ancianos

- Motiva a los líderes porque se comparte la carga del ministerio.
- Aborda el ministerio con una mayor precisión.
- Disminuye la tiranía y el autoritarismo de la iglesia.
- Ofrece un laboratorio para reflejar la unidad de la iglesia.

Desarrollar un liderazgo plural es exigente porque algunos pueden preguntar, «¿para qué molestarse?». Una pluralidad ofrece a cada anciano alguna

---

27. Wallace, «Who Should Run the Church?», 6; cursivas en el original.

medida de motivación, ya que el cuerpo de ancianos o de diáconos trabaja en unidad a favor de su congregación. Cada persona trabaja con el mismo propósito y pueden levantarse uno al otro cuando alguno enfrenta presión o necesita palabras de consolación. He observado que muchas veces nuestros ancianos se ayudan unos a otros a llevar las cargas difíciles o a trabajar juntos en oración.

En mi propia experiencia, sé lo que significa estar solo en una congregación, prácticamente todo pastor sabe lo que quiero decir. Es difícil, sobre todo, buscar en la Palabra de Dios sin encontrar ninguna multitud presionándote para unirse a ti. ¡Pero qué maravilloso y edificante es tener hermanos con el mismo pensamiento unidos a ti! ¡Inspira motivación al corazón de cualquier líder cristiano!

Una pluralidad ofrece la oportunidad de trabajar en el ministerio de una manera más exigente. Cada persona del cuerpo de ancianos o diáconos ofrecerá sus propios dones y fortalezas a todo el trabajo, y puede aplicar sus dones para el bien común. Ningún hombre tiene que esforzarse en llevar la carga de una congregación.

Además, una pluralidad reduce los intentos de una tiranía o dictadura. Tener demasiada autoridad y poca rendición de cuentas corrompe a las personas, especialmente en el ámbito espiritual. Cuando alguien carece de madurez espiritual, estar en el liderazgo puede ofrecer oportunidades para aumentar el ego o tomar el poder. El liderazgo plural protege contra dichos abusos porque los ancianos rinden cuentas unos a otros. La autoridad equitativa que hay entre los ancianos controla los intentos de un hombre de dominar el liderazgo de la iglesia.

La pluralidad también sirve de laboratorio para probar la unidad. Cualquier grupo de personas que trabaje unida por un período de tiempo hará que su unidad sea probada. El carácter de los ancianos, o la falta de este, emergerá durante los períodos de prueba y adversidad. Nada es más agradable que ver a los hermanos cristianos caminar juntos durante esos períodos.

REFLEXIONES

- ¿Por qué necesitamos a los ancianos y los diáconos?
- ¿Cómo fueron seleccionados los ancianos en la iglesia primitiva? ¿Esto ofrece un ejemplo de cómo se debe dirigir la selección de los ancianos en nuestros días?
- ¿Qué califica a un hombre para ser un anciano? Identifica las principales características.
- ¿Por qué algunos líderes de iglesia le temen al liderazgo plural de ancianos?

CAPÍTULO SEIS

La unidad en la verdad

E ra la diferencia entre una estación de tren y un museo. Esa es la forma como describiría el contraste entre las iglesias Philadelphia Tenth Presbyterian Church y la First Baptist Church de Filadelfia. Una estaba llena de ajetreo y vivía en movimiento; la otra era hermosa, calmada y con un gran silencio. La diferencia era sorprendente.

Era mediados de los años noventa y Mark Dever y yo viajamos a Filadelfia en busca de una iglesia modelo en el centro de la ciudad para aprender de ella mientras trabajábamos en la reconstrucción de la iglesia Capitol Hill Baptist Church. Ante la invitación de James Montgomery Boice —tan solo algunos años antes de su muerte— decidimos pasar el día con su pastor de mucho tiempo y su personal.

Como llegamos temprano, caminamos alrededor de la ciudad y nos tropezamos con la iglesia First Baptist Church de Filadelfia que en ese tiempo estaba celebrando sus trescientos años. Después de tocar el timbre y la puerta en numerosas ocasiones, casi nos rendimos, pero finalmente un anciano abrió la puerta. Parecía pertenecer a una granja amish del condado de Lancaster en lugar de una iglesia bautista del centro de la ciudad. Mark, que siempre ha sido historiador, inmediatamente se dispuso a aprender la historia de la iglesia e intentó discernir lo que el «hombre amish» —que se identificaba a sí mismo como el pastor— creía. Observar el intercambio era como observar a dos perros oliéndose el uno al otro, hasta que finalmente Mark se dio cuenta de que el pastor pensaba que podías creer lo que quisieras. Al sentirse en un callejón sin salida, Mark le pidió ver el santuario.

Fuimos dirigidos a uno de los santuarios protestantes más elegantes que he visto. Mantenido inmaculadamente desde el piso hasta el techo, se destacaban grandes arcos de hojas doradas en el centro de un gran púlpito de madera. El pastor nos informó que acababan de restaurarlo. Mark señaló: «Eso debe haber costado una pequeña fortuna y seguro que vienen muchas personas». El pastor dijo: «un par de docenas». Mark preguntó: «¿Cómo es que un par de docenas puede costear esto?». El pastor nos dijo que el dinero venía de la fundación Andy Warhol, una fundación que apoya las artes visuales que el mismo Warhol fundó. (Andy Warhol fue una figura importante del movimiento de arte pop de los años sesenta y setenta, homosexual y practicante del rito ruteno católico).

En pocas palabras, lo que vimos en la First Baptist Church de Filadelfia fue: la Palabra no era predicada, nadie asistía y el edificio era hermoso.

Así, continuamos nuestro camino hacia la calle 17 hasta llegar a la iglesia Philadelphia Tenth Presbyterian Church, que fue fundada en 1829. El contraste era sorprendente. Las puertas estaban abiertas y el lugar estaba lleno de personas. En las «catacumbas» (el sótano de la iglesia) había una escuela clásica para los chicos del centro de la ciudad. La Alianza de Evangélicos Confesantes regalaba libros y audios. Un programa de SIDA cuidaba de «los más pequeños». Un ministerio de radio de amplio alcance extendía el fuerte ministerio de enseñanza del púlpito que llenaba el salón principal cada domingo, y el personal era numeroso y acogedor. ¿El edificio? aunque era atractivo, era evidente que pasaban muchas personas por la alfombra desgastada de las escaleras y las paredes sucias a lo largo de los pasamanos por los que pasaban multitudes de personas constantemente.

Podrías resumir que vimos la iglesia de esta manera: la Palabra era predicada, las personas asistían y el edificio estaba un poco maltratado.

¿Cuál era la diferencia? No era la ubicación, ni la demografía, ni la edad de la iglesia. Las dos iglesias tenían esto en común. Pero en algún lugar de su historia, First Baptist Church de Filadelfia cayó en el modernismo y abrazó una gran cantidad de posiciones teológicas comprometedoras para acomodarse. En algún momento, en First Baptist Church fueron tomadas decisiones que Philadelphia Tenth Presbyterian no tomó. Hablando de forma práctica, este tipo de decisiones son tomadas generalmente por los líderes y, en algún punto, los líderes de First Baptist se rindieron y dividieron. No hay duda de que fue gradual y tal vez apenas perceptible en un principio. No hay duda de que las explicaciones del cambio incluyeron palabra como «amoroso», «justo» y «abierto».

Entonces, una forma de resumir la diferencia es diciendo que una iglesia había sido guardada cuidadosamente por el tipo de pastores que Pablo le dijo a Tito que designara, mientras la otra no lo hizo. Pablo instruye a Tito que un anciano es «retenedor de la palabra fiel tal como ha sido enseñada, para que también pueda exhortar con sana enseñanza y convencer a los que contradicen» (Tit. 1:9). Desde 1829, los ancianos de Philadelphia Tenth Presbyterian se han aferrado a la Palabra fiel y han rechazado a aquellos que la contradicen.

Los pastores de First Baptist, si tuviera que adivinar basado en otras iglesias parecidas, se ablandaron en algún momento en varios aspectos.

Al final de nuestro día en Filadelfia, la parábola de las dos iglesias no pudo haber sido más clara: cuando los líderes temerosamente se acomodan a la cultura, no hay vida. Cuando los ancianos predican la Palabra de Dios y guardan a las ovejas con amor y verdad, hay vida. Los líderes llenos de fe, temerosos de Dios, que aman la Biblia, odian el pecado y aman al pecador fueron la clave de la *resistencia al cambio*. ¿Pero cómo encuentras ese tipo de hombres de iglesia para pastorear el rebaño de Dios?

Desafortunadamente, en ese punto de la vida de la iglesia de Capitol Hill Baptist Church, Mark Dever llevó esa carga de manera incómoda y afortunadamente esto no se repetirá. La nueva constitución de Capitol Hill Baptist Church llamaba a los ancianos a designar futuros ancianos ante la congregación para su confirmación. Debido a su función como pastor principal, Mark era el único anciano reconocido en ese momento y tuvo la tarea de presentar al primer grupo de candidatos. Esto esencialmente se redujo a la tarea incómoda de evaluar el estado espiritual y los requisitos bíblicos de cada hombre adulto de la iglesia.

Para reducir la soledad e incomodidad de la tarea, Dever le envió una carta a cada miembro de la iglesia pidiéndole no nominar —esta fue su tarea— sino destacar cada hombre que pensaban que coincidía con la descripción de los ancianos definida en 1 Timoteo 3 y Tito 1. El efecto fue doble: primero, hizo que todo el mundo se involucrara en el proceso. Segundo, destacó para Mark a hombres especiales que la congregación había visto funcionando de la misma manera que los ancianos. Como resultado, hubo por lo menos dos hombres que Dever no había considerado anteriormente que terminaron siendo nominados en esa primera lista de nombres.

Quedaban dos preguntas. Primero, ¿quiénes *no* debían ser nominados? Segundo, ¿quiénes *deben* ser nominados?[1] La primera pregunta fue la más dolorosa porque había algunos hombres de la congregación que parecían calificar, pero en realidad no era así. Cuando los entrevistamos, un hombre reveló su desacuerdo con la declaración de fe de nuestra iglesia sobre un asunto del bautismo y eso era un problema, especialmente para una iglesia bautista. Otro hombre resultó ser igualitario porque creía que una mujer podía servir como anciano. El hombre era un político de Washington D. C. y por eso no nos sorprendimos cuando dijo que quería ser un anciano, porque «el cuerpo de ancianos es donde está el poder». Otro hombre asistía raras veces a las

---

1. Mark Dever y Paul Alexander, analizan estas preguntas profundamente en la sección 3 de *The Deliberate Church: Building Your Ministry on the Gospel* (Wheaton. IL: Crossway, 2005).

reuniones de la iglesia además de los domingos en la mañana. Para nosotros esto reflejaba una falta de interés y de conocimiento de las ovejas que sería llamado a pastorear.

Sin embargo, como dije, todos *parecían* calificar. Los tres hombres descritos anteriormente eran líderes en sus respectivas áreas. Eran maestros participativos, tenían la edad adecuada, ni muy jóvenes ni muy viejos. Y todos ellos anunciaban el evangelio.

No obstante, la iglesia no debe ser dirigida por hombres de negocios, políticos o doctores. La iglesia es dirigida por pastores que tienen un pensamiento teológico sólido y un historial de fidelidad. Y, muchas veces, el pensamiento equivocado e infiel no entra en la iglesia a través de ataques directos sobre el evangelio, sino que generalmente se mueve hacia una generación por medio de doctrinas secundarias para pervertir las doctrinas primarias de la próxima generación. Las doctrinas secundarias, al igual que la doctrina de la iglesia, sirven para proteger las primarias de la misma manera que el evangelio. Por tanto, necesitamos estar pendientes de lo que estos hombres creen y la manera en que viven.

En otras palabras, estábamos básicamente buscando hombres que cuidaran su vida y su doctrina (1 Ti. 4:16). No queríamos hombres de verdad, o amor y unidad, sino hombres amorosamente unidos por la verdad. Queríamos hombres que estuvieran dispuestos a entregarse por el bien del rebaño, buscando conocerlo para poder guiarlo cuidadosa e individualmente a un conocimiento más profundo de la Palabra de Dios.

Además, no estábamos buscando un «equilibrio», como sugirieron algunas personas. Algunos pensaron que la visión del pastor principal necesitaba ser perfeccionada o suavizada por un punto de vista diferente. Pensaron que necesitábamos a alguien que le dijera «no» a Dever. Ciertamente, quieres hombres que puedan pensar por sí mismos y que sean más agradecidos que cualquier otro hombre por la Palabra de Dios, pero créeme que no quieres contrarios como ancianos. Los contrarios paralizan las ruedas del progreso y roban el gozo del grupo en el proceso (He. 13:17).

¿Entonces quiénes realmente *deberían* ser nominados? La cuestión no es si le dicen «sí» o «no» al pastor principal, sino si el hombre está comprometido o no con la verdad de la Escritura y el bien de la iglesia. El que siempre dirá «sí» a eso. Algunas veces me gusta decir que las iglesias deben nominar a hombres que dicen «sí». Lo sé, lo sé. Los hombres que dicen «sí» suelen ser aquellos que fallan en actuar, están de acuerdo solo para llevarse bien, que no son firmes y no asumen riesgos. Pero el apóstol Pablo parece poner cierto interés en los hombres que dicen «sí» de una manera diferente a lo que las personas normalmente piensan. Considera el desafío y llamado de estos dos versículos:

Por tanto, si hay alguna consolación en Cristo, si algún consuelo de amor, si alguna comunión del Espíritu, si algún afecto entrañable, si alguna misericordia, completad mi gozo, sintiendo lo mismo, teniendo el mismo amor, unánimes, sintiendo una misma cosa (Fil. 2:1-2).

Os ruego, pues, hermanos, por el nombre de nuestro Señor Jesucristo, que habléis todos una misma cosa, y que no haya entre vosotros divisiones, sino que estéis perfectamente unidos en una misma mente y en un mismo parecer (1 Co. 1:10).

En ambos pasajes, Pablo apunta hacia la sumisión y la unidad, pero no cualquier sumisión y unidad, sino en Cristo y para compartir la mente de Cristo.

Las películas de Hollywood defienden al contrario, al solitario, al marginado, al hombre que lucha contra la máquina. Amamos la idea de un hombre que escoge nadar contra la corriente o se aparta de la multitud. Los héroes de Hollywood pueden vender muchas películas, pero bíblicamente hablando su personaje es imperfecto porque está inclinado hacia el aislamiento, el egoísmo y la desunión.

Mientras tanto, muchas iglesias del siglo XX enfatizan el amor y la unidad, pero un amor y una unidad que estaba desprovisto de la verdad en forma extraña y trágica.

En marcado contraste con esto, necesitamos en la iglesia líderes que hagan a un lado sus preferencias con el fin de mantener la unidad en verdad y amor. Necesitamos ancianos que sacrifiquen sus prioridades personales por el bien de la congregación. Necesitamos hombres que trabajen tanto para comprender a sus hermanos como para escuchar cuidadosamente la Escritura en lugar de tomar una posición inconsciente y permanecer renuentes a aprender. Necesitamos hombres que amen a Dios y a la iglesia más que a sí mismos, y por eso están dispuestos a poner en juego lo que piensan las personas de ellos, confrontando el error y el pecado. Cuando nominamos hombres para servir como ancianos, no complaceremos a todo el mundo. Recuerdo a una mujer quejándose porque no le gustaban ninguno de los nominados inicialmente. Cuando revisamos los nombres que ella había sometido para consideración, descubrimos que no se había molestado en nombrar ninguno. En resumen, la idea de los ancianos en la iglesia se cumplió casi con unanimidad, pero encontrar los nominados actuales casi nos divide. Mirando hacia atrás, un exmiembro etiquetó el proceso de nominación de ancianos como el inicio de una «iglesia dividida *de facto*». Él tenía razón. Un grupo de ancianos representa una dirección para la iglesia, y los cinco hombres que fueron finalmente nominados y reconocidos entendieron que la iglesia se estaría moviendo hacia una dirección y no otra. Y esto dio lugar a una división de la iglesia *de facto*, aunque muy pequeña. Esos miembros a los que no le gustaban los nuevos ancianos y su dirección se fueron de la iglesia y, los que sí, permanecieron.

La elección de quién iba a pastorear la iglesia fue de suma importancia. Los líderes equivocados posiblemente tendrían pastorados más cortos de hombres que sacarán a relucir el último truco y novedades para el crecimiento de la iglesia. Y, a la larga, esto probablemente provocará un compromiso doctrinal. Por otro lado, los ancianos fieles restaurarán la fidelidad bíblica y una comunidad marcada por vidas que demuestran su confesión. ¿Íbamos a ser como la First Baptist o Tenth Presbyterian? ¿Íbamos a tener que vender la propiedad y convertirnos en un almacén para la cercana Biblioteca del Congreso de Estados Unidos, o íbamos a convertirnos en una comunidad dinámica de seguidores de Cristo que habla la verdad?

SEGUNDA PARTE

Cuatro textos bíblicos claves

CAPÍTULO SIETE

Un modelo para nuestro tiempo

Hechos 20:17-31

Enviando, pues, desde Mileto a Éfeso, hizo llamar a los ancianos de la iglesia. Cuando vinieron a él, les dijo: Vosotros sabéis cómo me he comportado entre vosotros todo el tiempo, desde el primer día que entré en Asia, sirviendo al Señor con toda humildad, y con muchas lágrimas, y pruebas que me han venido por las asechanzas de los judíos; y cómo nada que fuese útil he rehuido de anunciaros y enseñaros, públicamente y por las casas, testificando a judíos y a gentiles acerca del arrepentimiento para con Dios, y de la fe en nuestro Señor Jesucristo. Ahora, he aquí, ligado yo en espíritu, voy a Jerusalén, sin saber lo que allá me ha de acontecer; salvo que el Espíritu Santo por todas las ciudades me da testimonio, diciendo que me esperan prisiones y tribulaciones. Pero de ninguna cosa hago caso, ni estimo preciosa mi vida para mí mismo, con tal que acabe mi carrera con gozo, y el ministerio que recibí del Señor Jesús, para dar testimonio del evangelio de la gracia de Dios. Y ahora, he aquí, yo sé que ninguno de todos vosotros, entre quienes he pasado predicando el reino de Dios, verá más mi rostro. Por tanto, yo os protesto en el día de hoy, que estoy limpio de la sangre de todos; porque no he rehuido anunciaros todo el consejo de Dios. Por tanto, mirad por vosotros, y por todo el rebaño en que el Espíritu Santo os ha puesto por obispos, para apacentar la iglesia del Señor, la cual él ganó por su propia sangre. Porque yo sé que después de mi partida entrarán en medio de vosotros lobos rapaces, que no perdonarán al rebaño. Y de vosotros mismos se levantarán hombres que hablen cosas perversas para arrastrar tras sí a los discípulos. Por tanto, velad, acordándoos que por tres años, de noche y de día, no he cesado de amonestar con lágrimas a cada uno.

¿Por qué designar ancianos y diáconos como líderes espirituales de la iglesia? Crecí en una iglesia bautista y asistí a dos iglesias durante mi adolescencia, ambas tradicionales. Tenían pastores principales, diáconos y miembros de personal, pero los ancianos estaban en otras iglesias. Según mi conocimiento, quien tiene un fundamento bautista reconoce el oficio de diácono sin cuestionar, pero algunas veces se resisten al oficio de anciano a pesar de que las Confesiones de Londres, Filadelfia y New Hampshire, de los siglos XVII al XIX, identifican ambos oficios.[1]

Cuando la iglesia que pastoreo actualmente en Memphis comenzó a estudiar la enseñanza bíblica sobre el liderazgo de iglesia, incluyendo los ancianos, uno de los miembros dejó de asistir bruscamente. Visité su casa y le pregunté la razón de su abandono; él me respondió rápidamente con el tema de los ancianos. «¡Simplemente no es bautista!», dijo él. Cité ejemplos históricos de ancianos en iglesias bautistas, así como la enseñanza bíblica, pero él ni siquiera investigó el asunto.

Sin embargo, la Palabra de Dios siempre demanda un estudio reflexivo incluyendo la manera en que los ancianos guardan y dirigen la iglesia con el apoyo de los diáconos en el servicio. Las referencias bíblicas de los ancianos muchas veces son comparadas con el oficio de pastor vocacional o el personal moderno de la iglesia, pero esa interpretación significa leer nuestras prácticas modernas en textos antiguos. Eso es precisamente lo que un oponente al liderazgo de ancianos hace cuando reclama que «todos los ancianos/supervisores están orientados al ministerio y exclusivamente laicos».[2] Aunque es verdad que el pastor es un anciano, eso no necesariamente significa que los ancianos son solo «profesionales pagados». Y cuando no reconocemos a hombres calificados de la congregación como ancianos, la iglesia pierde algunos de sus mejores activos de liderazgo. De hecho, si los líderes que no pertenecen al personal son excluidos como ancianos, entonces muchas congregaciones pequeñas —que se reúnen en hogares debido a las prohibiciones contra las reuniones públicas— carecerán de liderazgo espiritual por completo. En última instancia, es arrogante pensar que solo personas que han sido capacitadas profesionalmente pueden servir como líderes espirituales.

Una práctica más bíblica de los ancianos fortalece el ministerio pastoral de las iglesias. Explicando los beneficios del liderazgo plural de ancianos —del

---

1. *CrChr*, 3:738-40, 747.

2. Robert Wring, «*An Examination of the Practice of Elder Rule in Selected Southern Baptist Churches in the Light of New Testament Teaching*» (tesis doctoral, Mid-America Baptist Theological Seminary, 2002), 52.

personal y fuera del personal— John MacArthur expresa que «su consejo y sabiduría combinados ayudan a asegurar que las decisiones no sean obstinadas o de autoservicio para una sola persona» (Pr. 11:14). Él afirma que, «de hecho, el liderazgo de un solo hombre es característico de las sectas y no de la iglesia».[3]

El apóstol Pablo entendió la gran necesidad de líderes piadosos. En su segundo viaje misionero, Pablo fue a la ciudad de Éfeso «la ciudad más importante de la provincia», a partir de la cual evangelizaría Asia menor (Hch. 19:10).[4] Éfeso era un centro cultural y económico importante en el Imperio romano, aunque también era un centro importante de adoración pagana que tenía el templo de Diana «una de las siete maravillas del mundo antiguo».[5] Ahí, Pablo predicó y se produjo una revuelta, pero Dios dio fruto de sus labores para que fuera levantada una iglesia en la ciudad. El apóstol permaneció allí por tres años, predicando y enseñando la Palabra. Durante este período, él evidentemente designó ancianos para que sirvieran a la iglesia.

En su tercer viaje misionero, Pablo llegó cerca de Éfeso, pero debido a que estaba determinado a ir a Jerusalén, no desembarcó en Éfeso. En cambio, pasó navegando, desembarcando en Mileto. Desde allí, él llamó a los ancianos de Éfeso para que se reunieran con él. En Hechos 20:17-31, Lucas registra el último encuentro de Pablo con estos hombres, uno que respira amor y pasión mientras el apóstol ofrece sus instrucciones finales a los líderes de la iglesia de Éfeso. El mensaje de Pablo apunta hacia la necesidad inconfundible de que los ancianos lleven a cabo la obra de pastorado de la iglesia, una necesidad que es evidente en todas las iglesias. Si los ancianos jugaron un papel vital en la iglesia cosmopolita de Éfeso, ¿no tenemos nosotros la misma necesidad hoy en día? La exhortación de Pablo a los ancianos de Éfeso responde la pregunta: «¿Por qué ancianos?».

Hechos 20:17-31

- **La necesidad común de la iglesia (Hch. 20:17, 28-31).**
- **Pastores para el rebaño (Hch. 20:28, 31).**
- **Un fundamento inolvidable (Hch. 20:28).**

---

3. John MacArthur, *The Master's Plan for the Church* (Chicago: Moody, 1991), 195.

4. Curtis Vaughan, *Founders Study Guide Commentary: Ephesians* (Cape Coral, FL: Founders Press, 2002), 15.

5. Ibíd., 15.

LA NECESIDAD COMÚN DE LA IGLESIA (HCH. 20:17, 28-31)

Lo primero que debemos destacar de la exhortación de Pablo en Hechos 20 son los términos que utiliza para describir este grupo de líderes de Éfeso. Primero, él los llama «los ancianos de la iglesia» (v. 17). Algunos han sostenido que la iglesia de Éfeso estaba dividida en iglesias en casas, y que los ancianos eran simplemente líderes individuales de los grupos, pero eso no justifica el texto. «Ancianos» está en plural e «iglesia» en singular.

Segundo, Pablo establece que el Espíritu Santo «os ha puesto por obispos [supervisores], para apacentar [pastorear] la iglesia del Señor» (v. 28). *Obispos* es el mismo término que Pablo utiliza en 1 Timoteo 3:1, y la Nueva Biblia de las Américas incluye «supervisores» como una traducción alternativa en la nota al margen. En griego, el término es *episkopos* mientras que «anciano» es la forma como traducimos la palabra en griego *presbuteros*.

Tercero, Pablo utiliza la palabra «pastor» como un verbo (v. 28) y se refiere a alimentar y cuidar el rebaño.[6] La palabra en griego aquí es *poimainø*, de donde tiene sus raíces «pastor» como es usada en Efesios 4:11.

La idea es que estos tres términos son intercambiables y no se refieren a separar jerarquías u oficios de múltiples niveles en la iglesia, sino al mismo oficio o función dentro de la iglesia local. De la misma manera, Pedro utiliza estos términos de forma intercambiable en 1 Pedro 5:1-2.[7]

Como vimos en el Capítulo 3, la singularidad del término *anciano* apunta al carácter del hombre, y fue utilizado para hombres de madurez avanzada de la comunidad judía. *Supervisor* u *obispo* se refiere a su función de liderazgo espiritual según el uso de estos términos en la cultura griega para comisionados o administradores de las ciudades. El término *pastor* enfatiza el ministerio del hombre, el concepto de pastorear un rebaño tuvo un gran impacto en esa parte del mundo.

¿Por qué había necesidad de que los ancianos sirvieran en la iglesia? La iglesia primitiva vivió bajo el ataque externo hasta alrededor del siglo IV. Por trescientos años y hasta el reinado del emperador romano Constantino, la oposición, los ataques y la persecución afligieron la iglesia. Esos ataques llegaron en diferentes momentos, como una manera de atrapar a la iglesia desprevenida. Los emperadores Nerón, Domiciano, Trajano y Adriano supervisaron períodos legendarios de persecución, pero además de la persecución externa y la corrupción de la doctrina, las personalidades y el liderazgo también corrompieron la

---

6. *BDAG*, 842, explica que el símbolo de la dirección, guía y gobierno de un pastor está en mente y en este caso se refiere a la «administración de una congregación».

7. Ver el Capítulo 13 para una versión detallada de este texto.

iglesia:[8] «porque yo sé que después de mi partida entrarán en medio de vosotros lobos rapaces, que no perdonarán al rebaño» (Hch. 20:29).

Mientras Pablo estuvo entre el rebaño de los efesios pudo reconocer fácilmente los ataques del adversario y enfrentarlos. Él tuvo el coraje y la autoridad para resistir cualquier fuerza que atacaba a la iglesia. Pero la presencia de Pablo entre ellos estaba llegando a su fin. Ahora enfrentaban una nueva oposición, sin el gran apóstol desviando los golpes. Por eso, Pablo encarga a los ancianos de Éfeso —y a todos los que seguían su modelo— a tomar la tarea de guardar el rebaño contra los ataques desde afuera y desde adentro.

Pablo utiliza términos fuertes para describir los ataques. Él llama a los autores «lobos rapaces», que hacen que la iglesia de Éfeso luzca como un rebaño de ovejas indefensas (Hch. 20:29). Jesús utilizó la misma ilustración: «Guardaos de los falsos profetas, que vienen a vosotros con vestidos de ovejas, pero por dentro son lobos rapaces» (Mt. 7:15). En este caso, los lobos se habrían puesto ropa de oveja para poder pervertir la iglesia a través de engaños.

Un tema recurrente en las epístolas es la advertencia contra los falsos maestros. Algunos declararían ser «el Cristo», otros tendrían una nueva revelación y otros enseñarían un falso evangelio. Y es triste que los falsos maestros engañaran a muchos aun en las iglesias del Nuevo Testamento. La iglesia de los efesios está entre las siete iglesias de Asia menor a las que se dirigió nuestro Señor en Apocalipsis 2 y 3, y la mayoría de esas iglesias cayeron presa en un letargo espiritual, mientras otras toleraron los falsos maestros. Pablo, a través de sus epístolas a Timoteo, aparentemente sintió la necesidad de advertir una vez más a la iglesia de Éfeso sobre los falsos maestros (1 Ti. 4:1-3; 6:3-5; 2 Ti. 3).

Cuando consideramos que nuestro Señor, al igual que Pablo, Juan, Pedro y Judas, advirtió sobre los falsos maestros, esto debe alertarnos de que la falsa enseñanza continúa siendo un serio peligro. Las iglesias y los individuales pueden caer presa de este ataque, desde afuera o desde adentro del cuerpo. Si la iglesia de Éfeso necesitó hombres que la guardaran de las falsas enseñanzas, sin duda las iglesias de Memphis y Mumbai, Chicago y Ciudad del Cabo necesitan lo mismo. En estas advertencias en particular, los conflictos personales estaban muy lejos de la mente del apóstol. Él estaba preocupado por la enseñanza que alejaba de la Escritura y abrazaba una fe distorsionada, y encargó a los ancianos de Éfeso: «mirad por vosotros, y por todo el rebaño en que el Espíritu Santo os ha puesto por obispos, para apacentar la iglesia del Señor, la cual él ganó por su

---

8. Ver Justo L. Gonzalez, *The Story of Christianity: The Early Church to Present Day* (Peabody, MA: Prince Press, 2001), 31-108.

propia sangre» (Hch. 20:28). El proceso de pastorado demanda la habilidad de reconocer a los lobos. ¿Qué es una «teología de lobos»?

- Es una enseñanza que niega la deidad de Cristo o la igualdad de la Trinidad.
- Es una enseñanza que sustituye cualquier cosa por la suficiencia de la muerte de Cristo como expiación por el pecado.
- Es una enseñanza que niega la necesidad de que la justicia de Dios sea satisfecha para que los pecadores sean salvos.
- Es una enseñanza que le roba a Dios la gloria al insistir en que la salvación no es completamente una obra de la gracia de Dios.
- Es una enseñanza que niega la resurrección de Cristo.
- Es una enseñanza que declara tener revelaciones con autoridad que no están contenidas en los cánones del Antiguo y Nuevo Testamentos.
- Es una enseñanza que insiste en algún tipo de trabajo, abnegación o práctica ascética para mejorar su posición ante Dios, en lugar de simplemente descansar en los méritos de Cristo.

¿Enseñamos la «teología de los lobos» hoy en día? ¡Claro que sí! Recibí un mensaje de un amigo pastor hablándome sobre el presidente de una universidad bautista del sur de los Estados Unidos que escribió un libro negando la autoridad de la Escritura, el nacimiento virginal de Cristo, la deidad de Cristo, la necesidad de la cruz para expiación del pecado y la necesidad de salvación. Y es aún más angustioso saber que algunas iglesias bautistas han permitido a este hombre en su púlpito simplemente porque dice ser bautista. En estos casos, los ancianos de la iglesia tienen la responsabilidad de prevenir que hasta los lobos con apariencia digna engañen el rebaño.

El peso de la responsabilidad de reconocer la falsa enseñanza y luego actuar para eliminarla recae en los ancianos. Los ancianos de la iglesia tienen la tarea de escudriñar constantemente «todo viento de doctrina» (Ef. 4:14). Ellos deben estar atentos para reconocer la falsa enseñanza, advertir al cuerpo y guardar el rebaño de caer presa de ello (He. 13:17).

Pablo estaba preocupado no solo por los ataques que vendrían desde afuera del cuerpo, sino del engaño que surgiría desde adentro: «Y de vosotros mismos se levantarán hombres que hablen cosas perversas para arrastrar tras sí a los discípulos» (Hch. 20:30). Así como había un Judas entre los doce apóstoles, hoy hay Judas en las iglesias. Ellos utilizan la iglesia para beneficio personal, para mejorar su sentido de poder o su ganancia material y para alejar a los discípulos de la verdad.

Pablo describe este patrón como hablar «cosas perversas», con el objetivo de alejar o sacar a algunos de los creyentes del resto de la iglesia. La palabra «perversa» lo expresa bien. El término griego significa «desviar, torcer, pervertir, distorsionar».[9] Estos maestros dicen cosas que hasta los niños reconocerían como inmoral. Hablar «cosas perversas» implica pervertir o alterar sutilmente la verdad. Incluye tomar lo que era verdad y luego reformar su significado, darle una aplicación falsa o manipularlo para que diga algo diferente a su verdadero significado. Y, aunque la enseñanza de los «lobos rapaces» es bastante descarada y fácil de reconocer, el «hablar» al que Pablo se refiere aquí es engañoso y difícil de reconocer. Es necesario el discernimiento para ver la manera sutil en que se aparta de la Palabra de Dios. Una vez que un cristiano se aferra a dichas ideas distorsionadas de la verdad bíblica, esa persona es una presa fácil para el alejamiento del resto de la iglesia. Puede que él o ella vea a los demás de la iglesia como no iluminados y luego siga la enseñanza engañosa para su propia vergüenza.

Hace unos años, un hombre y su esposa comenzaron a asistir al estudio bíblico y los servicios de nuestra iglesia. Tuve una visita inusualmente larga en su casa donde el hombre habló detalladamente sobre un área en particular de interés teológico. Él describió su doctrina con un lenguaje bíblico común, aunque algo en sus palabras no parecía equilibrado. Un compañero anciano y yo estábamos enseñando en la clase bíblica a la que este hombre asistía y un día él hábilmente buscó abrir una brecha en el cuerpo a través de una negación inteligente de la eternidad compartida de Jesucristo con el Padre. Como ancianos, nos dimos cuenta de la contaminación de la falsa enseñanza y nos unimos contra esta teología imperfecta. Al ver este frente unido, él dejó nuestra iglesia rápidamente. El rebaño fue protegido.

Los ataques y el engaño contra el cuerpo de la iglesia nos recuerdan el hecho de que no podemos pasar por alto la necesidad de la iglesia de ser protegida contra los falsos maestros y engañadores. Y esta es la labor de los ancianos. Si los ancianos eran necesarios hace miles de años, ciertamente son necesarios hoy en día.

PASTORES PARA EL REBAÑO (HCH. 20:28, 31)

Hechos 20:28 y 31 ofrecen una descripción sencilla de los deberes de los ancianos. Los ancianos deben guardar, vigilar y pastorear la iglesia. El adversario quiere dividir y destruir la iglesia. El pecado y la falsa enseñanza la amenazan

---

9. *LKGNT*, 318.

constantemente y por eso los ancianos deben mantenerse vigilando constantemente.

Pablo dice «mirad por vosotros, y por todo el rebaño en que el Espíritu Santo os ha puesto por obispos» (Hch. 20:28). Estar en guardia significa tener cuidado o prestar atención a lo que es enseñado, a las tendencias de la cultura y al comportamiento del cuerpo para que la iglesia pueda avanzar sin obstáculos en su misión. Pablo dice a los ancianos de manera específica que protejan dos cosas:

Primero, los ancianos deben proteger su propia vida espiritual. Los ancianos deben, personalmente y en grupo, prestar atención a su propio caminar con Cristo. Ellos no deben funcionar como profesionales del ministerio, hombres que son buenos en decir a otros lo que deben hacer pero que no practican lo que predican. Ellos son profetas, no profesionales, dice John Piper: «La mentalidad del profesional no es la mentalidad del profeta… Mientras más profesionales buscamos ser, más muerte espiritual dejaremos a nuestro paso».[10] Como nos recuerda John Stott, «ellos no pueden cuidar adecuadamente a los demás si descuidan el cuidado y la cultura de su propia alma».[11]

En el clásico de Richard Baxter, *The Reformed Pastor* (El pastor reformado), el capítulo titulado «The Oversight of Ourselves» (La supervisión de nosotros mismos) analiza varias cosas que los ancianos deben guardar con relación a ellos mismos. Parafraseando a Baxter, debemos:

1. Cuidarnos a nosotros mismos, no sea que no tengamos la gracia salvadora de Dios que ofrecemos a los demás.
2. Cuidarnos a nosotros mismos, no sea que vivamos con esos pecados reales contra los que predicamos en los demás. Cuidémonos de no ser culpables de eso que condenamos diariamente.
3. Cuidarnos a nosotros mismos para no ser incapaces de cumplir con las grandes tareas que nos hemos comprometido a completar. Debido a que debemos enseñar a los hombres los grandes misterios de la fe, no debemos ser inmaduros en nuestro conocimiento de la Palabra de Dios y su práctica.
4. Cuidarnos a nosotros mismos, no sea que demos ejemplo de una doctrina contradictoria. Ten cuidado, no sea que seamos de tropiezo para los ciegos y demos lugar a su ruina. Ten cuidado, no sea que deshagamos con nuestra vida lo que decimos con nuestra boca. Ten cuidado, no sea que

---

10. John Piper, *Brothers, We Are Not Professionals! A Plea to Pastors for Radical Ministry* (Nashville: Broadman and Holman, 2002), 1.

11. John Stott, *The Spirit, the Church, and the World: The Message of Acts* (Downers Grove, IL: Inter-Varsity Press, 1990), 327.

nos convirtamos en el mayor obstáculo para éxito de nuestros propios esfuerzos.[12]

Segundo, los ancianos deben estar pendientes de todo el rebaño. Pablo utiliza términos pastorales para expresar cuidado, y se ilustra mejor cuando pensamos en un grupo de pastores reunidos detrás de una montaña en Judá con su rebaño de ovejas. Las ovejas comen la hierba de la ladera de manera despreocupadas, mientras los pastores están atentos constantemente para detectar ladrones que podrían robar el rebaño, lobos que lo devorarían y otros peligros que amenazan el rebaño. El trabajo del pastor nunca termina. Él siempre está atento, y constantemente revisa la salud de sus ovejas, garantiza su alimento y procura su seguridad. Él conoce sus ovejas e identifica sus necesidades. Un anciano opera de forma similar. Hace preguntas al rebaño para confirmar su comprensión y aplicación de la ley y el evangelio, y su entendimiento de la justificación y la santificación. Fred Malone ofrece algunas preguntas útiles sobre este asunto:

- ¿Cómo es que la vida y obra redentora de Cristo te ayuda a vivir como esposo, esposa, padre, hijo y miembro de iglesia?
- ¿Cuál piensas que es el mayor objetivo de Dios para tu vida?
- ¿Qué significa hoy el cielo para ti?
- ¿Qué piensa y siente Cristo sobre ti cuando pecas?
- ¿Crees que Dios se agrada de nosotros?[13]

- **Pastorear es una labor espiritual.**
- **Pastorear es un trabajo duro.**
- **Pastorear en una labor responsable.**

Los ancianos que trabajan en la enseñanza, instrucción, exhortación y amonestación del rebaño cumplen esta tarea. Algunas veces ellos deben reprobar a los que están en pecado. Deben amonestar a los que comprometen la fe. Deben instruir y exhortar a la iglesia a caminar en la sana doctrina. Deben reconocer el error y no temer enfrentarlo. El pastor del siglo XIX, Charles Bridges, nos

---

12. Richard Baxter, *The Reformed Pastor: A Pattern for Personal Growth and Ministry* (Portland, OR: Multnomah, 1982, de la edición de 1830), 27-32.

13. Fred Malone, «Do Personal Work» en *Dear Timothy: Letters on Pastoral Ministry*, ed. Thomas K. Ascol (Cape Coral, FL: Founders Press, 2004), 179.

recuerda que todas las necesidades del cuerpo de la iglesia no pueden ser «tratadas completamente en el púlpito».[14] Esto requiere la atención individualizada que solo puede ser ofrecida efectivamente a través de una pluralidad de ancianos. Bridges sugiere varios casos que necesitan este tipo de cuidado especial:

> El indolente está durmiendo, el independiente está retrocediendo, el celoso está bajo la influencia del orgullo espiritual, el sincero se está volviendo fariseo y, el normal, formal. Luego está el que pregunta, pidiendo dirección; el tentado y perplejo buscando ayuda; el afligido anhelando el consuelo del evangelio; el pecador convencido, en virtud de la leve sanidad de su herida, estableciéndose en una paz engañosa; el profesor «teniendo un nombre de que vive pero está muerto». Estos casos no pueden, en todas sus formas diminutas y diversificadas, ser completamente abordados en el púlpito.[15]

Los ancianos deben ser obedientes al Señor aun cuando tengan que tomar decisiones difíciles. Su preocupación nunca debe ser conformarse al cristianismo popular para ganar aprobación, sino discernir el cristianismo bíblico y dirigir el rebaño a caminar en este sin hacer concesiones. Los ancianos que buscan solo popularidad no cuidarán el rebaño.

El deber de dirigir bien el rebaño continúa con el mandato: «Mirad… para *apacentar* la iglesia del Señor, la cual él ganó por su propia sangre». Hoy en día tenemos una visión bastante romántica de los pastores de ovejas, especialmente con los villancicos que se refieren a ellos en términos brillantes. Pero cuando Pablo escogió esta metáfora estaba refiriéndose a un trabajo que no tenía estatus en la sociedad. Un pastor era considerado como una persona de «mala vida» en la sociedad. El mensaje está claro para nosotros: el trabajo de pastorear no es para ganar fama o reputación personal, sino que debe ser humilde, llevado a cabo a través de un servicio de amor como copastores de Cristo.

Pastorear es una labor espiritual. J. Oswald Sanders nos recuerda: «Los fines espirituales solo pueden ser alcanzados a través de hombres espirituales que utilizan métodos espirituales».[16] Hoy en día se habla mucho de que los líderes de la iglesia sean complacientes con las personas, pero los hombres verdaderamente espirituales se enfocan en agradar solo a una persona: el Señor Dios.

---

14. Charles Bridges, *The Christian Ministry: with an Inquiry into the Causes of its Inefficiency* (1830; reimpresión, Carlisle, PA: Banner of Truth, 1991), 344.

15. Ibíd.

16. J. Oswald Sanders, *Spiritual Leadership* (Chicago: Moody, 1980), 40, citado en el libro de John MacArthur, *Shepherdology: A Master Plan for Church Leadership* (Panorama City, CA: Master's Fellowship, 1989), 134.

Pastorear es un trabajo duro. En los tiempos de la Biblia, cuidar las ovejas del peligro era sinónimo de tensión mental y emocional. Los pastores generalmente se enfrentaban al peligro. Recuerda, David se enfrentó a un oso y un león mientras estaba pastoreando. Los pastores recorren montañas y valles con dificultad y a través de terrenos escabrosos en todas las condiciones climáticas.

Asimismo, la labor de los ancianos continúa en todas las condiciones y situaciones. Los ancianos nunca están sin hacer nada cuando dejan el edificio de la iglesia. Un anciano debe ocuparse de su propia vida espiritual y cuidar su propia familia de los peligros espirituales. Debe mantener un ejemplo piadoso para el resto de la iglesia. Mientras otros descansan, él continúa trabajando a través del estudio, la oración, el ministerio, la consejería, la visitación y la supervisión.

Pastorear es una labor responsable. En los tiempos del apóstol Pablo, los pastores generalmente trabajaban para alguien y tenían la responsabilidad de rendir cuentas de cada oveja ante el propietario del rebaño. Pablo recuerda a los ancianos de Éfeso su responsabilidad cuando les dice que: Pastoreen «la iglesia de Dios, la cual Él compró con su propia sangre» (Hch. 20:28, LBLA). A los ancianos se les debe recordar que la iglesia no nos pertenece, que le pertenece a Dios a través del precio redentor de la sangre de Cristo. Nosotros, los que servimos, somos simplemente copastores que un día daremos cuenta de nuestros deberes (He. 13:17).

John Murray ofrece un desafío cuádruple sobre lo que significa «pastorear la iglesia de Dios»:

1. Un pastor cuida que su rebaño no se aparte. En la práctica esto significa instrucción y advertencia.
2. Un pastor busca a sus ovejas cuando se apartan. En la práctica esto significa reprensión y corrección, y, en muchos casos, el ejercicio de la disciplina eclesiástica.
3. Un pastor protege a sus ovejas de sus enemigos… Tal vez no hay un aspecto más amenazador de los miembros de la iglesia que la falta de discernimiento… aquí, los ancianos, al cuidar las ovejas, deben cultivar para sí mismos e inculcar en los miembros de la iglesia esa sensibilidad a la verdad y lo correcto, para que ellos y las personas puedan discernir la voz del enemigo.
4. Un pastor lleva a su rebaño al redil, pone aceite en sus heridas y les ofrece agua pura para saciar su sed. Quisiera señalar la necesidad y bendición del ministerio de consolación.[17]

---

17. John Murray, *The Collected Writings of John Murray: The Claims of Truth* (Edimburgo: Banner of Truth, 1976), 1:265-66.

«Por tanto, velad, acordándonos que por tres años, de noche y de día, no he cesado de amonestar con lágrimas a cada uno» (Hch. 20:31). Los ancianos están involucrados en una guerra espiritual, y la iglesia es el campo de batalla. Están llamados a estar alerta constantemente. Así, la Palabra ordena, a los ancianos, estar despiertos y continuamente vigilantes por aquellas cosas que pudieran dañar el rebaño. Enfrentamos la oposición constante del adversario, un oportunista que busca momentos en que nuestra guardia está baja y, nuestra tolerancia al pecado, alta. Es en esos momentos que ataca. Por consiguiente, los ancianos deben permanecer en sus posiciones siempre vigilantes a favor del rebaño de Dios.

Pablo ejemplificó el cuidado sirviendo entre los efesios por tres años, supervisándolos y amonestándolos con la compasión de las lágrimas (Hch. 20:31). No era simplemente un trabajo, sino un ministerio otorgado por el Señor, y él lo tomó seriamente. Y este es el llamado de todos los ancianos. Ellos deben reconocer que Dios les ha otorgado un ministerio para cuidar de su *propio* rebaño.

Es importante destacar que Pablo tomó tiempo para amonestar «a cada uno». Amonestar puede ir desde instruir a través de preceptos y principios bíblicos hasta advertir a alguien que está caminando en pecado.[18] La palabra *amonestar* significa «poner en la mente» *(noutheton)*, advertir o instruir a alguien que se ha apartado. Aquí es donde los ancianos, por precepto y práctica, deben impactar a la iglesia. Cuando los ancianos viven la vida cristiana para que los demás vean la necesidad de caminar diariamente con Cristo, la iglesia es influenciada. Cuando proclaman la verdad de Dios para que los demás crezcan en entendimiento y práctica de la fe cristiana, la iglesia es influenciada. Cuando los ancianos amonestan, se preocupan más por el alma de una persona que por su aprobación personal, y la iglesia lo nota.

UN FUNDAMENTO INOLVIDABLE (HCH. 20:28)

Hay un recordatorio final en este texto bíblico que merece nuestra atención: «Mirad por vosotros, y por todo el rebaño *en que el Espíritu Santo os ha puesto por obispos*». Aunque Pablo y sus compañeros misioneros seleccionaron a los ancianos y la congregación los aprobó, fue el Espíritu Santo quien *los hizo* supervisores. Él era el fundamento de su autoridad. La habilidad de los ancianos de servir al Cuerpo surgió del llamado y obra inconfundible del Espíritu Santo de apartarlos. Por tanto, John Stott concluye diciendo de los ancianos: «Así que la supervisión también es suya, o Él no podría delegarla a otros».[19]

---

18. *BDAG*, 679.

19. Stott, *The Spirit, the Church, and the World*, 329.

En realidad, este es un elemento misterioso de toda la obra de selección de los ancianos. Una congregación busca designar hombres piadosos que son confirmados por los requisitos de la Palabra. El cuerpo de ancianos[20] examina a los hombres y los presenta a la congregación para su aprobación y toda la iglesia los aparta a través de un servicio solemne de confirmación. Sin embargo, detrás de todo esto está la obra invisible del Espíritu Santo. Él es quien finalmente los designa para este oficio en la iglesia. Una vez más John Stott escribe:

> La espléndida afirmación trinitaria de que la supervisión pastoral de la iglesia le pertenece a Dios (Padre, Hijo y Espíritu Santo) debería tener un efecto profundo en los pastores. Debería humillarnos a recordar que la iglesia no es nuestra sino de Dios. Y esto debe inspirar fidelidad en nosotros.[21]

Confieso que no entiendo toda esta obra del Espíritu Santo, pero me lleno de humildad ante la verdad de que Él es quien mora de manera corporativa en la iglesia (Ef. 2:22), trabaja para apartar hombres para la noble obra de ser anciano. Es porque el Espíritu Santo hace esta obra, que la iglesia debe prestar atención a la importancia tanto de su propio ministerio como de su respuesta al liderazgo de los ancianos.

El Espíritu Santo hace que estos hombres sean «supervisores» y no «señores». A ellos no les otorga la función de dictadores, sino de líderes-siervos humildes y amorosos de la congregación. Ellos deben ejercer sus deberes en dependencia del mismo Espíritu que los aparta, reconociendo que sus manos no pueden hacer todo lo que es necesario hacer en las vidas del pueblo de Dios. Ellos deben confiar en que el Espíritu Santo trabaja en los lugares secretos de la mente y el corazón de las personas para cumplir la tarea divina ante ellos.

Los peligros que enfrentamos en Estados Unidos en el siglo XXI, son de la misma naturaleza que aquellos enfrentados por nuestros homólogos del siglo I. El mismo Señor que dirigió a los apóstoles en la designación de líderes espirituales para la iglesia primitiva nos dirige a hacer lo mismo en las iglesias modernas. Cuando seleccionamos esos líderes, la popularidad debe ser puesta a un lado y en su lugar enfatizar los requisitos bíblicos. Cada hombre considerado por su iglesia para servir como anciano debe examinarse a sí mismo a la luz de la Palabra de Dios antes de aceptar el nombramiento.

---

20. Llamado algunas veces *presbiterio*, en referencia a un cuerpo de ancianos reunido.
21. Stott, *The Spirit, the Church, and the World*, 329.

REFLEXIONES

- ¿De qué manera la iglesia de Éfeso se parece a tu iglesia?
- ¿Cuáles son las responsabilidades principales otorgadas a los ancianos en Éfeso?
- ¿Qué posición ocupa la vida espiritual de los ancianos en la efectividad de su trabajo?
- ¿Qué quiere decir Pablo con guardar y pastorear la iglesia de Dios? ¿De qué manera son abordadas estas necesidades en el entorno de tu propia iglesia?

CAPÍTULO OCHO

Fracaso y luego éxito

«Los cinco nominados fracasaron», dijo el moderador de la reunión de miembros. Era otoño de 1998 y Mark había nominado cinco hombres para servir como ancianos porque la nueva constitución de la iglesia requería ancianos. La reunión de miembros había estado razonablemente bien hasta ese punto. Nadie esperaba que este primer nombramiento de ancianos fracasara, pero así fue.

¿Fracasó?

No obstante, cuando la nueva constitución misma fue a votación, solo se opuso una persona. Además, no aceleramos el proceso, sino que tomamos dos años para preparar el camino. Sin embargo, ahí estaba: «Los cinco nominados fracasaron».

La constitución requería que los ancianos nominados fueran afirmados por el 75% de la congregación, y yo era uno de los nominados que no alcanzó el mínimo del 75%. Los cinco recibimos un apoyo de entre 65 y 73%. Las emociones aumentaron y los miembros chocaron entre sí en su camino hacia la salida, algunos se sintieron victoriosos y otros desmotivados, pero en general parecía haber un sentido de confusión: ¿y ahora qué hacemos?

Mark Dever se reunió conmigo y los otros cuatro nominados fracasados —los hombres en quienes más confiaba que podían pensar bíblica y sabiamente— para evaluar y recibir consejo. ¿Nominamos un grupo diferente de ancianos? ¿Nominamos nuevamente a los dos candidatos más votados? ¿Necesitamos retroceder y cambiar la constitución bajando el mínimo a un 65%? ¿Alguna de estas ideas dividiría o mataría a la iglesia? Nuestra nueva constitución requería por los menos tres ancianos, la mayoría de los cuales no debían estar entre los empleados de la iglesia. ¿Cómo debíamos a funcionar si no podíamos hacer que alguien fuera elegido?

Estos son los momentos donde surgen con fuerza la conveniencia y el pragmatismo y somos tentados a abandonar principios teológicos que son muy atesorados. Alabado sea Dios que no todas las tentaciones ganan terreno. En nuestro caso, tanto la Escritura como la historia reciente de la iglesia —una trayectoria pobre de los programas enfocados en negocios y los pastores sin fundamento— se unieron para llevarnos a permanecer en el camino. Estábamos determinados a buscar guía en la Biblia.

Para nosotros, Hechos 20:17-35 reflejaba lo que queríamos en los ancianos y tendría nuestra respuesta a la elección fallida. En este pasaje Pablo llama la atención de tres cosas en particular.

Primero, un anciano debe vivir entre la gente. Pablo escribe: «Vosotros sabéis cómo me he comportado entre vosotros todo el tiempo, desde el primer día que entré en Asia, sirviendo al Señor con toda humildad, y con muchas lágrimas, y pruebas que me han venido por las asechanzas de los judíos» (Hch. 20:18-19). A través de sus cartas, Pablo ofrece su vida como ejemplo: «Sed imitadores de mí, así como yo de Cristo» (1 Co. 11:1). Como dijo una persona: «Queremos ancianos que huelan a oveja y no a campos de golf». ¿Por qué? Porque una de las maneras como aprendemos es observando el ejemplo de los demás. El discipulado está dividido en partes iguales de instrucción e imitación. El amor es teórico hasta que ves y sientes afecto por los demás. La idea de sacrificio se vuelve tridimensional cuando ves la pobre viuda poner sus últimas monedas de cobre en la ofrenda. Por consiguiente, queremos ancianos que modelen vidas piadosas, y esto exige cercanía.

Como ejemplo de lo simple que puede ser esto, una vez acordé reunirme en mi casa con un joven para luego caminar hasta una cafetería local y tomar un café temprano en la mañana. Mientras reunía mis cosas lo invité a nuestra cocina y le di un beso de despedida a mi esposa e hijos. El joven estuvo en mi casa menos de tres minutos. Cuando ya estábamos fuera, él me dijo: «No te imaginas lo importante que fue para mí ver eso». «¿Ver qué?», le pregunté. Él respondió: «La manera en que amas a tu familia». El joven creció bajo el mal «liderazgo» de un padre abusivo y alcohólico. Él nunca había *visto* la ternura o afecto sencillo reflejado a través de un beso en la mejilla. ¿La lección para nosotros? Queremos ancianos que vivan a la vista de un mundo necesitado que observa. Esa es una de las razones por las que votamos para vender la casa pastoral que estaba a cuarenta minutos en el norte de Virginia antes de que Mark Dever llegara a la iglesia. Queríamos que los líderes de la iglesia vivieran en el campo misionero de Capitol Hill y entre las personas identificadas con la iglesia Capitol Hill Baptist Church.

Segundo, un anciano debe enseñar a las personas. Hay iglesias completas que han sido construidas bajo la «creatividad» o «innovación», generando nuevas maneras de hacer la iglesia. ¿Es eso correcto? Dios es el Creador y le damos gloria cuando lo imitamos a través de crear y crear nuevamente, ¿no es así? Sí, pero pienso que, para los ancianos, en realidad queremos hombres que sean generalmente predecibles e imitadores, que es lo opuesto a lo creativo. En lo que se refiere especialmente a enseñar la Biblia, no queremos que nadie sea creativo con el mensaje. No se nos ordenó entretener a nuestro pueblo sino enseñarle la Palabra de Dios. Punto final. Escucha nuevamente a Pablo: «Y cómo nada que fuese útil he rehuido de anunciaros y enseñaros, públicamente y por las casas» (Hch. 20:20). Y Pablo no predicó sus ideas porque pensó que eran útiles, sino que predicó la Biblia, ¡toda ella! «porque no he rehuido anunciaros todo el consejo de Dios» (v. 27).

Tercero, un anciano está llamado a proteger a la gente. Pablo habla de guerra espiritual cuando dice: «Porque yo sé que después de mi partida entrarán en medio de vosotros lobos rapaces, que no perdonarán al rebaño. Y de vosotros mismos se levantarán hombres que hablen cosas perversas para arrastrar tras sí a los discípulos» (vv. 29-30). El Antiguo Testamento está lleno de ejemplos de malos pastores que fallaron en mantener la ley de Dios y esto trajo consecuencias devastadoras para el pueblo de Israel (Ez. 34:1-10). Los ancianos fieles son pastores que protegen el rebaño de Dios.

Esto puede ser llevado a cabo de varias maneras. Primero, los ancianos pueden proteger formalmente el rebaño. Un componente clave de esto es supervisar las prácticas de tu congregación. Examina cada persona que llega a la iglesia para asegurar que están «en la fe» (2 Co. 13:5). Un proceso cuidadoso de membresía protege al rebaño de aquellos que creen y practican una religión falsa. Aquí los ancianos deben tomar la iniciativa. En el otro extremo del proceso de la congregación están aquellos que necesitan ser expulsados de la iglesia, aquellos se presentan a sí mismos verbalmente como cristianos pero sus vidas contradicen esa declaración. En Mateo 18:15-17, Jesús le dice a la iglesia que reprenda a los que pecan para llevarlos al arrepentimiento y, si es necesario, que excluyan los que no quieren arrepentirse. Los ancianos protegen el rebaño dirigiéndolo fielmente a través del proceso triste pero amoroso de la excomunión.

También, los ancianos pueden proteger informalmente al rebaño. Los ancianos generalmente protegen el rebaño a través de la enseñanza y predicación de la Palabra de Dios. Eso es aún más formal. Pero una iglesia sana toma el cuidado y protección formal de los ancianos y los convierte en cuidado, represión, corrección, formación y discipulado de la iglesia misma (Ef. 4:15-16). Esta protección informal sucede cuando una pareja casada, con una buena enseñanza, aconseja a la joven que está siendo tentada a alejarse de la fe. Sucede cuando un hermano ofrece ayuda a otro para que rinda cuentas en su lucha con el pecado. Y los ancianos también toman la iniciativa de esta protección informal, ministrando a través de relaciones personales con los miembros de la iglesia. La protección formal e informal del rebaño debe ser lo más importante en la descripción del trabajo de un anciano.

Con estos versículos en mente, Dever desechó su grupo original de candidatos y nominó cinco nombres nuevos. En realidad, no lo hizo. Él creía firmemente que los primeros cinco hombres habían estado viviendo entre el rebaño, enseñando y protegiendo. Por eso, escribió un documento de cuatro páginas con una variedad de argumentos a favor para nominar nuevamente a los cinco candidatos originales y lo presentó a un grupo interesado de cerca de cuarenta miembros después de un servicio de domingo en la mañana. A continuación, se muestran algunas las declaraciones:

- Yo, el nominador, podría estar equivocado. Ciertamente no creo en la inerrancia pastoral.
- La constitución podría estar equivocada en el porcentaje requerido. Nunca he sugerido que la constitución adoptada ahora sea inerrante. La Biblia en ninguna parte requiere un 75%.
- No estoy seguro de que esta congregación estaba equivocada, en ese 65 a 73% de la congregación presente realmente hay un *apoyo* a los nominados.
- Pienso que la congregación que votó de manera abrumadora para que despidieran a Jonathan Edwards estaba equivocada.
- En noviembre de 1993 le dije a esta congregación que, si venía, necesitaban saber que trabajé no solo para la congregación sino para Dios.
- ¿Por qué siento que debo nominar nuevamente a los cinco anteriores? Porque después de orar continuamente sobre ello, no puedo ver a otros que puedan ser nominados en este momento… y no puedo ver por qué *no* nominar a cada uno de estos en la iglesia.
- Me anima saber que los nominados que fracasaron decidieron servir a la iglesia sin ser reconocidos como ancianos.
- El espíritu humilde y la forma de discusión entre los nominados que fracasaron sobre lo que deben hacer, solo me motiva a nominarlos nuevamente.
- No existe una visión alternativa coherente entre aquellos que votaron contra estos cinco.
- ¿Es arrogante para mí nominar nuevamente a los mismos cinco? La mayoría de la iglesia está de acuerdo conmigo. He recibido mucho consejo de hacer esto y no lo hago a la ligera. Mi consideración principal: no pienso que esto sea un asunto de arrogancia, sino de integridad.

- Es una deficiencia espiritual seria en una iglesia tener ancianos que no son confiables o miembros en los que no se puede confiar.
- Al llegar a esta iglesia, sabía que estaría llegando a una zona de poca confianza.
- La confianza nunca se gana, se otorga.
- Veo esto como una referencia clara de la dirección de esta iglesia.

¿Qué haría Mark si la segunda votación fracasaba? Antes de la votación Mark escribió: «Finalmente, si no estoy en la capacidad de nominar hombres que fueron reconocidos por una cantidad suficiente de ustedes para que sirvan como ancianos, entonces estarían en su derecho de buscar otro pastor que ustedes piensen que pueda encontrar esos nominados. En alguna medida tomaría eso como una liberación de parte de Dios».

Sin embargo, en noviembre de 1998 fueron nominados nuevamente los mismos cinco candidatos para servir en la función de anciano. Esta vez fueron elegidos por los miembros y superaron el límite constitucional de un 75% de afirmación.

¿Por qué esta vez lo superaron? Confiamos, por supuesto, en que era la voluntad de Dios. Desde una perspectiva humana, algunos, simplemente, fueron persuadidos a confiar en el liderazgo de Mark y otros a no tomar en cuenta contra un hombre su edad relativamente joven, y, en el caso de otro, su agenda de trabajo tan demandante. Además, hubo algunos que no se presentaron la segunda vez. (El club de ancianos Triple L —una gran parte del voto «no» inicial— pareció rendirse).

Con esa votación exitosa entre nosotros, nuestra iglesia cambió de un pastor a seis.

CAPÍTULO NUEVE

Los ancianos en la iglesia local

1 Timoteo 3:1-7

Palabra fiel: Si alguno anhela obispado, buena obra desea. Pero es necesario que el obispo sea irreprensible, marido de una sola mujer, sobrio, prudente, decoroso, hospedador, apto para enseñar; no dado al vino, no pendenciero, no codicioso de ganancias deshonestas, sino amable, apacible, no avaro; que gobierne bien su casa, que tenga a sus hijos en sujeción con toda honestidad (pues el que no sabe gobernar su propia casa, ¿cómo cuidará de la iglesia de Dios?); no un neófito, no sea que envaneciéndose caiga en la condenación del diablo. También es necesario que tenga buen testimonio de los de afuera, para que no caiga en descrédito y en lazo del diablo.

Las iglesias del Nuevo Testamento mantuvieron una forma simple de gobierno. Esta manera se desarrolló lentamente durante las primeras décadas del cristianismo, según lo expresan el Libro de Hechos y las Epístolas, y muchas veces se desarrolla en respuesta a alguna necesidad de una iglesia local. Por ejemplo, en Hechos 6 surgió una disputa sobre la distribución de los alimentos a las viudas, y los apóstoles respondieron proponiendo que la iglesia buscara «hermanos, de entre vosotros a siete varones de buen testimonio, llenos del Espíritu Santo y de sabiduría» (Hch. 6:3) que servirían en esta área. De esa manera, los apóstoles podrían continuar dirigiendo la iglesia a través de la oración y el ministerio de la Palabra. Este incidente nos ofrece una pequeña percepción de la forma en que las iglesias eran plantadas por los apóstoles y misioneros durante el primer siglo, en que el Imperio romano comenzó a formar su política de gobierno. Había dos cuerpos sirviendo en una posición de liderazgo: uno atendía las necesidades espirituales y, el otro, las materiales.

En algún punto de los primeros años surgió el oficio de los ancianos como lo sugiere una mención en Hechos 11:30. Más adelante, Lucas destaca que Pablo y Bernabé regresaron a las iglesias plantadas durante su primer viaje misionero para designar ancianos (Hch. 14:23). El lenguaje de Lucas —«y constituyeron ancianos en cada iglesia»— muestra claramente que fue designado más de un anciano en cada iglesia. La pluralidad de ancianos en la iglesia local continuó a lo largo de la iglesia primitiva y hasta el siguiente siglo.

Sin embargo, algo sucedió durante el segundo siglo que continúa afectando la estructura de las iglesias de hoy. Ignacio, un obispo de Antioquía, le escribió una carta a los magnesios, un pueblo que vivía en lo que hoy es Turquía, en la que se refiere a un solo obispo como la autoridad de la iglesia.[1] Y este es el primer comentario registrado. Con ese inicio, tuvo lugar una evolución gradual en la que un solo obispo presidiría los negocios espirituales de una ciudad. Anterior a esto y como hemos visto, los títulos de obispo (o supervisor), anciano y pastor han sido utilizados de forma indistinta. Ahora comienza a establecerse el gobierno de un solo obispo llamado *episcopado monárquico,* y a esto le siguieron dos acontecimientos importantes. Primero, el obispo de Roma, que con el tiempo sería llamado «papa», ganó la primacía sobre cualquier otro obispo. El primer papa moderno fue León el grande en el siglo V[2] y el papado ha continuado a través de los siglos, donde a un solo hombre se le confía la soberanía sobre la Iglesia Católica. Después de la Reforma protestante, el episcopado monárquico se convirtió en denominaciones como los anglicanos y muchas denominaciones pentecostales y carismáticas. La historia revela claramente las innumerables tragedias que han surgido a partir de los errores del episcopado monárquico.[3]

Segundo, este mismo *episcopado monárquico* ha sido practicado en la época moderna en miles de iglesias bautistas e independientes donde es reconocido un solo pastor como la única autoridad sobre la iglesia local. Esta forma de *episcopado monárquico* generalmente carece del nivel de autoridad otorgado a un papado u obispo de una estructura episcopal, y descuida un modelo importante del Nuevo Testamento para la iglesia local: una pluralidad de hombres piadosos dirigiendo cada congregación.[4]

---

1. *Magnesios* 6.1; *ANF*, 1:61, «Te exhorto a estudiar para hacer todas las cosas con una armonía divina, mientras tu obispo preside en el lugar de Dios y tus presbíteros en el lugar de la asamblea de los apóstoles, junto a tus diáconos que son muy queridos para mí y se les ha confiado el ministerio de Jesucristo».

2. Justo Gonzalez, *The Story of Christianity* (Peabody, MA: Prince Press, 1984), 1:242-243.

3. Por ejemplo, ver a Justo Gonzalez, *The Story of Christianity*; Bruce Shelley, *Church History in Plain Language* (Nashville: Thomas Nelson, 2008); S. M. Houghton, *Sketches from Church History* (Edimburgo: Banner of Truth, 1980). Estas obras ofrecen una amplia evidencia de las prácticas y decisiones corruptas y antibíblicas del papado que formó la Iglesia Católica moderna.

4. Gonzalez, *The Story*, 242, destaca que algunos eruditos creen que la iglesia primitiva de Roma

Este regreso de la Reforma del siglo XVI a la autoridad de la Escritura como la doctrina y práctica de la iglesia, también trajo cambios a las congregaciones locales. Como vimos en el Capítulo 1, algunos reconocieron cuatro oficios en la iglesia. Algunos reconocieron ancianos y diáconos, pero dividieron los ancianos en ancianos de enseñanza y ancianos de gobierno. Y algunos mantuvieron esta misma diferencia en términos de función mientras solo reconocían los dos oficios de anciano y diácono.

En el Capítulo 1 también vimos que, aunque no todas las primeras iglesias bautistas en los Estados Unidos tenían pluralidad de ancianos, muchas si la tuvieron. Sin embargo, la presión hacia el oeste a través del continente significaba que un pastor muchas veces serviría en más de una iglesia, con un liderazgo masculino limitado y, debido a la necesidad, muchas veces era un anciano solitario en la iglesia. Como vimos, Isaac Backus también hizo énfasis en el congregacionalismo y en un individualismo democrático, es decir, él asignaba «poco poder real al liderazgo de ancianos». Los plantadores de iglesias, influenciados por Backus, no tenían autoridad para designar ancianos adicionales y estaban restringidos a un anciano por iglesia.[5]

Afortunadamente, hoy en día somos testigos de un regreso a la pluralidad de ancianos en las iglesias bautistas. Y, aunque no es general, es lo suficientemente significativo como para que la literatura habitual antiancianos sea eliminada de varios círculos. La mayoría de las nuevas iglesias, de las que he escuchado durante los últimos diez años, practica alguna forma de pluralidad de ancianos. Este regreso a la práctica bíblica corrige varios errores significativos:

1. El fracaso en designar hombres calificados para los oficios bíblicos de anciano y diácono.
2. La práctica de diáconos que vuelven al liderazgo espiritual de la iglesia.
3. La práctica de poner un solo pastor en una posición que no tiene apoyo para asuntos difíciles de doctrina, disciplina o liderazgo.

---

estuvo gobernada por un «episcopado colegiado», es decir, un grupo de supervisores que servían en una pluralidad.

5. Stanley Grenz, *Isaac Backus—Puritan and Baptist, His Place in History, His Thought, and Their Implications for Modern Baptist Theology* (NABPR Dissertation Series, 4; Macon, GA: Mercer University Press, 1983), 278-279. Debido a sus escritos voluminosos que influenciaron a los bautistas del siglo XIX, las generaciones siguientes «fueron más allá de Backus» disminuyendo la función de la pluralidad de ancianos, tal y como lo expresa Grenz. En mis observaciones, Backus, afectado por la Ilustración y escritos de John Locke, enfatizó el *individualismo* como una forma de congregacionalismo estricto en lugar del congregacionalismo sano muy evidente en el Nuevo Testamento junto con la pluralidad de ancianos.

4. El fracaso de entregar el liderazgo a un solo hombre, *o* a un grupo de hombres (y mujeres) no calificados, *o* a nadie, excepto a la congregación.

Esta larga introducción establece el escenario para considerar la simplicidad del liderazgo en la iglesia del Nuevo Testamento. Pablo enfatiza el carácter, más que la función, porque el carácter de los falsos maestros de Éfeso había corrompido y debilitado a la iglesia.

La iglesia local debe prestar atención seriamente al modelo de liderazgo espiritual del Nuevo Testamento. ¿Pero que implica esto para las congregaciones modernas? Este capítulo busca entender el carácter y la función del oficio de anciano.

ASPIRACIÓN AL OFICIO DE ANCIANO

Pablo consideraba el oficio de anciano como una «buena obra» o «noble función» (NVI). Sin embargo, piensa por un momento en el contexto de Pablo. Las iglesias a quienes le escribía no tenían décadas ni siglos de antigüedad, tampoco una larga historia de desarrollar líderes piadosos; muchas veces eran jóvenes y llenas de debilidades debido a sus antecedentes de paganismo. En algunas ocasiones vivían con una oposición constante y puede que solo tuvieran pocos hombres entre ellos. Seleccionar ancianos y diáconos no era una tarea sencilla. Especialmente en áreas donde la persecución crecía intensamente, los ancianos eran los primeros en ser perseguidos en las olas de presión hacia las iglesias. Para tener una idea de la presión, podemos considerar la persecución en 2011 de la iglesia Shouwang en Beijing, que procuraba reunirse abiertamente en un parque después de haber sido expulsada de su local alquilado y permanece bajo la amenaza del gobierno. El liderazgo es el objetivo principal de la policía china. En el contexto antiguo, dicha actividad hace que un hombre se lo piense mucho y detenidamente antes de *aspirar* al oficio de anciano.

Así y con todo, Pablo abre la discusión de los ancianos en 1 Timoteo sobre el tema de las aspiraciones de un hombre. «Palabra fiel: Si alguno anhela obispado, buena obra desea». Utiliza una formula doctrinal para llamar la atención de manera especial con esta enseñanza: «Palabra fiel» o palabra confiable. Dicho de otra forma, una persona puede contar con ello de manera general.

Con nuestra legítima preocupación sobre el egoísmo y el orgullo, es fácil cambiar de idea sobre *aspirar* al oficio de obispo. Sin embargo, la palabra de Pablo apunta hacia la idea de alguien que extiende su mano al oficio con un deseo genuino de servir al pueblo de Dios. A menos que alguien aspire al oficio en búsqueda de un título, una mirada rápida a los requisitos de carácter debe eliminar las motivaciones impuras. De la misma manera, estoy convencido de que, si alguien debe ser persuadido para servir como anciano, no tiene que aceptar la responsabilidad. Aspirar al oficio de anciano sugiere un deseo apasionado de servir y pastorear la congregación porque el servicio entre los ancianos es cuidar la iglesia de Dios (1 Ti. 3:5).

En 1 Timoteo 3 vemos una vez más que la palabra *anciano* es equivalente a *obispo,* aun cuando escritores como Ignacio de Antioquía las separan.[6] Pablo le dice a Tito que se quede en Creta para designar «ancianos en cada ciudad», y, en la siguiente oración, se refiere a dichos hombres como «obispo[s]» (Tit. 1:5-7, LBLA). Como vimos, ambos términos tenían importancia en las comunidades antiguas, el primero hace énfasis en la *naturaleza* de la dignidad y el honor de dichos siervos, y el segundo hace énfasis en las *funciones del* liderazgo. Pablo combina ambas cosas en el uso de la iglesia en el Nuevo Testamento para explicar un oficio, sin dejar de mencionar el tercer término: *pastor* (Hch. 20:28; 1 P. 5:2).[7] Los tres términos se refieren a la misma «buena obra», digna de aspirar.

CARÁCTER APROPIADO PARA EL OFICIO

El objetivo de Pablo al mencionar los rasgos del carácter en 1 Timoteo 3 (LBLA) no era desarrollar un «supercristiano» que se considerara mayor al resto de los cristianos comunes, sino identificar los rasgos que deberían caracterizar a los *cristianos.* Aparte de ser «aptos para enseñar», realmente no existen cualidades demandadas a los ancianos que no deban ser normales para cada cristiano de la iglesia local.

¿Es «irreprochable» la característica principal que habla de una conducta intachable, mucho pedir de cualquier cristiano?

¿O es «marido de una sola mujer» —fidelidad y dedicación en el matrimonio— solo para los líderes espirituales?

¿O pensaríamos que es extraño pedirle al cristiano común que tenga «templanza» o sea sobrio, «prudente» o con dominio propio, «respetable» u ordenado en su vida y deberes, y «hospitalario» o dispuesto a abrir su casa para servir a los demás?

¿No debería todo cristiano guardarse de ser «adicto al vino» o borracho, y de ser «contencioso» o violento?

¿No es lo esperado en la iglesia que los creyentes sean corteses o amables y pacientes, «pacíficos» y no contenciosos, así como «libres del amor al dinero»?

¿No queremos que todo padre cristiano «administre bien su propio hogar»? ¿Y no esperamos que busque mantener a «sus hijos bajo sujeción con toda dignidad»? De hecho, creemos que todo hombre cristiano debe ser un líder espiritual en su casa, amar a su esposa como Cristo amó a la iglesia, criar a sus

---

6. Ver la nota 1 anterior al pie de página.

7. Ver el Capítulo 3 para una explicación más detallada.

hijos en la disciplina y amonestación del Señor, y no provocar a sus hijos a ira por la mano dura (Ef. 5:22–6:4). No creemos que solo los ancianos y diáconos deben dirigir sus familias de esta manera, mientras el resto de nosotros dejamos el cuidado de nuestra familia al aire.

¿Es que solo los ancianos deben preocuparse por tener «buen testimonio de los de afuera, para que no caiga en descrédito y en lazo del diablo»? Eso era algo muy importante en Éfeso. Los falsos maestros habían llevado la reputación de la iglesia al suelo. Pero ellos, al igual que nosotros necesitaban ancianos para estabilizar la situación y, así, tanto los líderes como los miembros vivieran enfocados en el evangelio fuera de la iglesia.

William Mounce, estudioso de la Biblia, declara que los requisitos especiales que Pablo mencionó para los ancianos y diáconos efesios *eran opuestos* a la falta de carácter cristiano de los falsos maestros. Aunque los falsos maestros prohibían el matrimonio y aun hasta la natalidad, mientras seducían a las desprevenidas mujeres (1 Ti. 4:3, 2:15; 2 Ti. 3:6), un anciano debe ser un «marido de una sola mujer». Aunque no tenga dominio propio (2 Ti. 3:3), el anciano debe ser «prudente». Aunque carezca de amor por los demás (1 Ti. 1:5), el anciano debe ser «amable». En otras palabras, cada rasgo que Pablo requiere de los ancianos encuentra su antítesis en algo que menciona sobre los falsos maestros. Esa es la razón más importante por la que Pablo quería que la vida cristiana fiel y sencilla caracterizara a los que están en el liderazgo.[8]

Debido a la falta de santidad cristiana en nuestros días, algunos ven estas cualidades como prácticamente imposibles de alcanzar y reservadas solo para la élite cristiana. Sin embargo, nada está más lejos de la verdad. Lo que Pablo quiere es que las iglesias locales tomen seriamente la vida cristiana y esto requiere la designación de líderes que darán ejemplo del comportamiento cristiano. ¿Significa esto que seleccionamos solo a individuos que han perfeccionado estos requisitos de carácter? Creo que no. Ninguno de nosotros ha perfeccionado ninguno de ellos. Más bien, seleccionamos individuos cuyas vidas se caracterizan generalmente por estas cualidades.

DEBERES APROPIADOS PARA EL OFICIO

Aunque 1 Timoteo 3 no detalla cada aspecto de los deberes de un obispo, nos ofrece indicaciones de lo que hará en nombre de la iglesia. Si nos basamos en 1 Timoteo 5:17 y resumimos las responsabilidades de un anciano en «gobernar» y «predicar y enseñar», encontramos ambas ideas en 1 Timoteo 3. Primero, compara

---

8. Wm. Mounce, *WBC: Pastorals* (WBC 46; Nashville: Nelson, 2000), 156-158.

gobernar con la gestión amorosa y sabia que ejerce un padre en su familia: «Pues el que no sabe gobernar su propia casa, ¿cómo cuidará de la iglesia de Dios?» (v. 5). La palabra «gobernar» significa «ejercer una posición de liderazgo, gobierno, dirección, estar a la cabeza de».[9] La misma palabra es utilizada para el liderazgo espiritual en 1 Tesalonicenses 5:12, donde es traducida como los que «presiden en el Señor», implicando un fuerte interés en las personas para mostrar su cuidado por ellas.[10] Dicho de otra forma, administrar la iglesia no significa darle órdenes a la personas, sino supervisarlas (de ahí el término *episkopos* u obispo), dirigiendo de una manera cuidadosa y trabajando para su bien. Al igual que cualquier tipo de administración o gobierno, las decisiones tienen que ser tomadas por el bien de la iglesia y la dirección debe establecerse para promover la misión de la iglesia.

Este liderazgo de gobierno o administración no debe ser llevado a cabo de forma autocrática sino dentro del marco de un congregacionalismo sano. Los ancianos (y diáconos) deben ser confirmados por la iglesia. Por ejemplo, la congregación de Jerusalén ayudó a seleccionar a los siete que sirvieron en las necesidades materiales; la antigua *Didaché* (80-150 d.C.) se refería a los obispos y diáconos designados por la congregación,[11] y los reformados y los bautistas practicaron lo mismo.[12] De la misma manera, los ancianos dirigen la iglesia en áreas de doctrina, dirección y disciplina.

Segundo, en 1 Timoteo 3, Pablo se refiere a los deberes más destacados de los ancianos, *enseñar* y *predicar*. Él no dice que un anciano debe predicar, pero sí requiere que un anciano sea «apto para enseñar» (v. 2). Más adelante, motiva a la iglesia de Éfeso a remunerar bien a esos ancianos que «trabajan en predicar y enseñar» (1 Ti. 5:17). Él también le dijo a Tito que el anciano debe ser «retenedor de la palabra fiel tal como ha sido enseñada, para que también pueda exhortar con sana enseñanza y convencer a los que contradicen» (Tit. 1:9). La falsa enseñanza había afectado el fundamento de la iglesia de Éfeso y por eso no se podía descuidar la enseñanza doctrinal. Los ancianos debían dirigir la iglesia principalmente a través de la instrucción regular de la Escritura.

Pablo sí hace una advertencia: el anciano no debe ser «un recién convertido, no sea que se envanezca y caiga en la condenación en que cayó el diablo» (LBLA). Debido a la atención que surge a partir del liderazgo y la enseñanza, un anciano debe guardar su corazón contra la tendencia inevitable al orgullo y la

---

9. *BDAG*, 870.

10. Ibíd.

11. Simon Kistemaker, *NTC: Acts*, 525, citando *The Apostolic Fathers*, vol. 1, *Did.* 15.1 (Loeb Classical Library).

12. Ver *CrChr*, 3:725, 739 para ejemplos de la Declaración de Saboya de 1658 y la Confesión Bautista de Londres de 1688 haciendo un llamado a la votación de la iglesia para estos oficios.

presunción. Algunos nuevos convertidos piensan más de sí mismos cuando se les otorgan posiciones de liderazgo. Los ancianos deben mantener su oficio con humildad, reconociendo su propio pecado y debilidad, dependiendo de la obra redentora y sustentadora de Cristo.

Este deber de enseñar no se ha eliminado. Los ancianos deben priorizar la enseñanza de la Escritura. Por tanto, deben ser estudiantes de la Palabra, que practiquen buena disciplina de estudio para entender y aplicar el texto bíblico.

¿Qué podría suceder con el terreno del cristianismo si cada iglesia tuviera una pluralidad de hombres piadosos que los dirigiera, hombres comprometidos con el estudio, entendimiento, enseñanza y aplicación de todo el consejo de Dios? Por ejemplo, ¿cuán diferente sería la vida de los bautistas del sur (mi propia denominación)? Ahora mismo, solo una tercera parte de la congregación de las iglesias bautistas del sur se presenta en la iglesia un domingo cualquiera, pero con dichos líderes se podría restaurar la integridad de la congregación. Si la Palabra fuera aplicada correctamente y las responsabilidades pastorales de los ancianos se convirtieran en una prioridad, las iglesias estarían más inclinadas a tomar a la congregación con seriedad.

No obstante, permítanme añadir que tener ancianos no asegura que una iglesia sea sana. Primero, la iglesia debe aprobar solo aquellos hombres que dan evidencia de vivir el evangelio, y que están comprometidos con la enseñanza fiel de todo el consejo de Dios. Segundo, la iglesia debe reconocer la estructura ordenada por Cristo para el liderazgo y la enseñanza en la iglesia, respondiendo a ello con fidelidad. Finalmente, la iglesia local debe desarrollar continuamente hombres jóvenes que sirvan como futuros ancianos, desafiándolos a ser diligentes en su discipulado cristiano y su estudio de la Palabra.

Los ancianos son designados, no por el bien de un oficio, sino con el fin de servir fielmente en el evangelio de Jesucristo. Una iglesia hace esto cuando se somete al modelo de la iglesia del Nuevo Testamento para su gobierno.

REFLEXIONES

- Explica cómo la historia antigua y la más reciente han afectado la práctica de la pluralidad de ancianos en las iglesias locales.
- ¿Es la aspiración al oficio de anciano un aspecto negativo o positivo? Explica tu respuesta.
- ¿De qué manera las cualidades de carácter requeridas en los ancianos reflejan un nivel normal de práctica cristiana?
- ¿Qué valor le otorga Pablo a los ancianos que enseñan en la iglesia? ¿Cómo se practica esto en el liderazgo de tu iglesia?

CAPÍTULO DIEZ

Desacuerdos entre hermanos

Mientras comíamos unas hamburguesas en un restaurante de Capitol Hill, le dije a un compañero anciano sobre un tercer anciano:

—No estoy seguro de que esté calificado.

—No piensas eso.

—¿Qué quieres decir?

—Eres un hombre de integridad, por lo cual estoy agradecido. Si realmente pensaras que no está calificado no seguirías sentándote con él en la misma mesa. Creo que esto es algo personal.

Sabía que mi amigo tenía razón, aunque no quería admitirlo. En la carne, parecía más fácil crear las dificultades que tenía con otro anciano sobre sus requisitos porque esto significaría que el problema estaba en *él* y no tendría que humillarme a reconocer una relación rota.

Permíteme ser transparente contigo: la amistad no siempre surge de forma natural con mis compañeros ancianos. Sí, los amo en el amor de Cristo, pero eso no significa que seremos amigos íntimos de todos ellos. Las buenas nuevas es que podemos trabajar con personas aun cuando la amistad no surja naturalmente, en especial, cuando los respetamos como hombres de integridad.

Además de las razones que Phil mencionó en su capítulo sobre los atributos necesarios de un anciano, esta es una razón más por la que es tan importante que todos los hombres que se sientan en la mesa de ancianos cumplan los requisitos que Pablo menciona en 1 Timoteo 3 y Tito 1. La labor del anciano puede sentirse a veces como entrar al fuego del enemigo con tu pelotón del ejército. Debes estar dispuesto a confiar que esos hombres cubrirán tu espalda. Cuando un cuerpo de ancianos aborda un caso difícil de disciplina en la iglesia, o considera un caso complejo de una falsa enseñanza sutil, o toma una decisión difícil que sabes que no será bien recibida por la congregación, tienes que saber que los demás hombres de la mesa son irreprensibles. Necesitas ser capaz de confiar en su integridad.

Dicho de otra forma, cuando haces sacrificios por el evangelio porque amas a Cristo sobre todas las cosas, quieres saber que la vida de todos los demás hermanos que dirigen la iglesia también exaltará el evangelio y no lo comprometerá.

Por eso es por lo que nominar nuevos ancianos es uno de los temas sobre el cual nuestro consejo de ancianos no permite ningún voto disidente. La mayoría de los asuntos pueden moverse a través del consejo con un voto mayoritario, pero en lo que se refiere a nominar nuevos ancianos, requerimos unanimidad (con la posibilidad de hasta dos abstenciones ya que puede ser que no todos conozcan al hombre). ¿Por qué el alto estándar en este asunto? Una vez más, porque necesitas poder confiar en los hombres que se sientan en la mesa contigo para los demás asuntos.

Por tanto, ¿qué haces cuando luchas para poder llevarte bien con un compañero anciano? Primero, tienes que distinguir si estas luchas son doctrinales, asuntos de carácter o personales. No hay duda de que las dos primeras categorías son asuntos de requisitos. Y, normalmente, cuando un problema cae en una de estas dos categorías, es lógico pensar que no serás la única persona que puede verlo. Algunos, o todos los ancianos, necesitarán lidiar con estos escenarios.

Sin embargo, creo que vale la pena pasar el resto del capítulo reflexionando sobre cómo lidiar con desacuerdos o disputas entre ancianos cuando el asunto es personal. ¿Qué haces en ese caso? Por supuesto, debes comenzar buscando a Dios en oración para detener a Satanás. A él le gusta dividir y muchas veces lo hace entre líderes. Y usará todo lo que pueda, hasta asuntos sencillos de personalidad.

Luego busca al hermano para construir la relación. Muchas veces el enojo surge por la ignorancia. Trabaja en conocer al hermano y recuerda que muchas veces no lo sabes todo.

Finalmente, sé humilde. Aun si al final no entiendes por qué una persona es como es, Dios ha tolerado mucho más de ti. Además, puedes confiar en que Dios le ha dado ese hombre al cuerpo con su combinación especial de fortalezas y debilidades, para edificarlo de formas que tú no puedes hacerlo. Estudia los pasajes sobre el Cuerpo en 1 Corintios 12, Romanos 12 y otros pasajes para saber lo que Dios busca a través de esas diferencias, aun cuando por nuestra naturaleza caída esas diferencias puedan implicar una falta de amistad.

A través de los años he practicado estas cosas con el hermano mencionado anteriormente, y en realidad él estaba haciendo lo mismo conmigo. Hay mucho más en juego que mis propios gustos personales, disgustos y conflictos no santificados. La salud de la iglesia está en juego y esto significa que la gloria de Dios misma está en juego (desde el punto de vista de la responsabilidad humana).

Muchas veces, la lucha personal con otro anciano puede surgir como resultado de que un anciano rechace tus ideas en la mesa, y por eso es importante para mí separar mis ideas de mi identidad (la cual está justificada en Cristo). Un rechazo de mis ideas no es un rechazo de mi persona y, en este sentido, desarrollar relaciones personales fuera de las reuniones de ancianos hace que la labor del anciano sea más fácil.

No hay duda de que desarrollar relaciones con otros ancianos es difícil de lograr en una iglesia que está en crecimiento y en una ciudad de mucho movimiento. Parte de la manera en que nuestros ancianos manejan esto es pastoreándonos unos a otros antes de pastorear la iglesia cuando comenzamos cada reunión. Hacemos esto compartiendo preocupaciones, confesando, alabando y luego orando unos por otros. Básicamente, permitimos que los demás sepan lo que sucede en nuestras vidas. Podemos tomar cerca de una hora de la reunión de ancianos para hacer esto. Además, de vez en cuando, tratamos de reunirnos de forma individual en almuerzos y cenas.

Aun así, surgen diferencias reales entre los ancianos, hombres de integridad cuyas vidas, formalmente hablando, son irreprensibles. Por tanto, ¿cómo sabes cuándo dejar de insistir en tu convicción y cuándo mantenerte firme?

La respuesta corta es que, cuanto más claro está un tema en la Escritura, más firme te mantienes. Por un lado, no voy a ceder ante la deidad de Cristo, ni siquiera si los otros doce ancianos lo hacen. Por un lado, no voy a ceder la deidad de Cristo, incluso si los otros ancianos lo hacen. Por otro lado, tengo convicciones firmes sobre la planificación familiar y esto no está muy claro en la Escritura, y estas convicciones no son compartidas por todos los ancianos. Por eso soy más cuidadoso con estos asuntos. Hace un tiempo surgió una situación referente a la planificación familiar y yo presenté mi posición de manera bíblica y práctica. Sin embargo, tuve que someterme —gozosamente— a los ancianos que, aunque consideraron mi posición, finalmente votaron de forma diferente.

Recuerdo una ocasión en la que siendo anciano activo tomé un año sabático y luego regresé. Los hermanos me preguntaron qué había aprendido durante el receso, y me di cuenta de que la iglesia continuó prosperando sin mi intervención activa y mis opiniones como anciano. Esto hizo que entendiera que debo manejar mis opiniones de una manera más suave.

Debido a la importancia de la unidad y madurez de los ancianos, hay algunas características de potenciales ancianos que deberían alertar sobre posibles problemas. Los más obvios incluyen la inestabilidad, la inseguridad, la mala reputación en la comunidad, los hijos rebeldes, y así sucesivamente. Eso nos lleva de vuelta a los criterios de carácter establecidos por Pablo.

Sin embargo, permíteme señalar algunos menos obvios. Uno sería que tuviera un espíritu contrario. Sabes la clase de persona que me refiero. Si dices «negro», él dirá «blanco». No importa lo que digas, eso es lo que obtienes. El espíritu que está continuamente buscando «por el otro lado» o esperando ver «la reacción de los demás» no es útil para la edificación de la iglesia. Por ejemplo, en Hechos 6, Pablo instruye a la iglesia designar diáconos no solo por su capacidad, sino porque esos hombres traerán unidad entre las viudas que hablan griego y las que hablan hebreo. ¿Cuánto más debe un anciano ser alguien que contribuye a la unidad y busca resolver en lugar de simplemente ofrecer una opinión contraria?

Otra señal de alerta que muchas veces es pasada por alto es el fruto espiritual de un hombre en la vida de los que le rodean. Por ejemplo, para ponerlo de manera positiva, eso fue lo que llamó nuestra atención en 1998 de un miembro llamado Andy Johnson. Él había estado discipulando a otros hombres solteros de manera silenciosa pero constante, y esto dio lugar al progreso espiritual real de sus vidas. Y, poniéndolo de forma negativa, ningún fruto espiritual es una llamada de atención aun cuando el mundo reconozca al hombre como «exitoso».

Finalmente, una esposa que no apoya es un motivo de alerta. Ser anciano es una tarea exigente. Requiere tiempo para orar, para prepararse para enseñar, para discipular, para ser hospitalario. Todo eso tiene impacto en el hogar y pone ciertas demandas en una esposa. ¿Cómo se siente ella sobre ser hospitalario? ¿Cómo se siente por perder a su esposo uno que otro jueves en la noche por la reunión de ancianos? ¿Recibe ella al visitante inesperado que llama a la puerta por una necesidad?

Muchas veces vemos el éxito mundano para evaluar a un hombre. Debemos enseñar a nuestras iglesias a buscar hombres de la Palabra y evaluarlos basándonos en su conocimiento y sumisión a la misma y su habilidad para proclamar la Palabra de Dios. Me gusta lo que dice Mark Dever: «La "aptitud de enseñar" de un anciano significa que, cuando los lobos se acercan al rebaño, las ovejas saben que pueden confiar en que el pastor descubra al lobo y también en su protección. Ese es el mayor llamado de un anciano».

CAPÍTULO ONCE

Los ancianos y la congregación en armonía

Hebreos 13:17-19

Obedeced a vuestros pastores, y sujetaos a ellos; porque ellos velan por vuestras almas, como quienes han de dar cuenta; para que lo hagan con alegría, y no quejándose, porque esto no os es provechoso. Orad por nosotros; pues confiamos en que tenemos buena conciencia, deseando conducirnos bien en todo. Y más os ruego que lo hagáis así, para que yo os sea restituido más pronto.

He escuchado muchas historias sobre conflicto en las iglesias. Y, aunque dichos conflictos varían, en realidad están fundamentados en el fracaso de los líderes para dirigir y/o en el fracaso de la congregación para seguirlos. Algunas veces los líderes se esfuerzan por dirigir y las congregaciones se niegan a seguirlos. En otras ocasiones, las congregaciones dispuestas luchan con la inercia espiritual porque sus líderes fallan en guiarlos bíblicamente. En ambos casos surge el conflicto.

Los líderes de la iglesia (ancianos, diáconos, pastores, personal, maestros) y las congregaciones deben buscar con diligencia los modelos bíblicos de la vida en la iglesia que incluyen su relación con los demás. Después de todo, esta relación es lo que ayuda al crecimiento y desarrollo cristiano, que es una lección clara de la epístola de Hebreos.

Hebreos es una gran epístola doctrinal. Por su profundidad, riqueza, claridad y contundencia en explicar a Cristo y el evangelio, Hebreos compite con cualquier otra porción de las Sagradas Escrituras. Sin embargo, y a pesar de toda su profundidad doctrinal, Hebreos sigue siendo uno de los libros más prácticos de la Biblia. Sus implicaciones pastorales brillan a lo largo de la epístola. El comentarista del Nuevo Testamento, Philip E. Hughes, refiriéndose a aquellos que quieren tener «una relación poco exigente y superficial con la fe cristiana», explica que la carta de Hebreos fue escrita para «despertar a esas personas del estado letárgico de compromiso y complacencia en el que se encontraban y motivarlas a perseverar sin reservas en el conflicto cristiano». Añade que Hebreos «es un tónico para el débil espiritualmente».[1] El escritor, «claramente un predicador con un corazón de pastor»,[2] no tiene ningún deseo en dar detalles, sino que busca llevar a la congregación de los creyentes hacia un caminar constante, enfocado y perseverante con Jesucristo. «El escritor de Hebreos», dice el erudito de la Biblia Andrew Trotter Jr., «muestra esa combinación de dureza y ternura que es tan importante para el ministerio. Y, a pesar de que sus advertencias son tan estrictas como cualquiera del Nuevo Testamento, él se asegura de motivar a aquellos que considera que están en el camino correcto».[3]

Entonces no es sorpresa que, en una epístola con tanta fortaleza en el lenguaje doctrinal, el escritor pastoral aborde la relación crítica entre la congregación y sus líderes. Las relaciones confusas podrían convertir en ineficaz el argumento de la carta centrado en Cristo y lo que el liderazgo de la iglesia busca aplicar. Ya que «este autor conoce a sus lectores íntimamente»,[4] no escatima en esfuerzos por revelar cualquier cosa que pueda impedir la aplicación de la doctrina de Cristo en sus vidas, y no seguir a sus líderes espirituales es uno de estos obstáculos.

Nada en Hebreos indica que los ancianos y maestros de esta iglesia habían abandonado sus responsabilidades, pero parece que, a pesar de su fidelidad, los miembros de la congregación se habían resistido a seguirlos. Por consiguiente, el escritor de Hebreos exhorta a la congregación a recordar a los líderes espirituales que habían tenido y a imitar su fe (He. 13:7), y les encarga seguir a sus líderes actuales (He. 13:17). Ambas exhortaciones (vv. 7, 17) apuntan a la conexión entre la doctrina establecida y su aplicación en el caminar diario.

Trotter supone que la epístola está realmente dirigida a «un grupo pequeño de exlíderes de la iglesia [quienes] encontraron dificultades en someterse al liderazgo actual».[5] Tal vez habían sufrido bajo las persecuciones sangrientas de

---

1. Philip Edgcumbe Hughes, *A Commentary on the Epistle to the Hebrews* (Grand Rapids: Eerdmans, 1977), 1.

2. Andrew H. Trotter Jr., *Guides to New Testament Exegesis: Interpreting the Epistle to the Hebrews* (Grand Rapids: Baker, 1997), 45.

3. Ibíd.

4. Ibíd., 47.

5. Ibíd., 37-38.

Claudio en el año 49 d.C. y las crueles y sangrientas persecuciones de Nerón algunos años más tarde. Habiendo sufrido tal trauma, ellos se sintieron conmocionados una vez que salieron a la superficie y regresaron a la vida activa en la iglesia. El interés por su doctrina había comenzado a apagarse, así como su lealtad a aquellos que dirigían la iglesia en ese momento. Así, el escritor pastoral de Hebreos corrige firmemente sus errores teológicos advirtiendo sobre los peligros de volver al legalismo judío y ordenándoles seguir a sus líderes de la iglesia.[6]

La cadena de aplicaciones puntuales del último capítulo de Hebreos sirve para reforzar el mensaje de que la doctrina es siempre aplicable a la vida diaria. Los líderes espirituales de cualquier congregación deberían especializarse en ayudar a la iglesia a aplicar la Palabra de Dios. *Conforme los líderes dirigen a la iglesia a aplicar la verdad en la vida, las congregaciones deben seguirle.* ¿Pero cómo funciona esto en la vida diaria de la iglesia? Hebreos 13:17-19 responde esa pregunta y podemos investigarlo bajo dos encabezados:

Hebreos 13:17-19

- **Líderes que dirigen (vv. 17-18).**
- **Congregaciones que siguen (vv. 17-19).**

LÍDERES QUE DIRIGEN (HE. 13:17-18)

Hebreos 13:17-18 menciona el título de *pastor*, pero no menciona los de *anciano* u *obispo*. Sin embargo, el término utilizado, *pastores*, es un participio que puede ser traducido como «los que dirigen», y parece apuntar hacia una pluralidad de ancianos.[7] Independientemente de si esta congregación en particular llamaba, a sus «líderes», *ancianos*, *obispos* o *pastores* ellos estaban involucrados en

---

6. Ibíd., 38.

7. Es bueno observar cómo el término utilizado para líderes es usado en Lucas 22:26, Hechos 14:12 y Hechos 15:22. Ver también *BDAG*, 434. Cuando la palabra *hegeomai* es utilizada en participio presente será traducida como «gobernador» o «líder», con el contexto determinando el tipo específico de líder identificado. Los hombres que acompañaron a Pablo y Bernabé con la carta del Concilio de Jerusalén, Judas (llamado Barsabás) y Silas, en Hechos 15:22 son llamados «varones principales entre los hermanos». Lo mismo es utilizado por Pablo en Hechos 14:12, donde el participio es utilizado en forma nominal como «el que llevaba la palabra», según *LKGNT*, 296. Parece que el participio presente de *hegeomai* tomó casi un significado técnico con la idea de que el liderazgo implica hablar o debatir de alguna manera. Yo diría que este es el uso en Hebreos 13:7, 17 ya que la implicación es que estos líderes «te hablan la Palabra de Dios» y velan por las almas de la congregación, indicando que *hegeomai* es un término claramente pastoral que incluye enseñar, instruir y predicar.

gobernar, enseñar y pastorear la iglesia, que eran las funciones del liderazgo plural de ancianos.

A pesar de que actualmente no tenemos escasez de libros, principios o seminarios sobre liderazgo, sí tenemos escasez de líderes piadosos. Cada iglesia necesita una pluralidad de hombres que ejemplifiquen la vida cristiana fielmente y expliquen claramente la Escritura. ¿Qué deberían estar haciendo los líderes? La respuesta de Hebreos a esa pregunta no es exhaustiva, pero explica a los líderes cómo dirigir.

Vigilancia

Hebreos 13:17 recuerda a los líderes espirituales que ellos tienen el encargo maravilloso de supervisar a la iglesia: «Porque ellos velan por vuestras almas, como quienes han de dar cuenta». La palabra traducida *velan* es fuerte,[8] y representa a un pastor que vigila cuidadosa y sacrificialmente su rebaño. Busca protegerlo de los lobos y, si es necesario, no dormirá buscando discernir cualquier situación problemática. La vigilancia también tiene una connotación militar que significa que los soldados cuidan su puesto manteniéndose vigilantes por si el enemigo entra a escondidas para hacer algún daño.

El escritor de Hebreos también dice que estos líderes deben ejercer dicho cuidado «de sus almas», que es otra manera de expresar que la preocupación de los líderes es por la totalidad de la persona o por «el asiento y el centro de la vida que trasciende lo terrenal».[9]

Los líderes espirituales deben estar alerta y discernir en el cuidado de la iglesia. El enfoque principal de sus deberes está en las personas que comprenden la iglesia más que en los edificios o presupuestos. ¿Qué tipo de cosas deben cuidar en nombre de la iglesia? *Primero, ellos deben cuidarla de las doctrinas peligrosas y las falsas enseñanzas.* Un claro ejemplo de esta instrucción viene del apóstol Pablo a los ancianos de Éfeso:

Por tanto, mirad por vosotros, y por todo el rebaño en que el Espíritu Santo os ha puesto por obispos, para apacentar la iglesia del Señor, la cual él ganó por su propia sangre. Porque yo sé que después de mi partida entrarán en medio de vosotros lobos rapaces, que no perdonarán al rebaño. Y de vosotros mismos se levantarán hombres que hablen cosas perversas para arrastrar tras sí a los discípulos. Por tanto, velad,

---

8. La palabra griega *agrupnousin* significa «estar sin dormir, buscar después de dormir, estar alerta», según *LKGNT,* 720, y «estar preocupado por, ocuparse de, cuidar de», según *BDAG,* 16.

9. *BDAG, psuche,* 1098-1100.

acordándoos que, por tres años, de noche y de día, no he cesado de amonestar con lágrimas a cada uno (Hch. 20:28-31).

Los líderes espirituales necesitan estar al tanto de la doctrina y enseñanza de su iglesia. Más herejías, medias verdades y más pseudodoctrinas de las que podemos imaginar pasarán como si fueran verdades.

Hace unos años mi familia asistió a una iglesia bautista en Atlanta mientras visitaba a unos familiares. El pastor leyó la Escritura y dijo: «Que Dios bendiga la Palabra inspirada por el Espíritu para que *se convierta en la Palabra de Dios para nosotros hoy*» (énfasis añadido). Ponerlo de esta manera viene de las páginas de la teología neo-ortodoxa del siglo XX, que niega la total autoridad de la Escritura. Pero la Biblia no se convierte en la Palabra de Dios, sino que es la Palabra de Dios. La congregación fue engañada por el carisma de este hombre en el púlpito. Necesitaban líderes espirituales que pudieran discernir esa falsa enseñanza presentada tan hábilmente y abordarla bíblicamente.

Tal vez lo más peligroso es la desaparición de la teología en las iglesias evangélicas. David Wells destacó: «Nadie tiene una teología secuestrada», como si fuera el secuestro de un niño. En cambio,

La desaparición está más cerca a lo que sucede en hogares, donde los niños son ignorados y abandonados en todos los aspectos. Ellos permanecen en el hogar, pero no tienen ningún lugar en la familia. Así sucede con la teología en la iglesia. Permanece al borde de la vida evangélica, pero ha sido desalojada de su centro.[10]

Cuidar una congregación exige prestar atención al entendimiento teológico de la iglesia. Descuidar la teología rompe los cimientos de la iglesia y, en última instancia afecta su práctica. En nuestros días, este descuido está acompañado del aumento del pragmatismo que aparta a la iglesia del ministerio bíblico enfocado en una estructura de iglesia y un modelo de vida individual que se parece más al mundo que al Nuevo Testamento.[11] Wells añade: «es la *práctica* evangélica en lugar de la profesión evangélica lo que revela el cambio».[12] Como evangélicos,

---

10. David F. Wells, *No Place for Truth: Or Whatever Happened to Evangelical Theology?* (Grand Rapids: Eerdmans, 1993), 106.

11. Ver mi ensayo, «The Pastor and Church Growth: How to Deal with the Modern Problem of Pragmatism» en *Reforming Pastoral Ministry: Challenges for Ministry in Postmodern Times*, ed. John Armstrong (Wheaton, IL: Crossway, 2001), 263ss.; y John MacArthur Jr., *Ashamed of the Gospel: When the Church Becomes Like the World* (Wheaton. IL: Crossway, 1993).

12. Wells, *No Place for Truth*, 108; cursivas del autor.

aún profesamos creer las confesiones y credos de la iglesia, pero nuestra práctica revela que muchas veces no entendemos las implicaciones teológicas de lo que profesamos. Los líderes espirituales deben permanecer alertas y atentos a este tipo de descuido.

A esto se añaden los innumerables falsos maestros que propagan sus doctrinas a través de los medios de comunicación, los cultos que se disfrazan como cristianos y los líderes espirituales que necesitan estar constantemente alertas. Los «lobos rapaces» no eran solo un fenómeno del primer siglo, muchos merodeadores continúan arruinando las iglesias. Los líderes espirituales deben pararse en la brecha contra dicho error que hay en la iglesia.

Segundo, los líderes espirituales deben estar alertas al comportamiento engañoso dentro de la iglesia. Escondida en la pequeña epístola de 3 Juan está la advertencia sobre Diótrefes, quien había tomado las riendas del liderazgo de una iglesia como una dictadura. El profesor de Nuevo Testamento D. Edmund Hiebert describe a Diótrefes como «una persona ambiciosa, egoísta y hambrienta de poder que buscaba agresivamente estar a la cabeza de las cosas y gobernar sobre los demás».[13] Aunque pudo esconder sus motivaciones con palabras ortodoxas, era egoísta y orgulloso, y buscaba utilizar a la iglesia para satisfacer su propia ambición de poder. El apóstol Juan expuso su comportamiento engañoso y llamó a la iglesia a resistir dicha maldad (3 Jn. 9-10). Él hizo lo que los ancianos de las iglesias deben hacer: exponer el comportamiento engañoso antes de que arruine la iglesia.

Hace un tiempo estuve involucrado en ministrar a un amigo pastor que había tenido un par de hombres como Diótrefes en su iglesia. A pesar de que buscó abordar los problemas de una forma noble y bíblica, reconoció que los demás líderes espirituales de la iglesia fallaron en exponer estos hombres engañosos que tomaron las riendas del poder. Al estar dormidos en su labor, los demás líderes permitieron que los lobos destruyeran libremente la iglesia y socavaran el ministerio del pastor. El fracaso de esta iglesia en reflejar la belleza de Cristo en la comunidad se debe en última instancia a la abdicación de esos líderes de su responsabilidad de mantenerse alertas.

Tercero, los líderes espirituales deben mantenerse alertas a los comportamientos divisivos. ¿No sería maravilloso poder pedir un deseo y que desaparecieran las divisiones en la iglesia? Pero esa no es la realidad. Siempre enfrentaremos esa batalla en la iglesia de Jesucristo.

Los líderes espirituales deben permanecer firmes contra la división reprendiendo, amonestando y dirigiendo el camino, ejerciendo la disciplina de la

---

13. D. Edmund Hiebert, *The Epistles of John: An Expositional Commentary* (Greenville, SC: Bob Jones University Press, 1991), 336.

iglesia para detener esa división en la iglesia. Pablo instruyó a Tito: «Al hombre que cause divisiones, después de una y otra amonestación deséchalo, sabiendo que el tal se ha pervertido, y peca y está condenado por su propio juicio» (Tit. 3:10-11). Ninguna de estas cosas son medidas populares en una iglesia, pero esa es la labor de los ancianos.

P. H. Mell identifica los comportamientos divisores como una de las «ofensas públicas» en las que el pecado está «contra la iglesia organizada».[14] En otras palabras, la división no solo ofende a uno o dos miembros, sino que afecta a todo el Cuerpo. Los líderes espirituales que cuidan las almas de la iglesia no deben dudar en aplicar las medidas disciplinarias contra los ofensores. La salud y unidad de la iglesia está en juego.

Cuarto, los líderes espirituales deben mantenerse alertas al desarrollo espiritual de la iglesia. Esto incluye conocer, enseñar y motivar positivamente el crecimiento espiritual de la iglesia. Los ancianos deben prestar atención al contenido de la instrucción y la manera en que responden los miembros. Esto da una mejor comprensión de la madurez y habilidad de la iglesia para discernir la falsa enseñanza.[15]

Rendición de cuentas

Como pastor y anciano de mi propia congregación, no encuentro ningún pensamiento más angustiante que el que se encuentra en este versículo: «Porque ellos velan por vuestras almas, *como quienes han de dar cuenta*». Existe un sentido en el que los líderes de la iglesia rendirán cuentas a dos partes diferentes. En primer lugar, los líderes de iglesia rendirán cuentas de su ministerio a sus iglesias. Este es un hecho impresionante y las iglesias deben esperar que sus líderes sean fieles y diligentes. Como pastor siento esta responsabilidad, y mi propia iglesia no toma a la ligera la obra del ministerio, nunca debe hacerlo. Las iglesias deben mantener altas las expectativas del caminar personal de sus ancianos con Cristo y su ejemplo ante el cuerpo.

En segundo lugar, este pasaje apunta más específicamente a un gran día de rendición de cuentas, el gran día de rendición donde todos estaremos de pie ante el juicio de Dios. Y aquí el autor de Hebreos habla al unísono con los apóstoles:

---

14. P. H. Mell, *Corrective Church Discipline with a Development of the Scriptural Principles upon which It Is Based* (Charleston, SC: Southern Baptist Publication Society, 1860), citado en el libro de Mark Dever, ed., *Polity: Biblical Arguments on How to Conduct Church Life* (Washington, DC: Center for Church Reform, 2001), 423.

15. Estoy en deuda con mi compañero anciano Tom Tollett al señalar esta implicación a partir del texto.

- Santiago explica que los maestros recibirán «mayor condenación» (Stg. 3:1).
- Pedro utiliza la misma palabra para *rendición* cuando habla de juicio, una rendición que será ofrecida por todos los hombres ante el ojo que todo lo ve y la mente que todo lo sabe (1 P. 4:5).
- Pablo se refiere a este mismo juicio en el prefacio de su exhortación «predica la Palabra»: «Te encarezco delante de Dios y del Señor Jesucristo, que juzgará a los vivos y a los muertos en su manifestación y en su reino, que prediques la palabra; que instes a tiempo y fuera de tiempo; redarguye, reprende, exhorta con toda paciencia y doctrina» (2 Ti. 4:1-2). Las palabras «delante de Dios» transmiten la idea de estar «ante el rostro de Dios», ya que la relación existente entre doctrina y práctica está relacionada íntimamente con el liderazgo de aquellos que se encuentran a cargo del rebaño de Dios, el Señor advierte a sus copastores que llegará un tiempo de rendir cuentas.

En resumen, el autor de Hebreos hace referencia a rendir cuentas como parte de un tema amplio del Nuevo Testamento. Y esta rendición de la que habla incluye a todos los líderes espirituales de la iglesia.

Cuando terminen nuestros días, rendiremos cuenta de cómo hemos desempeñado nuestras responsabilidades y por eso debemos vivir y servir como aquellos que le responderán al Señor de la iglesia por nuestros ministerios. «Esta consideración solemne debe afectar no solo la calidad de su liderazgo», escribe el comentarista Philip Hughes, «sino también la calidad de la obediencia con la que la comunidad cristiana le responde a ese liderazgo».[16] La verdadera realidad de la eternidad nunca debe ir más allá de la vista de los líderes espirituales y sus congregaciones.

Seriedad

Entonces, una gran seriedad acompaña el liderazgo espiritual. Hay más en juego en el oficio que simplemente llevar el título de *pastor, anciano* o *diácono.* Es un llamado a servir con buena conciencia y la debida diligencia.

Evidentemente, se habían presentado cargos contra el escritor de Hebreos. Tal vez fue acusado de buscar beneficios personales o ser un mal líder. Solo podemos especular, pero vemos su respuesta tranquila: «Pues confiamos en que tenemos buena conciencia» (He. 13:18), una declaración extraña a menos que estuviera respondiendo a algún tipo de acusación contra él. Sin embargo, no

---

16. Hughes, *Hebrews*, 586.

ve ninguna necesidad de ofrecer una explicación detallada. Su epístola verificó su comprensión de la Palabra de Dios, su amor por el evangelio y su pasión por el crecimiento espiritual de su congregación. Por eso él solo necesitaba afirmar: «Pues confiamos en que tenemos buena conciencia», queriendo decir como Hughes explica, «que su conducta con relación a ellos puede superar el escrutinio tanto del hombre como de Dios».[17] Para que no pensemos que estaba jactándose, él afirma rápidamente su deseo de ser honrado en su ética cristiana: «Deseando conducirnos honradamente en todo» (LBLA). Él no declara haber llegado espiritualmente, sino que busca afirmar su seriedad en el ejercicio de su ministerio. Ciertamente él fue ejemplo de la conducta necesaria para aquellos que dirigen las iglesias locales. Considera otra nota sobre la seriedad del liderazgo. En la segunda oración de Hebreos 13:17 el escritor dice: «para que lo hagan con alegría, y no quejándose, porque esto no os es provechoso». El liderazgo cristiano no carece de emoción. *La alegría* y la *queja* son dos términos muy diferentes que pueden caracterizar la respuesta emocional a las demandas del liderazgo de la iglesia. La frase «para que lo hagan» (un verbo en presente subjuntivo que toma un sentido exhortativo) demanda acción de parte de la iglesia.[18] La iglesia no debía responder al liderazgo con neutralidad, sino de manera tal que sus líderes cumplieran sus deberes «con alegría y no quejándose». La alegría llega cuando el líder siente que Cristo está siendo formado en la iglesia (Gá. 4:19), mientras que la queja surge cuando los líderes ven rebelión contra la Palabra o apatía hacia las disciplinas espirituales.

Conducta

Al sentir el peso de la rendición de cuentas y la seriedad de sus oficios, el líder de iglesia no puede evitar pedir oración por su conducta: «Orad por nosotros», dice el escritor. ¿Por qué? «deseando conducirnos bien en todo» (He. 13:18). El escritor *desea* una conducta honrosa, una expresión que apunte hacia un anhelo más profundo. Los líderes saben que, al igual que sus congregaciones, ellos son pecadores con una necesidad constante de gracia. Ellos saben que no pueden simplemente enseñar y pedir a los demás mientras ellos descuidan su propia conducta. Ellos saben que tienen debilidades que el adversario explotaría

---

17. Ibíd., 587. El uso de *nosotros* en el griego original se denomina un pronombre epístolar y significa que *nosotros* sustituye a *yo*.

18. «Cuando alguien exhorta a los demás a participar con él en cualquier acto o condición, el subjuntivo es utilizado en la primera persona del plural», conocido como el exhortativo subjetivo según H. E. Dana y Julius Mantey en *A Manual Grammar of the Greek New Testament* (Toronto: Macmillan, 1957), 171.

felizmente a través de múltiples tentaciones.[19] Ellos saben que se cansan y que a veces piensan en dejar el yugo del liderazgo espiritual para rendir menos cuentas. Y así, sabiendo todo esto, el escritor de Hebreos anima a la iglesia a orar por él para que su anhelo profundo de conducta honrosa «en todo» pueda ser cumplido.

Cuando todo esto está dicho y hecho, un líder espiritual puede que no sea un gran predicador o maestro, puede que no tenga muchas habilidades administrativas, puede fallar en sus habilidades para aconsejar y puede carecer de fuerza para sus deberes, *pero no debe deshonrar el oficio noble confiado a él por la iglesia por fallar en su conducta.* Hay otras cosas que son importantes pero la conducta del líder espiritual como cristiano es el fundamento de todo su ministerio.

El descuidar tu conducta y ministerio podrá ser negado, pero honrar al Señor con tu conducta y hasta con tus debilidades probará tu fidelidad.

LAS CONGREGACIONES QUE SIGUEN (HE. 13:17-19)

Los líderes fieles también deben tener congregaciones fieles, si no, sus labores estarán llenas «de queja» en lugar de alegría. Los observadores muchas veces tratan a la iglesia como nada más que una organización social con connotaciones religiosas. Incluso algunos miembros de las congregaciones locales pueden pensar en su iglesia solo en términos de negocios y gestión organizacional. Sin embargo, la Escritura tiene un punto de vista diferente.

El escritor de Hebreos exhorta a sus lectores a no abandonar su reunión regular. Él ve a los cristianos como «hermanos» que están unidos en una familia de creyentes. Cada uno tiene la responsabilidad de motivar unos a otros, y estimularse «al amor y las buenas obras». Debido a que la iglesia tiene acceso a la presencia de Dios a través de «la sangre de Jesucristo», buscando a Cristo como «un gran sacerdote sobre la casa de Dios», deben unirse y acercarse a Dios como un pueblo de oración. Deben permanecer juntos en su confesión común de Cristo, y deben cuidarse mutuamente unos a otros en hermandad (He. 10:19-25). Solo la iglesia disfruta de este acceso libre a la presencia santa

---

19. John Owen, *The Works of John Owen: Temptation and Sin* (Carlisle, PA: Banner of Truth Trust, 1991), 6:96, explica la tentación como *«cualquier cosa, estado, forma o condición que, bajo cualquier circunstancia, tenga una fuerza o eficacia para seducir o alejar la mente y el corazón de un hombre de la obediencia que Dios requiere de él sobre cualquier pecado en cualquier grado de lo que sea».* Señala, además que una tentación en particular es lo que hace que él peque o se aparte en alguna manera de su deber, ya sea *trayendo* maldad a su corazón o *alejando* esa maldad que hay en su corazón, o cualquier otra manera de desviarlo de la comunión con Dios y esa obediencia constante, igual y universal que se requiere de él en materia y forma.

de Dios como pueblo regenerado[20] y debe aferrarse firmemente a su confesión de Cristo, «hecha pública primero a través del bautismo y luego del testimonio que debe ser mantenido gozosamente hasta el final de su vida».[21] En la iglesia no puede haber «egoísmo e individualismo», el ambiente ideal para la división,[22] sino que los miembros deben buscar maneras de motivarse unos a otros a las prácticas que caracterizan a los verdaderos creyentes.[23] Y esto ciertamente no puede ocurrir dejando de asistir a las reuniones de la iglesia.

En cada época, las mayores amenazas de la iglesia son las áreas de «doctrina y vida, o creencia y comportamiento», el pastor y teólogo Philip Ryken explica: «La rebelión de la mente es negar lo que Dios nos dice que pensemos (que hoy en día toma la forma de relativismo)».[24] Por eso, el escritor de Hebreos exhorta a la iglesia: «Mantengamos firme, sin fluctuar, la profesión de nuestra esperanza» (He. 10:23). Ryken continúa diciendo: «La rebelión del corazón consiste en desobedecer lo que Dios nos ordena hacer (lo cual hoy en día toma la forma de narcisismo)».[25] Y, por eso, los miembros de la iglesia deben estar constantemente comprometidos «unos a otros para estimu[larse] al amor y las buenas obras». Sin embargo, ¿cómo puede suceder esto en la práctica? El Nuevo Testamento muestra claramente que el plan de Dios fue poner la iglesia bajo el cuidado de los pastores».[26] Los pastores dirigen mientras los miembros de la iglesia les siguen.

Obediencia y sumisión

Tal vez la parte más difícil de este texto se encuentra en la introducción de Hebreos 13:17: «Obedeced a vuestros pastores, y sujetaos a ellos; porque ellos velan por vuestras almas, como quienes han de dar cuenta». Las palabras *obedeced* y *sujetaos* nos hacen pensar en un malvado propietario de esclavos que rompe su látigo para llevar sus esclavos a una obediencia servil. Pero esa ilustración es ajena al significado de este versículo. Un análisis más detallado del texto revela la responsabilidad que Dios ha otorgado a cada uno en la iglesia.

Los líderes espirituales tienen la responsabilidad de velar «por vuestras

---

20. Hughes, *Hebrews*, 410.

21. Ibíd., 414.

22. Ibíd., 415.

23. Rienecker y Rogers explican la palabra *estimular* (*paroxusmos*) que significa «irritar, incitar, estimular», *LKGNT*, 703. Esto no deja ninguna pregunta sobre el involucramiento activo de cada miembro de iglesia para ayudar a motivar a otros en el cuerpo hacia el servicio cristiano fiel.

24. Philip Ryken, *City on a Hill: Reclaiming the Biblical Pattern for the Church in the Twenty-first Century* (Chicago: Moody, 2003), 97-98.

25. Ibíd., 98.

26. Ibíd.

almas», es decir, en nombre de su vida. Dios busca proteger a la iglesia y no desea que nadie tropiece con la falsa enseñanza, la seducción al pecado o los atractivos del mundo. Por tanto, Él nos advierte todas estas cosas en su Palabra y nos ha dado el santo ejemplo de nuestro Señor, los apóstoles y creyentes a través de los siglos (He.11:1–12:3). Pero en su gran misericordia, Dios también ha colocado líderes espirituales —ancianos— en la iglesia, dándoles la responsabilidad de mantenerse atentos a los obstáculos espirituales.

Por ejemplo, cuando surge una falsa enseñanza en las iglesias, los ancianos deben enfrentarla por el bien del rebaño. Utilizando la Palabra de Dios, deben exponer el error, advertir su peligro y buscar mantener a la iglesia fuera del *camino del daño espiritual.* Es lamentable que este ministerio de líderes espirituales sea tomado ligeramente por su congregación o dejado al trabajo de un solo pastor.

¿Conoce la iglesia la vigilancia que se requiere solo para *reconocer* la falsa enseñanza? ¿Entienden la agonía que implica lidiar con el error, muchas veces a la luz del malentendido y la oposición? Ryken explica: «Los ancianos y pastores están llamados a dominar la teología bíblica, pasar tiempo estudiando la Palabra de Dios y aprendiendo las grandes doctrinas de la fe cristiana».[27] Ellos se arriesgan a ofender a otros mientras defienden la verdad. Ellos están sometidos a la burla del mundo y muchas veces de la iglesia, todo por el bien de la congregación puesta a su cargo.

¿Cómo debe responder la iglesia a aquellos que velan «por vuestras almas»? La congregación puede obedecer y someterse, o puede endurecerse y rebelarse. No hay término medio. La apatía es simplemente una rebelión silenciosa.

Si ves el valor del liderazgo espiritual y reconoces que Dios ha colocado ese liderazgo en la iglesia para tu beneficio, entonces la única respuesta es obedecer y someterte a tus líderes espirituales. Rebelarse es una anarquía espiritual. Es desobedecer a Jesús.

Juan Crisóstomo, el «predicador con un pico de oro» del siglo IV escribió: «La anarquía es una maldad, el motivo de muchas calamidades y la fuente del desorden y la confusión», además, «un pueblo que no obedece a un gobernante [por ejemplo, anciano o pastor] es como uno que no tiene a nadie o tal vez aún peor».[28] Desafortunadamente, muchas de nuestras iglesias se caracterizan por el individualismo y el narcisismo, y estos instintos seguramente reaccionarán mal al llamado a la obediencia y la sumisión. Pero independientemente de si es

---

27. Ibíd., 101.

28. J. P. Migne, ed. Patrología Graeca, «Chrysostom», vol. 63 (Londres: ET, 1893), citado en Hughes, *Hebrews*, 585-586.

o no popular, el Señor de la iglesia determinó que su cuerpo funcione con una pluralidad de líderes y miembros fieles que valoran la obediencia y sumisión como una responsabilidad gozosa.

Tanto *obedecer,* como *someterse,* son imperativos presentes que muestran constancia por parte de la iglesia. Obedecer no significa ser un «seguidor de hombres» sino un seguidor de Cristo. De alguna manera, *solo* seguimos a nuestros líderes espirituales en la medida que imitan a Cristo y se aferran a la enseñanza de la Palabra. Nunca debemos obedecer y someternos en áreas que representan un claro conflicto con la enseñanza de la Escritura.

Algunos de estos versículos declaran una *autoridad absoluta,* pero dicha autoridad solo le pertenece al Señor. Una simple regla de oro es utilizar «un sentido común santificado», obedeciendo y sometiéndonos a los líderes espirituales. Estos versículos exigen obediencia y sumisión en la iglesia y la vida espiritual. No exigen obediencia en asuntos personales como las finanzas, las decisiones comerciales e incluso las conyugales. Ciertamente, los ancianos de la iglesia pueden ofrecer consejo en estas otras áreas y pueden incluso exhortar a los miembros de la iglesia con sabiduría divina, pero no deben ejercer control. «Ellos velan por vuestras almas» y no por vuestras cuentas bancarias.[29]

Los líderes espirituales tienen la responsabilidad de compartir la Palabra de Dios con la congregación y ofrecer ejemplo al seguirla, y es en este contexto que la congregación debe obedecer y someterse. *Obedecer* implica seguir obedientemente a alguien porque confías en esa persona. Esto implica que la iglesia escucha la enseñanza de la Palabra de los ancianos, y observa su seriedad al seguir la enseñanza de la Escritura para obedientemente hacer lo mismo. Un anciano no debe nunca adoptar una actitud que pudiera sugerir: «Haz lo que digo, pero no lo que hago». En lugar de esto, ellos establecen el ejemplo para que uno pueda decir confiadamente: «Imitad su fe» (He.13:7).

La *sumisión* implica reconocer la autoridad ordenada por Dios establecida en la iglesia para el orden y la dirección. La congregación se somete al liderazgo de sus líderes espirituales para cumplir con su dirección y enseñanza. «Si la obediencia es aplicada a la enseñanza de los líderes, entonces la sumisión se relaciona con la función de sus líderes».[30] El comentarista Raymond Brown ofrece una aclaración necesaria sobre lo que significa la sumisión:

---

29. Por esto está implícito que los ancianos no se encuentran involucrados en solicitar declaraciones bancarias o de inversión. Sin embargo, los ancianos pueden encontrar ocasiones para exhortar a los miembros sobre la generosidad si ha habido negligencia en esta área, o sobre el presupuesto sabio si es necesario.

30. Raymond Brown, *The Bible Speaks Today: the Message of Hebrews* (Downers Grove, IL: Inter-Varsity Press, 1982), 264.

Uno de los aspectos destacados como poco saludables de algunas enseñanzas contemporáneas es la forma y conocimiento actual del "pastorado" que es popular en algunas iglesias de casas y otros lugares, que consiste en que todo creyente debe tener un mentor espiritual a quien rinde cuentas completamente en cada aspecto de su vida. El "anciano" espiritual debe que ser consultado antes de hacer compras significativas, cambiar de trabajo y aceptar nuevas responsabilidades. La Escritura no enseña, motiva o da ejemplo de una sumisión de este tipo. Es malo para el que la practica, ya que se opone a la rendición personal de cuentas a Dios, que es una característica de la verdadera madurez cristiana. Además, disminuye la importancia de otras relaciones más profundas, especialmente el matrimonio, a través de la cual puede ser discernida la voluntad de Dios de una forma más natural».[31]

Nuestras vidas son mejor reguladas y gobernadas cuando caminamos en sumisión a las autoridades que Dios ha colocado en nuestra vida. En la iglesia, esa autoridad se encuentra en aquellos que Dios levanta como líderes espirituales. «La sumisión a la autoridad es absolutamente necesaria para la organización apropiada de la sociedad, y la iglesia de Dios no es una excepción. En realidad, la sumisión a la autoridad es muchas veces una prueba de nuestra sumisión a Dios».[32] Por tanto, *obedecer* y *someterse* no son órdenes ofensivas, sino términos para una vida organizada en la iglesia.

¿Beneficio o pérdida?

Hebreos 13:17 termina con una súplica ferviente: «Para que lo hagan con alegría, y no quejándose, porque esto no os es provechoso». Los ancianos enfrentan grandes responsabilidades y demandas. Ellos deben dirigir a la congregación en los caminos de Dios, enseñar y exhortar a la congregación en las doctrinas de la Palabra de Dios, vivir vidas ejemplares sirviendo como modelo de la fe cristiana a la congregación y deben vigilar constantemente por las almas de la congregación para guardarlas del engaño, el error, el pecado y la mundanalidad. A la luz de todo esto, la responsabilidad de la iglesia es «para que lo hagan con alegría, y no quejándose».

Los ancianos y pastores deben encontrar sus mayores deleites en llevar a cabo las responsabilidades de su iglesia. Debe ser un gozo dirigir, enseñar, ser

---

31. Ibíd., 264-265.

32. Alexander Strauch, *Biblical Eldership: An Urgent Call to Restore Biblical Church Leadership*, ed. rev. y amp. (Littleton, CO: Lewis and Roth, 1995), 160.

un ejemplo y velar por las almas. Ellos deben buscar constantemente el desafío de cada día en el liderazgo espiritual. El pastor John MacArthur escribe:

> Es responsabilidad de la iglesia ayudar a sus líderes a gobernar con gozo y satisfacción. Una manera de hacer esto es a través de la sumisión voluntaria a su autoridad. El gozo de nuestros líderes en el Señor debe ser una motivación para la sumisión. No debemos someternos con envidia o por un sentimiento compulsivo sino voluntariamente, para que nuestros ancianos y pastores experimenten gozo en su labor con nosotros.[33]

Una actitud humilde en los miembros de la congregación es esencial para que los ancianos experimenten gozo en sus deberes. Si alguien de la congregación está celoso de las posiciones de liderazgo espiritual, el gozo de los líderes espirituales será grandemente reducido. Aquellos que se sienten resentidos al estar bajo la autoridad de otro crean división y conflicto en la congregación. El resultado de la rebelión de los miembros contra esta clara enseñanza de la Escritura trae como resultado muchos problemas.

«Para que lo hagan con alegría», por tanto ¿cuál es el «lo» del texto? Es toda la obra de mantenerse vigilantes por las almas de la congregación. Los miembros contribuyen a la efectividad de esta obra cuidando sus actitudes hacia los líderes que Dios ha colocado sobre ellos. La «aflicción» o «quejas» provocados por la insensibilidad a la Palabra y la arrogancia hacia el liderazgo espiritual no es bueno para la iglesia. Brown añade: «Si los líderes espirituales tienen que trabajar bajo condiciones sombrías y hostiles en la iglesia local, no traerán un bien inmediato a los miembros y ciertamente tampoco para su mayor beneficio».[34]

Sin embargo, la alegría de la que habla Hebreos no es unilateral. Descuidar la obediencia y la sumisión, continúa diciendo el texto, «no os es provechoso». La palabra griega para no *os es provechoso* significa literalmente «dañino»,[35] y el pronombre plural *os*, se refiere a la iglesia. Entonces, toda la iglesia lo encontrará dañino aun cuando algunos pocos miembros se rebelen contra los líderes espirituales de la iglesia.

¿Por qué sucede esto? Como iglesia, estamos misteriosamente unidos a través de los lazos de Jesucristo. Toda iglesia local es una expresión visible única del cuerpo de Cristo y se convierte en una familia de creyentes que deben aprender

---

33. John MacArthur, *MacArthur's New Testament Commentaries: Hebrews* (Chicago: Moody, 1983), 446.

34. Brown, *Hebrews*, 265.

35. *LKGNT*, 720.

a vivir juntos, trabajar juntos, aprender juntos y enfrentar adversidades juntos. Cuando uno está gozoso, todos los demás están gozosos. Cuando uno se encuentra afligido, todos comparten esa aflicción. De esta misma manera, la actitud de una sola persona afecta toda la iglesia y, cuando alguien de la iglesia se rebela abiertamente o se levanta en secreto contra los ancianos, todo el cuerpo es afectado de una forma u otra.

La urgencia en la oración

A la luz de todas las responsabilidades otorgadas a los líderes espirituales y a la congregación, el pastor, autor de Hebreos, pide a sus lectores que oren por él, así como por los demás líderes espirituales de la iglesia. «Orad por nosotros», implora él, para que nos conduzcamos de manera honrosa como cristianos, ancianos y líderes. Luego añade una nota de urgencia: «Y más os ruego que lo hagáis así, para que yo os sea restituido más pronto» (He. 13:19).

No sabemos qué impidió que el escritor volviera a su iglesia, pero poco tiempo después él afirma que Timoteo había sido liberado, probablemente de la prisión, y que el escritor planeó ir con Timoteo. Cualquiera que haya sido el obstáculo, el escritor entendió que vencerlo requeriría la intervención de Dios. Él necesitaba las oraciones de esta congregación para vivir honradamente ante el Señor y para poder cumplir sus responsabilidades con la iglesia.

La lección en todo esto es: la iglesia no solo necesita líderes espirituales, sino que los líderes espirituales necesitan a la iglesia y sus oraciones. Kent Hughes establece esto claramente a partir de sus años de servicio cristiano:

¡Cuán diferente sería la iglesia moderna si la mayoría de su gente orara por sus pastores y liderazgo laico! Habría suspensiones sobrenaturales de cultos de costumbre. Habría momentos de visitas inexplicables del Espíritu Santo. Más laicos se enfrentarían a los asuntos profundos de la vida. El vacío en el liderazgo se evaporaría y habría más conversiones».[36]

Como pastor y anciano, mis necesidades particulares pueden ser diferentes a aquellas de los demás ancianos y líderes de nuestra iglesia, pero todos necesitamos las oraciones del pueblo de Dios que se llama South Woods Baptist Church (mi propia congregación). Sus oraciones son fundamentales. Sin su fiel oración, nuestro ministerio no tendría éxito. Con ellas, no hay límite para lo que nuestro Dios de gracia podría complacerse en hacer a través de nuestra congregación.

---

36. R. Kent Hughes, *Preaching the Word: Hebrews, an Anchor for the Soul* (Wheaton, IL: Crossway, 1993), 2:239.

Así que, uniéndonos a este escritor del primer siglo, te animo a orar por los líderes de tu propia congregación. Ora por su caminar y su disciplina cristiana, por sus funciones como esposos y padres, por su aprovechamiento y entendimiento de la Palabra, por su predicación y enseñanza de la Palabra, por los momentos de consejería y testimonio; así como de dirección y toma de decisiones. Ora para que al final podamos todos juntos servir a Cristo con gozo y solo para su gloria.

REFLEXIONES

- ¿Qué enseña el escritor de Hebreos sobre lo que los líderes espirituales deben hacer en nombre de la iglesia?
- ¿Cómo rinden cuentas los líderes espirituales?
- ¿Cómo debería responder la iglesia a sus líderes espirituales?
- ¿De qué manera los líderes espirituales dependen de la iglesia?

CAPÍTULO DOCE

De la desconfianza a la confianza

Nuestra iglesia no habla de la ordenación de ancianos sino de la «instalación» de los mismos. Sin embargo, mi amigo Thabiti Anyabwile no le agrada mucho el término «instalación». Él dice: «Suena como si estuvieras clavando una pieza o un mueble en el edificio de la iglesia. No estoy muy de acuerdo con ser clavado».

Tal vez un mejor término sería una «boda» porque es como una especie de matrimonio entre un hombre y su congregación. En las bodas se intercambian votos, afirmaciones verbales de un pacto y compromisos.

Después de ser designados por la iglesia Capitol Hill Baptist Church, los cinco ancianos recién elegidos hicieron los siguientes votos con la congregación:

1. ¿Confirmas tu fe en Jesucristo como tu Señor y Salvador personal?
   Sí.

2. ¿Crees que la Escritura del Antiguo y Nuevo Testamento es la Palabra de Dios, totalmente confiable, totalmente inspirada por el Espíritu Santo, regla suprema, única y soberana infalible de la fe y su práctica?
   Sí.

3. ¿Crees sinceramente que la Declaración de Fe y Pacto de esta iglesia tiene la verdad que se enseña en las Sagradas Escrituras?
   Sí.

4. ¿Prometes que si en algún momento te encuentras en desacuerdo con alguna de las declaraciones de la Declaración de Fe y Pacto darás a conocer al pastor y los demás ancianos voluntariamente el cambio que ha sucedido en tu visión desde que asumiste este voto?
   Sí.

5. ¿Te sometes al gobierno y disciplina de la iglesia Capitol Hill Baptist Church?
   Sí.

6. ¿Prometes someterte a tus hermanos ancianos en el Señor?
   Sí, con la ayuda de Dios.

7. ¿Has sido inducido, según tu corazón, a aceptar el oficio de anciano a partir del amor a Dios y de un deseo sincero de promover su gloria en el evangelio de su Hijo?
   Sí.

8. ¿Prometes ser celoso y fiel en promover las verdades del Evangelio y la pureza y paz de la iglesia, independientemente de la persecución u oposición que pueda surgir para ti sobre ese asunto?
   Sí, con la ayuda de Dios.

9. ¿Serás fiel y diligente en el ejercicio de todos tus deberes como anciano, independientemente de si es personal o familiar, privado o público, y te esforzarás con la gracia de Dios por adornar la profesión del Evangelio con tu forma de vivir y caminar de piedad ejemplar ante esta congregación?
   Lo haré, con la gracia de Dios.

10 ¿Estás dispuesto a tomar una responsabilidad personal como anciano en la vida de esta congregación para supervisar el ministerio y los recursos de la iglesia, para dedicarte a la oración, el ministerio de la Palabra y el pastorado del rebaño de Dios, dependiendo de la gracia de Dios de tal manera que la iglesia Capitol Hill Baptist Church y toda la iglesia de Jesucristo en general sea bendecida?
   Lo estoy, con la ayuda de Dios.

No solo fueron los ancianos quienes hicieron votos. La congregación también tenía que hacer compromisos, tal y como fue especificado en la explicación de Phil Newton de Hebreos 13. Por tanto, los miembros de Capitol Hill Baptist Church respondieron con las siguientes promesas:

1. ¿Los miembros de la iglesia Capitol Hill Baptist Church, reconocen y reciben públicamente a estos hombres como ancianos y regalos de Cristo para esta iglesia?
   Los reconocemos y recibimos.

2. ¿Los amarán y orarán por ellos en su ministerio y trabajarán junto a ellos humilde y gozosamente para que por medio de la gracia de Dios sea cumplida la misión de la iglesia, dándole a ellos el honor y apoyo debidos en su liderazgo al cual el Señor los ha llamado para la gloria y honra de Dios?
   Lo haremos.

Por supuesto, prometer esto fue fácil, pero ¿luego qué? Por un lado, sabíamos que habría una lucha en los lugares celestiales. Muchas veces pensé que Satanás tenía su mira en nuestra pequeña iglesia, y esto explicaba parcialmente las décadas de pastorados fallidos y disminución en la asistencia. Un posible testigo de las grandes encrucijadas internacionales como Washington, D. C., sería una pérdida para Satanás. ¿Piensas que estoy exagerando? Hasta el final de los tiempos no sabremos cómo sucedió todo. Sin embargo, pienso que estoy en buena compañía con el apóstol Pablo, quien parece ser sensible al paradero de Satanás cuando por un lado habla de sus intentos de tomar ventaja de nosotros y por otro lado de estorbarnos (2 Co. 2:11; 1 Ts. 2:18).

Por el lado humano, parecía haber una avalancha de preguntas que surgieron aun de los votos que prometimos mantener. ¿Qué función exactamente ocuparán el «gobierno y la disciplina de la iglesia Capitol Hill Baptist Church» (voto 5)? ¿Hay algún momento en el que *no* debo someterme a mis hermanos ancianos en el Señor (voto 6)? El primer año de ser anciano se sentía mucho como tener mi primer hijo. Pasaba por clases de parto con mi esposa, buscaba todos los libros sobre crianza que pudiera obtener y observaba a todos mis amigos con hijos, luego me entregan el bebé en el hospital y dicen «¡todo tuyo!» ¿Y ahora qué?

Nosotros, los nuevos ancianos, teníamos que ser pacientes mientras buscábamos cambiar el esquema establecido de muchos de la congregación —especialmente de los que hablan mucho— de la desconfianza a la confianza. Programado con el ADN de un agente de Washington, el cual muchos miembros de nuestra iglesia tienen, es saber que «Sushine Laws» —requisitos indirectos de transparencia, definidos eufemísticamente— es una buena idea, porque siempre hay una rata escondida en cada regalo. Tuvimos que transformar la mentalidad democrática de «un hombre es igual a un voto» a la mentalidad que se une felizmente a seguir el liderazgo de los ancianos. Las ovejas necesitaban confiar en que Dios nos usaría como nuevos ancianos para cuidarlos, y ellos también necesitaban ser pacientes con nosotros mientras crecíamos en nuestras nuevas funciones. Los ancianos necesitaban aprender lo que las ovejas podían y no podrían manejar.

Hicimos un par de cambios que surgieron fácilmente, como cambiar el nombre de las «reuniones de negocios» a «reuniones de miembros». También movimos las reuniones bimensuales de la hora del estudio de la Biblia de los miércoles, cuya asistencia era de personas no miembros, a la hora que seguía nuestra reunión de oración de los domingos en la noche. Ahora, tomamos un receso de diez minutos después del servicio de la noche y nos reunimos nuevamente solo con los miembros de nuestra iglesia. ¿Por qué? Porque la reunión de miembros es un tiempo en familia donde hermanos y hermanas se reúnen para atender los negocios de la iglesia dirigidos por los padres de la iglesia, es decir, los ancianos. Los que no son miembros y no se han suscrito a la declaración de fe y compromiso para apoyar la enseñanza y misión de la iglesia no deben ser parte de la asistencia. Además, escogimos al anciano menos a la defensiva para dirigir la reunión de miembros para cuando surgieran declaraciones difíciles o acusatorias hacia los ancianos. Necesitábamos a alguien que fuera bueno absorbiendo golpes y no devolviéndolos.

Aun después de estos cambios luchábamos para implementar nuestro nuevo modelo de liderazgo. Phil habló en el capítulo anterior sobre la manera que los ancianos y la congregación debían trabajar en armonía unos con otros. Nuestro primer año con ancianos se sentía más como una contienda, y muchas de las reuniones de miembros estaban llenas de tensión. Los miembros algunas veces acusaban a los ancianos de imponer cosas. No puedo recordar ninguna ocasión donde la mayoría de los miembros se rebelara contra la recomendación de un anciano, pero muchas veces parecía haber falta de entusiasmo. Parecía haber un nubarrón inexplicable sobre nuestras reuniones y nuestro trabajo no se sentía con la alegría descrita en Hebreos 13:17.

En ocasiones, la memoria falla y estoy seguro de que hay varios factores que contribuyeron a la mejoría, y puedo señalar una reunión que ayudó a los ancianos y la congregación a abandonar la tensión. Una parte de cada reunión estaba dedicada a recibir a los nuevos miembros, despedir a los que renunciaban y, en ocasiones, disciplinar a los que no se arrepentían. Durante el tiempo dedicado a las renuncias hubo un intercambio difícil entre Mark y un miembro de la congregación, llamémosla Sandy. Mark anunció que una mujer que llamaremos Lynn había renunciado y Sandy levantó su mano y dijo: «Acabo de almorzar con Lynn esta semana y no quiere renunciar». Mark, que también se reunió con Lynn esa misma semana dijo: «Sí, ella quiere hacerlo». Y esto se convirtió rápidamente en la palabra de Mark contra la de Sandy.

La situación era complicada por el hecho de que muchos de la congregación sabían que Lynn no confiaba en la autoridad en general y los ancianos en particular. Si Mark hacía presión sobre lo que sabía que era verdad, parecería que estuviera presionando a alguien de la iglesia que podría haberle causado problemas.

Este intercambio difícil fue seguido por otro caso donde los ancianos recomendaron que la iglesia excomulgara a alguien. Era un caso claro de pecado serio, externo y sin arrepentimiento. Los ancianos habían estado lidiando con la situación por meses, pero era la primera vez que la congregación escuchaba del mismo. Para ellos, se sentía como un martillo en la cabeza porque la persona en pecado era muy conocida y apreciada. Los ancianos hicieron un llamado a la remoción inmediata de la congregación y, según recuerdo, ganamos el voto, pero perdimos la confianza de la congregación.

Al día siguiente, una vez que, como ancianos, tuvimos la oportunidad de pensar nuevamente en lo sucedido la noche anterior, nos dimos cuenta de que no solo es importante lo *que* hacemos para dirigir la congregación, sino *cómo* la dirigimos. Observamos que debíamos suavizar nuestros procesos para no herir a las ovejas que estábamos tratando de cuidar. Por ejemplo, a partir de ese día requerimos que todas las renuncias fueran sometidas por escrito. Además, nos dimos cuenta de que, aunque técnicamente estábamos en lo correcto al presentar el caso de disciplina a la congregación, deberíamos haber avisado a la congregación previamente. De la misma manera que nosotros, como ancianos, necesitamos tiempo para procesar la información nueva y alarmante, la congregación también. Fuimos poco amorosos en presentar un llamado inmediato a la disciplina.

En estos días, cuando alguien tiene un pecado sin arrepentimiento y está en peligro de ser expulsado, generalmente colocamos su nombre en la lista de «cuidado». Esto simplemente implica anunciar el nombre y la situación a la iglesia según Mateo 18:17 y luego motivar la iglesia a orar y acercarse al miembro no arrepentido, llamándolo al arrepentimiento. Luego, en nuestra siguiente reunión habitual de miembros, si la situación permanece sin cambios, los ancianos deciden disciplinar el miembro recomendando que la congregación lo excluya.

¿Cuál ha sido el resultado de estos aparentemente pequeños cambios? Era como si Satanás fuera sacado de nuestras reuniones de miembros. Inconscientemente, habíamos permitido que Satanás dividiera a los ancianos y a la congregación. Solo después la relación entre la paciencia del anciano y la confianza de la congregación fue dolorosamente obvia.

Conforme los ancianos maduraban como grupo, fue más fácil para la congregación obedecer a sus pastores y sujetarse a ellos, como dice Hebreos 13:17. A medida que la congregación crecía en su habilidad de seguir y confiar, nuestra labor como ancianos se convirtió en la alegría que el autor de Hebreos dice que debería ser.

CAPÍTULO TRECE

Líderes espirituales para el rebaño de Dios

1 Pedro 5:1-5

Ruego a los ancianos que están entre vosotros, yo anciano también con ellos, y testigo de los padecimientos de Cristo, que soy también participante de la gloria que será revelada: Apacentad la grey de Dios que está entre vosotros, cuidando de ella, no por fuerza, sino voluntariamente; no por ganancia deshonesta, sino con ánimo pronto; no como teniendo señorío sobre los que están a vuestro cuidado, sino siendo ejemplos de la grey. Y cuando aparezca el Príncipe de los pastores, vosotros recibiréis la corona incorruptible de gloria. Igualmente, jóvenes, estad sujetos a los ancianos; y todos, sumisos unos a otros, revestíos de humildad; porque: Dios resiste a los soberbios, y da gracia a los humildes.

Una iglesia con liderazgo espiritual fuerte, generalmente, es una iglesia que es estable, unida y sana. Sin embargo, muchas veces las iglesias dejan el liderazgo espiritual a la suerte y no evalúan el gobierno de la iglesia a la luz de la Escritura o requieren que sus líderes cumplan con los requisitos bíblicos. En su lugar, llaman a pastores, contratan personal, eligen diáconos y siguen haciendo cualquier cosa que parezca funcionar mejor en ese momento. Mientras tanto, las luchas de poder se manifiestan silenciosamente bajo la superficie y surge la desunión. Luego, de manera inesperada, esas luchas salen a la superficie durante una conflictiva reunión de la iglesia. En un esfuerzo por calmar el conflicto, la iglesia rápidamente hace más cambios de personal y, tal vez, ponga nuevos programas en marcha, pero el problema es que la iglesia está edificada bajo líderes no calificados y estructuras difíciles de manejar. Aun así, es elegida una cosecha de nuevos líderes aún más jóvenes para introducir sangre nueva a un organismo con anemia mortal. Algunas veces, esta nueva infusión trae al cuerpo un aumento temporal de vitalidad, pero la iglesia realmente no sana. En su lugar, el ciclo se repite una y otra vez y lo que permanece es frustración y decepción.

El liderazgo espiritual es el centro del desarrollo de una iglesia. Si los líderes carecen del carácter necesario para hacer una labor santa, la iglesia también carecerá de carácter y esto tendrá como resultado la inestabilidad. Las soluciones a corto plazo, los nuevos programas y las nuevas ideas no resuelven los problemas de largo plazo con carácter y estabilidad.

Hay una mejor manera, más valiente: volver a los modelos bíblicos de estructura y vida de la iglesia. Solo haciendo esto una iglesia puede avanzar confiadamente en un mundo que es hostil al cristianismo bíblico. Desarrollar una estructura de liderazgo de ancianos no resolverá todos los problemas, sino reorientará nuestras iglesias hacia el modelo bíblico que provee un marco para desarrollar iglesias fuertes y sanas.

¿Cómo es que los ancianos encajan en la estructura de la vida congregacional? Investigaremos este tema enfocándonos en tres preguntas:

---

1 Pedro 5:1-5

- ¿Cómo se identifican los líderes espirituales? (vv. 1-2).
- ¿Cómo funcionan los ancianos y la congregación? (vv. 2-5).
- ¿Quién hace responsable a los ancianos? (v. 4).

¿CÓMO IDENTIFICAMOS A LOS LÍDERES ESPIRITUALES? (1 P. 5:1-2)

El contexto de 1 Pedro 5:1-5 nos ayuda a ver la importancia de los ancianos en la vida diaria de la iglesia. Antes de explicar el ministerio de los ancianos en estos versículos, Pedro aborda el tema del sufrimiento por el bien del evangelio llamándolo «no os sorprendáis del fuego de prueba que os ha sobrevenido» (1 P. 4:12; ver también vv. 13-19). Robert Leighton, un ministro escocés del siglo XVII, destacó que en la «prueba ardiente» enfrentada por los primeros cristianos «hay una entrada a los problemas y el odio por medio de la vida de santidad a la que los hijos de Dios somos llamados».[1]

---

1. Robert Leighton, *An Obedient and Patient Faith: An Exposition of 1 Peter* (1853; reimpresión, Amityville, NY: Calvary Press, 1995), 437.

La persecución parecía ser común entre los creyentes de Asia menor. Los primeros cristianos, así como los judíos, con quienes estuvieron asociados muchas veces, se rehusaban a participar en las prácticas religiosas del Imperio, que ofrecían honor divino al emperador. Por supuesto, esto los sometía a la intolerancia romana y persecución, ya que los oficiales creían que su rechazo significaba una amenaza política y los acusaría a ellos de deslealtad al gobierno. Por eso Pedro exhortaba a los creyentes a someterse a las autoridades del gobierno, «porque esta es la voluntad de Dios: que haciendo bien, hagáis callar la ignorancia de los hombres insensatos» (1 P. 2:15; ver también vv. 13-14). Sin embargo, no eran solo los oficiales romanos a quienes los cristianos eran tentados a temer. Un comentarista destacó que «los cristianos enfrentaban lo que tal vez era una amenaza aun mayor de las actitudes del pueblo en general»,[2] posiblemente por las acusaciones de que los cristianos vivían vidas inmorales. Además, los cristianos se cuidaban de los compromisos sociales que implicaban prácticas idólatras y eso también provocaba que la comunidad los acusara de una actitud distante, y estas acusaciones daban lugar al alejamiento y la oposición. Pedro contrarrestaba este tipo de dificultades exhortando a sus lectores a tener «buena conciencia, para que en lo que murmuran de vosotros como de malhechores, sean avergonzados los que calumnian vuestra buena conducta en Cristo» (1 P. 3:16). Aun así, los creyentes sufrieron en nombre del evangelio.[3]

El tema del sufrimiento aparece una vez más en la epístola de Pedro después del pasaje que habla sobre los ancianos (1 P. 5:1-5), cuando trata con el sufrimiento provocado por la ansiedad de la vida y los ataques del diablo (1 P. 5:6-11).

En resumen, la discusión de Pedro sobre los ancianos está en medio de su exhortación a perseverar durante el sufrimiento. ¿De qué manera se relacionan críticamente el sufrimiento y los ancianos? Los creyentes que enfrentan sufrimiento necesitan la alimentación y ejemplo que viene de los ancianos de la iglesia que tienen un sentido de dignidad y dependencia del Señor en medio de las pruebas. El autor de Hebreos percibió lo mismo (He. 13:7). Los ancianos no reemplazan la vida espiritual de la congregación, pero la motivan a través de la instrucción y aplicación fiel de la Palabra de Dios a la iglesia. Ellos ofrecen modelos tangibles —«considerad cuál haya sido el resultado de su conducta»— a la luz de las dificultades de la vida.

Aun así, la primera pregunta que queremos hacer en 1 Pedro 5:1-5 es, ¿cómo identifica Pedro a estos líderes espirituales?

---

2. Paul J. Achtemeier, *1 Peter, Hermeneia: A Critical and Historical Commentary on the Bible* (Minneapolis: Fortress Press, 1996), 23-34.

3. Ibíd., 28-29.

Por su posición

Primero, Pedro identifica a los líderes espirituales por su posición: ellos son llamados ancianos. Dirigiéndose a un subgrupo de sus lectores, él dice: «Ruego a los ancianos que están entre vosotros, yo anciano también con ellos» (v. 1). Es obvio que él no solo se refiere a los hombres ancianos de la congregación porque en el siguiente versículo les pide que pastoreen y que supervisen el rebaño de Dios (v. 2). Luego les dice que se abstengan de usar su posición para enseñorearse de los que están bajo su cuidado (v. 3).[4]

El término *ancianos,* que fue utilizado indistintamente para obispos y pastores (Hch. 20:17-35), era común en la vida judía para referirse a los líderes de Israel o aquellos bendecidos por Dios con mucha edad. Debido a su madurez, a ellos se les otorgaban responsabilidades para liderar en sus comunidades.[5]

Nota también que Pedro no se refiere a los «ancianos que están entre vosotros» como si un solo anciano/pastor fuera suficiente para cada iglesia. Aparte de las referencias a un anciano en particular, como el caso de Pedro, los ancianos del Nuevo Testamento siempre hablan de ellos como una pluralidad. El Nuevo Testamento no ofrece una regla sobre el tamaño de esa pluralidad, pero el modelo común parece recomendar una pluralidad. Una vez más, el líder del siglo XIX de la Convención Bautista del Sur, W. B. Johnson, brinda algo de ayuda:

A pesar de que se requiere una pluralidad de obispos [ancianos] para cada iglesia, el número no es fijo, por la razón obvia de que las circunstancias son las que necesariamente deben determinar la cantidad que debe ser. En una iglesia donde no se pueda obtener más de uno, ese uno puede ser designado bajo el principio de que tan pronto como otro pueda ser procurado debe haber una pluralidad».[6]

Una pluralidad ofrece mayor sabiduría y liderazgo para la congregación, y añade dones espirituales que sirven al Cuerpo. Juntos, estos hombres pueden buscar a Dios sobre asuntos críticos que enfrenta la congregación. Juntos rinden cuentas unos a otros como ejemplo para el rebaño.

Por su experiencia

Segundo, Pedro identifica a estos líderes espirituales a través de su experiencia, al igual que a través de su propia experiencia de primera mano entre los ancia-

---

4. «Es el título de un oficio más que una descripción de antigüedad/edad». Peter H. Davids, *The First Epistle of Peter*, NICNT *(Grand Rapids: Eerdmans, 1990), 175.*

5. Ver el Capítulo 3 para una discusión adicional sobre estos tres términos intercambiables.

6. Johnson, *Gospel Developed*, citado en el libro de Dever, *Polity*, 194.

nos de Jerusalén.[7] Él entendía las presiones que estos hombres enfrentaban en la provincia de Asia menor y por eso se identifica a sí mismo como su «testigo de los padecimientos de Cristo, que soy también participante de la gloria que será revelada» (1 P. 5:1). La palabra *testigo* significa literalmente «testificar de algo» y Pedro se unió a estos hombres para testificar sobre los sufrimientos de Cristo, es decir, todo lo que Cristo padeció para redimir a los pecadores. Jesucristo los había redimido «con su sangre preciosa [de Cristo], como de un cordero sin mancha y sin contaminación» (1 P. 1:19). Pedro también era un testigo ocular de la gloria de Cristo reflejada en la transfiguración y la resurrección (1 P. 1:3; 2 P. 1:16-18). Manteniendo la centralidad en el evangelio, Pedro asegura a sus compañeros ancianos que ellos eran *compañeros en la obra del evangelio*.

Él también tenía la vista en el futuro. Estos hermanos, junto a Pedro, compartirían (literalmente, en compañerismo) la gloria radiante de la revelación de Jesucristo.[8] Esta era la esperanza que anclaría sus almas en medio de la persecución.

¿CÓMO FUNCIONAN LOS ANCIANOS Y LA CONGREGACIÓN? (1 P. 5:2-5)

Habiéndose identificado a sí mismo en la posición de anciano, con pasión por el evangelio y esperanza en Cristo, Pedro se mueve a su obra en la vida congregacional. ¿Cómo deben funcionar los ancianos? ¿Cómo debe responder la congregación?

Responsabilidad de los ancianos

Pedro escribe: «Apacentad la grey de Dios que está entre vosotros, cuidando de ella» (1 P. 5:2). Las palabras *apacentar* y *cuidar* son sinónimos de «pastor» y «anciano» en su forma verbal.[9] Estos son los mismos términos (uno como nombre y el otro como verbo) que Pablo utiliza en Hechos 20:28 cuando dice a los ancianos de Éfeso: «Por tanto, mirad por vosotros, y por todo el rebaño en que el Espíritu Santo os ha puesto por obispos, para apacentar la iglesia del

---

7. El ejemplo más obvio es el del Concilio de Jerusalén en Hechos 15, también Hechos 11:1-18 que es el testimonio de Pedro ante los líderes de la iglesia, al igual que Hechos 11:19-26 es la acción de los líderes de la iglesia en respuesta a la expansión del evangelio en Antioquía.

8. *LKGNT*, 765, establece que el término *koinonos* significa «compañero, compartir».

9. Compara con el verbo *poimainō*, que es traducido como «pastorear» según es utilizado aquí con el pronombre *poimen*, que es traducido como «pastor» en Efesios 4:11; también *episkopountes*, «ejercer obispado», es utilizado como verbo con el nombre *episkopos*, que es traducido como «obispo». Ver *BDAG*, 379-380, 842-843.

Señor, la cual él ganó por su propia sangre». Ambos términos describen la responsabilidad de los ancianos en la iglesia.

Los ancianos ofrecen supervisión pastoral de la misma manera que aquellos que pastorean. Un pastor conoce sus ovejas, las cuida del peligro, se asegura de que sean alimentadas, aplica bálsamo curativo a sus heridas y, en ocasiones, las disciplina para devolverlas al redil. En otras palabras, los pastores velan por el alma de aquellos que están bajo su cuidado (He. 13:17). Ellos pasan tiempo con su rebaño, entienden sus necesidades y aplican con precisión la Palabra de Dios a sus vidas. Las alimentan regularmente con la verdad de la Escritura al desplegar la doctrina de la Palabra y las ayuda a permanecer firmes en la fe. Juan Calvino explicó: «Tengamos presente la definición ofrecida por la palabra [pastor] porque el rebaño de Cristo no puede ser alimentado excepto con doctrina pura que es nuestro único alimento espiritual».[10]

Así como los pastores dirigen el camino de las ovejas, los ancianos dirigen el camino hacia el crecimiento espiritual y el servicio cristiano. Ellos establecen el ejemplo para la vida cristiana, especialmente como Pedro lo explica en 1 Pedro 2:11–3:16. El pastor inglés J. H. Jowett escribió: «Si alguien se encuentra entre su hermano y su necesidad espiritual, o entre su hermano y el peligro espiritual, está desempeñando el oficio de un mediador, un fiel copastor que trabaja fielmente bajo el liderazgo del Obispo y Pastor en jefe de nuestras almas».[11]

Un anciano también debe «ejercer supervisión», término que hace énfasis en los *detalles* del cuidado pastoral. Los primeros ancianos fueron advertidos de guardar el rebaño de los falsos maestros. Los falsos y transitorios maestros espirituales entraron en las comunidades y confundieron a las congregaciones. Los ancianos estaban para asegurar que la iglesia mantuviera un fundamento doctrinal sólido y que los miembros estuvieran equipados para resistir la influencia de los falsos maestros.

Hoy día, los ancianos hacen lo mismo. Cuando un miembro de la congregación cae presa de los falsos maestros, los ancianos deben buscar al miembro de la iglesia como un pastor va tras la oveja perdida. Además, los ancianos deben organizar el cuidado congregacional y el ministerio de la enseñanza para asegurar la estabilidad continua de la iglesia. Las ovejas bien alimentadas y cuidadas tienen menos motivos para apartarse del redil y acercarse al peligro.[12]

---

10. Juan Calvino, *Calvin's Commentaries: Commentaries on the Catholic Epistles*, (repr., Grand Rapids: Baker, 1999), 22:144.

11. J. H. Jowett, *The Epistles of Peter* (1905; reimpresión, Grand Rapids: Kregel, 1993), 96.

12. Para obtener información adicional sobre esta labor de los ancianos como pastores, ver Richard L. Mayhue, «*Watching and Warning*», en *Rediscovering Pastoral Ministry: Shaping Contemporary Ministry with Biblical Mandates*, ed. John MacArthur Jr. (Dallas: Word, 1995), 336-50; John MacArthur Jr.,

Disposición de los ancianos

Junto a la responsabilidad del liderazgo espiritual hay mucha autoridad. Los ancianos no pueden dirigir o disciplinar a menos que tengan alguna medida de autoridad. En nuestros días tendemos a huir de cualquier uso de la palabra *autoridad*, tal vez por temor a los dictadores fanáticos. Nadie niega que esos déspotas egoístas existan en las filas de la iglesia, sin embargo, nunca debemos abandonar la dirección bíblica por los malos ejemplos. Mientras una iglesia insista en el modelo bíblico para sus ancianos, buscando hombres que tengan la disposición que describe Pedro, no hay necesidad de temer a sus ancianos.

Motivación para el servicio. Algunas personas sirven en la iglesia porque otras las han convencido o porque han sido manipuladas a través de la culpa hasta que aceptan las posiciones. Pero considera las palabras de Pedro: «Apacentad la grey de Dios que está entre vosotros, cuidando de ella, no por fuerza, sino voluntariamente» (1 P. 5:2). Estar bajo *presión* significa ser forzado u obligado a hacer algo.[13] Por ejemplo, tal vez una congregación le pide a un hombre que sirva como anciano, pero él lo rechaza porque no cree que tenga el carácter para hacer el trabajo o porque no tiene deseos de servir. Y, en lugar de aceptar la negativa del hombre, los miembros permanecen persiguiéndolo y diciéndole que la iglesia no puede sobrevivir sin él. Tal vez lo amenazan con dejar la iglesia si no toma la posición, pero si ese hombre toma la posición estará sirviendo según la voluntad del hombre y no la de Dios. Todo el que sirve en una iglesia debe resistir la presión carnal y servir con un corazón dispuesto bajo un sentido de dirección divina y «según la voluntad de Dios».

Cuando un hombre trabaja voluntariamente y no por obligación, trabaja más duro y encuentra gozo en lo que hace. Él tiene un «poder de permanencia» que no se rinde cuando los tiempos son difíciles y puede lidiar más fácilmente con el desánimo.

La gran motivación para servir como ancianos surge cuando los hombres buscan al Señor y se convencen de que es la voluntad de Dios para sus vidas. El comentarista Peter Jeffreys escribe sobre los ancianos del primer siglo: «Los ancianos debían ser valientes y estar dispuestos a aceptar esta difícil tarea». «Ellos debían anhelar colocarse en el frente de batalla contra Satanás. Ellos debían estar preparados para toda la crítica que surge muchas veces en el camino de los líderes de iglesia». Además, «había muchos problemas esperando a cualquiera

---

«Shepherding the Flock of God» en *The Master's Plan for the Church* (Chicago: Moody, 1991), 169-76; Philip Graham Ryken, «Shepherding God's Flock: Pastoral Care», en *City on a Hill: Reclaiming the Biblical Pattern for the Church in the Twenty-first Century* (Chicago: Moody, 2003), 93-110.

13. *LKGNT*, 765.

que tomara el oficio de anciano en aquellos días».[14] Saber que se encuentran enfocados en la voluntad de Dios otorga a los ancianos una perspectiva correcta sobre el oficio junto a sus demandas y presiones.

Ahora bien, un anciano será motivado a la obra cuando la congregación confirme la voluntad de Dios escogiéndolo para servirle como *su* anciano. Asimismo, el consejo de ancianos o presbiterio confirma la voluntad de Dios a través de la investigación de los candidatos a ancianos. Cuando todo está en su lugar, la paz del Señor llenará el corazón del anciano en lo concerniente a las responsabilidades y tareas que tiene por delante y podrá servir y enfrentar las demandas del oficio con gozo y agradecimiento, sabiendo que sirve conforme a la voluntad de Dios.

Amor por el servicio. Un anciano debe estar motivado por un celo por servir a Cristo. Su servicio debe ser «no por ganancia deshonesta, sino con ánimo pronto» (1 P. 5:2). En el momento en que fue escrito el pasaje, parecía que algunos ancianos eran remunerados por el servicio. Pablo se refiere a la remuneración en 1 Timoteo 5:17-18: «Los ancianos que gobiernan bien, sean tenidos por dignos de doble honor, mayormente los que trabajan en predicar y enseñar. Pues la Escritura dice: No pondrás bozal al buey que trilla; y: «Digno es el obrero de su salario». Algunos ancianos probaron estar especialmente dotados en áreas del ministerio que demandaban más tiempo que otros ministerios. Por ejemplo, predicar y enseñar son oficios que demandan mucho tiempo. Por consiguiente, parece oportuno para los ancianos que predican y enseñan ser remunerados de manera justa para que el hombre pueda dedicarse a ello más plenamente. No todos los ancianos son remunerados, pero los que lo son no deben ser motivados primeramente por ello.

Los ancianos deben amar lo que hacen para que su servicio sea «con entusiasmo» o lleno de celo. El *entusiasmo* sugiere un fuerte deseo por los deberes del oficio,[15] y puede ser traducido como «celo devoto». Y, en lugar de la «ganancia deshonesta» de dinero, fama, poder o atención, los ancianos sirven con una devoción celosa producto del amor a Cristo y su iglesia. Los ancianos encuentran su mayor satisfacción en los actos de servicio donde ellos dan en lugar de recibir.

Actitud en el servicio. Uno de los mayores peligros en ejercer cualquier tipo de autoridad, ya sea en el gobierno, los negocios, la iglesia y hasta en el hogar, es un espíritu orgulloso y dictador. Pedro exhorta: «No como teniendo señorío

---

14. Peter Jeffreys, *Living for Christ in a Pagan World: 1 and 2 Peter Simply Explained* (Durham, UK: Evangelical Press, 1990), 161-62.

15. La palabra es extremadamente fuerte y expresa entusiasmo y celo devoto. *LKGNT*, 765.

sobre los que están a vuestro cuidado, sino siendo ejemplos de la grey» (1 P. 5:3). Nadie puede debatir que los ambiciosos de poder muchas veces se infiltran en las iglesias, deseando ejercer mano de hierro sobre todas las cosas. Ellos quieren tomar todas las decisiones, en las finanzas, el contenido de los sermones y las actividades de la iglesia. He escuchado historias impactantes sobre pastores y miembros de iglesia que han enfrentado este tipo de «pequeños dictadores» A través de la intimidación, esas personas se las arreglan para mantener a toda una congregación bajo su influencia. Eso no es liderazgo cristiano.

Para desmotivar ese tipo de liderazgo déspota, Pedro recuerda a los ancianos que sirven para agradar al Príncipe de los Pastores. Ellos están apacentando «la grey de Dios… que están a vuestro cuidado» (1 P. 5:2-3). La terminología ofrece la ilustración del Maestro dividiendo porciones de su rebaño para este pastor o aquel pastor, con el entendimiento de que *se reportarán a él para el descargo de sus deberes*. Por consiguiente, nunca deben enseñorearse del rebaño porque el rebaño ya tiene un Señor, Jesucristo.[16] En cambio, deben probarse a sí mismos como «ejemplos de la grey» (1 P. 5:3). La palabra *ejemplo* significa «modelo». Si una niña hace muñecas de papel, primero busca un modelo y luego traza el modelo en una hoja de papel para hacer las muñecas. Y cuando un fabricante produce un automóvil utiliza una serie de modelos o matrices para producir las piezas precisas necesarias. Pedro describe a los ancianos como «cristianos con carácter» que muestran cómo vivir la vida cristiana en toda circunstancia. Esa es una gran responsabilidad, pero es muy necesaria en la iglesia.

Respuesta de la congregación

¿Cómo debe responder la congregación a los ancianos? «Igualmente, jóvenes, estad sujetos a los ancianos» (1 P. 5:5). Los estudiosos de la Biblia debaten que este texto se refiere a hombres jóvenes en edad. Otros expresan que la palabra «jóvenes» no se refiere a «miembros ordinarios de la iglesia, sino al clero menor, como los diáconos, que deben servir como ancianos (por lo tanto, "igualmente") pero también deben estar sujetos a ellos».[17]

Sin embargo, el contexto señala una dirección diferente. Generalmente, los ancianos de la congregación habrían sido hombres cristianos con más

---

16. Leighton (*Obedient and Patient Faith*, 469) se refiere al comentario del predicador medieval Bernardo: «¡Si tengo yo algo de esa sangre derramada en la cruz, cuán cuidadosamente debo llevarla! ¿Y no debo ser cuidadoso con aquellas almas por las que fue derramada?».

17. Davids, *The First Epistle of Peter*, 183, especifica algo que impide que los jóvenes sean una clase, tipo especial o grupo de la iglesia que necesita estar sujeto al liderazgo oficial, según el estudioso francés Spicq. Otro erudito llamado K. H. Schekle, cita a Policarpo: «Simplemente señala que los jóvenes muchas veces luchan con el liderazgo».

experiencia. Pedro identifica miembros específicos de la congregación como «hombres jóvenes» que deben sujetarse al liderazgo de los ancianos. Peter Davids comenta: «Por tanto, es mejor ver aquí a los jóvenes como la gente joven de la iglesia (si es que los judíos están incluidos, cualquiera por debajo de 30 años y tal vez algunos que eran mayores, estarían incluidos en esta categoría)».[18] Estos «jóvenes» vivían bajo el fuego de la persecución, aunque posiblemente ardían de pasión por difundir el evangelio en el extranjero. Ellos pueden haber tenido la tendencia a ejecutar acciones arriesgadas que podían parecer dañinas para la iglesia y en detrimento de la obra del evangelio. «Su disposición al servicio y el compromiso», añade Davids, «puede llevarlos a ser impacientes con los líderes, quienes debido a la sabiduría pastoral o el conservadurismo que surge muchas veces con la edad (ambos no deben ser igualados) no están preparados para moverse tan rápido o radicalmente como ellos.[19] Esos jóvenes necesitaban el sabio consejo de Pedro para someterse a los ancianos y continuar caminando con corazones sumisos bajo la autoridad puesta por Dios. Sin embargo, eso no significa que los ancianos deben actuar como asesinos del gozo.

La humildad debe revestir tanto a los ancianos como a la congregación: «Todos, sumisos unos a otros, revestíos de humildad; porque: Dios resiste a los soberbios, y da gracia a los humildes» (1 P. 5:5). El término *revestíos* utiliza un vocablo griego que se refiere a un esclavo que se ata un delantal sobre su ropa sin costura mientras lleva a cabo su trabajo. El delantal era señal de una posición de esclavitud humilde.[20] Así, Pedro recuerda a los hermanos que la humildad es lo que distingue a la iglesia como genuina.

Ser anciano no significa que un hombre sea mejor que los demás porque «todos, sumisos unos a otros, revestíos de humildad». El liderazgo de anciano tampoco excluye a un hombre de la vida cristiana diligente porque los ancianos deben ser «ejemplos de la grey» (1 P. 5:3). Los ancianos sirven no por obligación o con el deseo de recompensa y reconocimiento terrenal, sino con entusiasmo y un sentido del llamado de Dios a este oficio.

¿QUIÉN ES RESPONSABLE DE LOS ANCIANOS? (1 P. 5:4)

No hay duda de que estas exhortaciones deben ser tomadas seriamente porque tanto los ancianos como la congregación estarán un día delante del Señor. Los ancianos sirven «como quienes han de dar cuenta» (He. 13:17) y las

---

18. Ibíd., 184.
19. Ibíd.
20. *LKGNT*, 765.

congregaciones deben reconocer que no someterse «no [sería] provechoso» (He. 13:17). Tanto la congregación como los ancianos son responsables ante el Príncipe de los pastores.

El rebaño de Dios

La iglesia no les pertenece a los ancianos, al pastor ni a los miembros. La iglesia le pertenece a Cristo y esa verdad debe arder en nuestros corazones si vamos a aceptar la enseñanza bíblica para el orden y la vida de la iglesia. Pedro llama a la iglesia «el rebaño de Dios», como si se tratara de un grupo de ovejas que había sido encomendada por el Príncipe de los pastores a un grupo de pastores. «Al utilizar la ilustración de cuidar el rebaño de Dios», el erudito de la Biblia Paul Achtemeier explica: «El autor está aprovechando una larga tradición del Antiguo Testamento en la que Dios es el pastor de su pueblo Israel, una tradición que puede muy bien haber tenido su origen en la tradición de que Dios guio a su pueblo hacia la liberación de la esclavitud como un pastor guía a sus ovejas».[21] La iglesia a la que sirven los ancianos ha sido asignada «a vuestro cuidado» (1 P. 5: 3).

Jesucristo entregó su vida por las ovejas y las llama de la oscuridad a la luz de una relación con Él. Las ovejas escuchan la voz de Jesucristo y no la voz de un extraño. Las ovejas siguen a Jesucristo y no a simples hombres. Jesucristo da vida eterna a las ovejas para que ninguna perezca. Ellas no son sostenidas por las manos de simples ancianos. sino de forma segura por el Padre y el Hijo (Jn. 10:1-30). Los ancianos simplemente tienen una mayordomía ante el Príncipe de los pastores por sus ovejas.

El servicio como copastor

Todos los que sirven como ancianos deben recordar que son copastores porque Jesucristo es el Príncipe de los pastores. Un día, el Príncipe de los pastores aparecerá, y aquellos que le pertenecen serán reunidos por la eternidad. Aquellos a quienes él ha designado para servir como copastores rendirán cuentas de la manera que han cuidado el rebaño. La recompensa por el servicio va más allá de esta vida. «La corona incorruptible de gloria» es el regalo de Dios por el servicio fiel. Calvino dice: «Por eso es por lo que el siervo fiel de Cristo debe ser quebrantado, porque para él solo hay una solución, mantener su enfoque en la venida de Cristo. Así será, aquel que parece no recibir ninguna motivación de los

---

21. Achtemeier, *1 Peter*, 324-25. Él también identifica varios pasajes del Antiguo Testamento que muestran el motivo del pastor: Salmo 23:1-4; 28:9; 74:1; 77:20; 78:52; 79:13; 80:1; 95:7; 100:3; Isaías 40:11; 63:11; Jeremías 13:17; 23:1-3; 50:6; Ezequiel 34:6, 8, 31; Miqueas 7:14. Achtemeier utiliza la palabra «tradición» en el sentido de creencias transmitidas oralmente hasta llegar a ser escritas.

hombres irá diligentemente a sus labores sabiendo que hay una gran recompensa preparada para él por el Señor».[22]

La Escritura enseñan que *cada* miembro de la congregación debe servir humilde, voluntaria y celosamente, buscando ser un ejemplo para los demás en el cuerpo. Pero las cualidades de servicio, humildad y celo deben ser la marca especial de aquellos hombres a quienes Dios levanta para servir como ancianos. La moneda de la responsabilidad tiene dos caras: la congregación debe reconocer a los hombres que sirven como ancianos, y los ancianos deben ser fieles según las instrucciones de la Palabra de Dios.

REFLEXIONES

- ¿Cómo identifica el Nuevo Testamento a los líderes espirituales de la iglesia?
- ¿De qué manera los ancianos y la congregación funcionan juntos en el ministerio?
- ¿Qué debe motivar a los ancianos a servir?

---

22. Calvino, *Commentaries*, 22:146.

CAPÍTULO CATORCE

¿Qué tipo de modelo?

Algunos pastores han tomado la advertencia del Nuevo Testamento de ser «modelos» de forma literal. Un pastor de una gran iglesia muy conocida comenzó a criticar la ropa de los pastores en su página de internet. ¿Pantalones estrechos? «Estoy de acuerdo con los pantalones estrechos, pero no con los muy estrechos». ¿Corbatas? Aparentemente, se requiere un hoyo en el nudo. «¡Esa es la imagen!». Este mismo pastor vende un video de ejercicios de él y su esposa en la librería de su iglesia titulado «El Cuerpo de Dios». No creo que eso fuera lo que Pablo tenía en mente en 2 Tesalonicenses 3:9 cuando utilizó la palabra «modelo», o Pedro en 1 Pedro 5:3 cuando llamó a los ancianos a ser ejemplos del rebaño.

En cambio, después de mi conversión, Dios puso hombres modelo en mi vida como ejemplos que podía imitar. Por ejemplo, recuerdo a Dennis, quien fue ejemplo de disciplina, gracia y restauración en solo treinta minutos de un caluroso día de verano. ¿Cómo? Dennis era un anciano ocupado, con esposa y seis hijos, yo estaba en mi último año de universidad y me había ofrecido a ayudarlo a hacer trabajo de jardinería. Mientras cavábamos un hoyo juntos, Dennis desapareció del patio y me sentí frustrado conforme pasaba el tiempo. Finalmente, Dennis volvió con sus seis hijos, se recostó y dijo suavemente: «Lo siento Matt, tenía que disciplinar a uno de mis hijos». Como crecí en un hogar donde la disciplina era muchas veces practicada con ira y seguida de ataques de mal humor y alejamiento, me quedé perplejo mientras estudiaba la cara de cada niño. Estaba tratando de adivinar cuál se había metido en problemas, pero no pude. Traté de recordar rápidamente si vi a Dennis enojado, pero no había sido así. Y no podía creer que ninguno de los niños, a pesar de que acababa de ser disciplinado, se sintiera tan restaurado que se uniera al resto de la familia de manera inmediata y feliz, negándose a alejarse y estar de mal humor. No había ira, pero hubo disciplina. Se había otorgado gracia y llevado a cabo una restauración. ¡Qué ejemplo! ¡Qué modelo piadoso de paternidad!

También recuerdo a otros ancianos de esos primeros años de mi conversión. Tom fue ejemplo de valentía mientras compartía el evangelio con no creyentes. Terry fue modelo de amor por la Palabra de Dios. Rob fue ejemplo de alabanza a Dios con una palabra siempre disponible en su boca y una canción en su corazón.

Puedes llamarle a esto *supervisión pasiva,* en contraste con la *supervisión activa.* Es liderar con el ejemplo. El anciano no siempre tiene que abrir su boca o su Biblia para instruir formalmente a un grupo de personas. Su ejemplo de vida de una forma verdaderamente bíblica *es* una manera de instruir. A través de su vida él está sirviendo de ejemplo de lo que significa ser un seguidor de Cristo.

Sin embargo, un anciano no solo está llamado a ser un ejemplo, sino también a una *supervisión activa,* donde abre sus ojos para cuidarse de los lobos que quieren herir las ovejas que está llamado a proteger. Él abre su boca para proclamar la verdad de la Palabra de Dios y así formar la mente y el corazón de esas mismas ovejas. Él abre su corazón al rebaño para expresar afecto y llevar sus cargas (2 Co. 6:11). Abre su puerta para practicar la hospitalidad (1 Ti. 3:2), permitiendo que todo el que entre perciba el aroma de Cristo que hay en su hogar.

Este no es el pastor-administrador que es dirigido por un programa que muchas veces vemos como modelo en nuestros seminarios y libros sobre crecimiento de la iglesia. Este es un hombre que se ve a sí mismo como un padre más que como un «líder efectivo» según es descrito comúnmente en las revistas de negocios de hoy. Este es un hombre que conoce, ama y ora por su gente. Él también sabe que rendirá cuentas por cada uno de ellos (He. 13:17) y, por tanto, es diligente en su cuidado y supervisión.

Esta descripción de un anciano no es como la posición autoritaria y poderosa en la que frecuentemente pensamos, ¿no es así? Muchas veces digo que el liderazgo de ancianos es un oficio de llevar cargas por naturaleza. Un anciano carga el peso de enseñar fielmente la Palabra de Dios a su gente y reflejar el carácter de Dios de manera personal, así como el peso de conocer los pecados de muchos en la congregación. Alabado sea Dios porque por diseño un hombre no lleva esta carga solo. Dios ha dotado a su iglesia de los ancianos (plural) para esta tarea.

En la iglesia Capitol Hill Baptist Church, los ancianos se reúnen ocho veces al año (sin contar los meses de verano y diciembre) para lo que llamamos reunión de ancianos «enfocada en asuntos». En esas reuniones otorgamos tiempo para discutir asuntos que afectan a nuestra congregación en su conjunto, como el divorcio y el nuevo matrimonio, los grupos pequeños, la educación de adultos y niños, y la consejería laica. Además, nos reunimos doce veces al año (mensual) para lo que llamamos reuniones de ancianos «enfocadas en los miembros». Estas generalmente toman de tres a cuatro horas e implica una versión de agenda como sigue:

- Orar por cada anciano.
- Cantar un himno.
- Leer una porción de la Escritura y más oración.
- Resumen en minutos de la reunión anterior.
- Congregación:
  » Discusión y oración por los miembros cuyos apellidos comienzan con una o dos letras del alfabeto (con el tiempo trabajamos a través de toda la congregación).
  » Nuevos miembros y renuncias.
  » Lista de cuidado: esta es una lista interna de miembros, generalmente alrededor de doce a veinte, que luchan con asuntos como salud, matrimonio, adicción o pecado sexual. Más oración.
- Memorandos: solemos tener de dos a cuatro memorandos sobre asuntos que van desde apoyo a las misiones hasta un puesto libre de diácono.
- Sesión ejecutiva: pedimos a los internos, el personal e invitados que han estado observando nuestras reuniones de ancianos que se vayan para dar lugar a conversaciones donde solo se encuentren los ancianos. La mayor parte de este tiempo es utilizado para evaluar y considerar futuros ancianos.

A la fecha y a pesar del crecimiento y movimientos de nuestra iglesia, nos hemos resistido a dividir la iglesia en «parroquias», donde un anciano puede ser asignado a la supervisión de cincuenta miembros. En su lugar, hemos seguido un modelo más orgánico donde los ancianos cultivan relaciones de manera proactiva y trabajaban duro juntos para asegurar que ningún miembro pase desapercibido.

Este deseo y habilidad para supervisar activamente tanto a las personas como a la congregación al mismo tiempo, unido a la vida ejemplar, lo convierte en un candidato a anciano ideal. Creemos que Dios otorga ancianos a su iglesia y que es el trabajo de ellos reconocer esos dones y poner los nombres de hombres calificados ante la congregación para ser afirmados. Como mencioné anteriormente, los ancianos de Capitol Hill Baptist Church pasan la mayor parte de la sesión ejecutiva de nuestras reuniones considerando a ancianos potenciales. ¿Cómo?

Un oficial retirado de la marina de nuestro consejo de ancianos nos ofreció algunas técnicas militares: nosotros comenzamos llamando nuestra lista interna de hombres a considerar «*Rack and Stack*» (Estante y Pila) Para el *Rack and Stack*, agrupamos a todos los hombres que pensamos tienen el potencial para servir como ancianos en algún momento de los próximos años (*Rack* [Estante]), y luego los colocamos en orden de prioridad desde el «más preparado» en la primera posición hasta el «menos preparado» al final (*Stack* [Pila]). Y cualquier nombre que se encuentre al principio de la lista y tenga mayor puntuación, será el tema de conversación de esa noche.

Esta herramienta, ciertamente burda, nos ha ayudado a enfocar nuestra atención en la preparación y prueba de los hombres que pensamos se encuentran más cercanos a servir como ancianos. Algunas veces esto significa dar a un hombre mayores oportunidades de enseñar para probar sus dones. Otras veces significa que un puñado de ancianos necesita conocer mejor a un futuro anciano para poder apoyar su nominación confiadamente. Algunas veces significa investigar la posición teológica de un hombre o la situación de su familia más cuidadosamente.

Si nos sentimos muy confiados sobre la posición de un candidato, lo invitamos a participar en una reunión de ancianos con la excepción de la votación, y después de la sesión ejecutiva todo el cuerpo de ancianos lo evalúa con preguntas adicionales. En algunos casos, este proceso de entrar en la lista para convertirse en anciano ha tomado varios años. Como ancianos, nos movemos cuidadosamente y de forma deliberada. Está en juego la reputación de los ancianos, la iglesia y Cristo.

¿Qué es lo que más frecuentemente vemos que descalifica a un hombre para el servicio?

- Carece de interés por los asuntos espirituales y es consumido por los asuntos mundanos.
- Carece de paz y orden en el hogar.
- Carece de un ministerio amplio en la iglesia, parece estar muy aferrado a sus amigos.
- Falla en priorizar las ocasiones en que se reúne la iglesia, aparte de los domingos en la mañana. (No puede pastorear a los que no conoce).
- Carece de un espíritu de unidad y sumisión. De manera equivocada ve el hecho de estar en oposición como un servicio a la iglesia.
- Da evidencias de la rigidez de un hombre joven en su consejería sin grises ni matices.
- Prioriza mal las decisiones de la vida como escoger una carrera antes que los hijos.

¿Cuáles son algunos ejemplos de hombres que se han recomendado para el oficio?

- Papu persigue a aquellos que se están desviando hacia el pecado en lugar de esperar la próxima caída.

- Andy regularmente se perjudica en beneficio de los demás y tiene grupos de personas no alcanzadas en su corazón.
- Andrew identifica las necesidades especiales de la congregación y las aborda de manera sistemática buscando oportunidades para enseñar a la iglesia.
- Deepak absorbe los golpes de los más heridos y ofrece sanidad y paz a las relaciones rotas.
- David mantiene su mirada en la Escritura en cada discusión y parece huir de la sabiduría mundana.
- Sebastián busca modelos y principios bíblicos que se encuentren en peligro en nuestras discusiones y trae orden a conversaciones potencialmente caóticas.
- Steve procura entender la mente de Dios antes de hablar a la iglesia.
- Mark ora diariamente por la congregación.
- Michael se basa en toda la Escritura para moldear el pensamiento de los ancianos.
- James utiliza su formación empresarial combinado con su conocimiento del rebaño para anticipar necesidades futuras.
- Aarón es entristecido, y hasta ofendido, por el pecado, carente de astucia.
- Jonathan se esfuerza por creer lo mejor (como lo hace el amor) y le otorga a los demás el beneficio de la duda.

¿Moda? Dejemos eso a los expertos de *Madison Avenue*. El anciano fiel será ejemplo del carácter de Cristo en su cuidado y supervisión de la iglesia junto a sus hermanos ancianos.

De la teoría a la práctica

La transición hacia el liderazgo de ancianos

¿Qué implica la transición hacia el liderazgo plural de ancianos? Ninguna iglesia o pastor debe apresurarse en cambiar su estructura de liderazgo. La meditación cuidadosa, el estudio y la planificación deben preceder cualquier cambio, porque la implementación de cambios drásticos muy rápido puede hacer más daño que bien a la iglesia.

Primero, es importante echarle una mirada sincera al gobierno de tu iglesia. Esto incluye revisar la constitución, estatutos y otros documentos del gobierno de la iglesia, así como evaluar la manera en que la iglesia funciona *actualmente*. Por ejemplo, muchas constituciones de las iglesias exigen un gobierno congregacional, pero el cuerpo de diáconos, grupo de administradores o personal de la iglesia son la autoridad real.

Por tanto, si estás considerando hacer una transición, comienza evaluando la manera en que opera tu iglesia, y hazlo a la luz de la Palabra de Dios.

En un extremo de la visión del gobierno de la iglesia está el congregacionalismo extremo. En este tipo de iglesia, la congregación vota por *todo* y esto tiene como resultado discusiones, disputas, posturas y que pocas cosas sean llevadas a cabo. En realidad, por esas razones de falta de eficiencia pocas iglesias operan de una manera absolutamente congregacional. Pero los peligros espirituales son aun peores que las dificultades pragmáticas. Una iglesia que vota por todo es una que nunca es enseñada a confiar en la autoridad, y esto significa que es casi seguro que encuentres un espíritu de disensión y desconfianza cada vez que hay que tomar decisiones. Las relaciones humanas requieren y se benefician del liderazgo.

En un esquema congregacional, el poder muchas veces se encuentra en el cuerpo de diáconos y estos regularmente son nominados de forma general, aprobados por la congregación y pueden servir de manera limitada o ilimitada. En muchas iglesias, los diáconos son nominados según su popularidad o visibilidad en la iglesia en lugar del fundamento de sus requisitos establecidos en 1 Timoteo 3. Además, los diáconos —cuya función bíblica debe ser de servicio a la congregación— son colocados en la posición de gobernar la iglesia. En dichas circunstancias, muchas veces surgen luchas de poder entre el pastor y los diáconos en lugar de trabajar junto al pastor, porque utilizan la manipulación política para alcanzar sus objetivos. Ciertamente, no todos los diáconos o pastores se involucran en dicho comportamiento manipulador, pero en más de tres décadas de ministerio he visto a muchos que lo hacen.

En el otro extremo de la visión del espectro político, están las iglesias donde el pastor principal mete su mano en todo. Es lo que W. A. Criswell llamó «un dictador benevolente». Dicho pastor cree que su liderazgo es más eficiente que el liderazgo plural de ancianos que trabaja mayormente bajo consenso. Él simplemente hace una declaración y todos están obligados a seguirla. Por supuesto, puede que él no sea benevolente en lo absoluto, sino un tirano implacable y pastor controlador como Diótrefes, que codicia la preeminencia en la iglesia y excluye a todo el que amenaza su posición (3 Jn. 9-10). Ese espíritu no enseñable hace que ese hombre sea inalcanzable e insensible a las necesidades pastorales, y la iglesia parece existir para fomentar su agenda y alimentar su ego.

Otro tipo de gobierno de iglesia menos tirano puede ser encontrado en algunas iglesias que son dirigidas por el personal y el pastor. En estas iglesias, el pastor y el personal determinan el curso del ministerio, usan al liderazgo laico para ejecutar sus planes y reúnen energías de la iglesia como una maquinaria bien engrasada. Algunos hasta identifican al personal como su pluralidad de ancianos. Ciertamente, muchas de estas iglesias cumplen mientras no haya cambios en la maquinaria. Sin embargo, la maquinaria puede detenerse si hay cambios, como la salida de un miembro del personal. Además, cuando surgen conflictos entre el pastor y el personal muchas veces son conciliados para mantener la apariencia de armonía y, como resultado, las actividades organizadas pueden encubrir vidas no santas. Las grandes iglesias enfrentan los mayores peligros en este punto debido a la enorme presión que hay en ellos para exceder los resultados previos de las estadísticas pasadas.

Hay variaciones de estos modelos, pero lo que es común para todos es la competencia por el poder y la autoridad que ocurre en el liderazgo. Hacer la transición hacia el liderazgo de ancianos en un marco congregacional requiere un trabajo deliberado, oración fiel y compromiso con la enseñanza de la Escritura.

Cuando John Piper dirigió la iglesia Bethlehem Baptist Church de Mineápolis hacia el cambio de su gobierno a una pluralidad de ancianos en 1987, mencionó varias razones. Habló de «ser conformados al modelo del Nuevo Testamento» y aclaró la función de sus diáconos. Los diáconos eran «un híbrido» que existía como junta de gobierno mientras mantiene el nombre diáconos. Piper también habló sobre la «necesidad de ofrecer más atención a los miembros heridos y más disciplina a los miembros irresponsables», y sugirió que la confusión con las funciones del liderazgo puede haber causado descuido. Piper concluyó desafiando a su iglesia a ir más allá del personal del liderazgo y echar raíces fuertes en el liderazgo laico.

> Necesitamos desarrollar un equipo de liderazgo continuo (ancianos) donde las diferencias teológicas, la filosofía de ministerio y la visión del futuro puedan estar fundamentadas de una manera más fuerte que en el personal pagado. La iglesia no debe depender del personal pagado como guardianes de la visión.[1]

Cuando una iglesia con muchas transiciones de personal cambia a un liderazgo plural de ancianos, los líderes enfrentan un nuevo nivel de responsabilidad. Los indicadores estadísticos serán reemplazados por indicadores de carácter cristiano, obediencia fiel, compromiso con la verdadera unidad de la iglesia, diligencia en la vida familiar y celo por equipar a la iglesia para el ministerio. Algunos miembros del personal que son dirigidos por programas pueden no estar calificados para servir como ancianos y por eso no deben asumir que se convertirán en ancianos de manera automática.

He conversado con muchos pastores que anhelan compartir su autoridad con hermanos ancianos en lugar de llevarla solos. Observar a compañeros pastores caer en el fracaso moral y financiero solo fortalece este deseo de rendición de cuentas. Sin embargo, algunos pastores se aferran fuertemente a las riendas de la autoridad en sus iglesias, evitando rendir cuentas al exagerar su propia fortaleza y habilidad. Al rehusar compartir la autoridad se colocan en una posición que los lleva fácilmente a la caída.

El pastor Jeff Noblit decidió considerar el liderazgo de ancianos porque tenía temor de las tentaciones del poder. Noblit se convirtió en pastor principal de la iglesia Grace Life Church of the Shoals de Muscle Shoals, Alabama (la mayor congregación bautista del sur en el noroeste del estado) después de servir por casi una década como ministro estudiantil y pastor asociado en la

---

1. John Piper, «Elders, Bishops, and Bethlehem», un sermón de la iglesia Bethlehem Baptist Church, Minneapolis, MN, 1 de marzo de 1987; visitado el 21 de noviembre de 2002; www.sound ofgrace.com/piper87/jp870012.htm; página 7.

misma iglesia. Muscle Shoals es una ciudad de menos de quince mil habitantes, pero la población de la región sobrepasa los cien mil. El predecesor de Noblit, el primer pastor de la iglesia, sirvió como único anciano. El anterior pastor era muy apreciado, tanto en la iglesia como en la comunidad, y había sido muy exitoso en su ministerio. Sin embargo, era *la* autoridad en la iglesia con los diáconos funcionando de manera competente en el servicio. Aunque la iglesia muchas veces votaba en asuntos importantes, su afirmación era más una formalidad que servía para confirmar los deseos del pastor.

Al poco tiempo de que Noblit asumiera la función de pastor principal, se enfrentó a una gran crisis disciplinaria en la iglesia, que implicó la remoción de miembros de alto rango de la congregación. Y, aunque la disciplina de iglesia no había sido practicada en el pasado, el pastor Noblit dirigió a la iglesia a través del proceso inicial y se ganó el respeto y la admiración de la congregación. El inconveniente surgió, irónicamente, cuando se dio cuenta de que tenía mucha autoridad. Me dijo que tenía temor de ese poder sin restricciones y que deseaba rendir cuentas, y eso lo llevó a cambiar al liderazgo de ancianos. La experiencia de Noblit es descrita detalladamente más adelante en este capítulo. Uno de los obstáculos más grandes en el camino hacia el liderazgo plural de ancianos es el «gobierno de los diáconos», es decir, los diáconos que gobiernan los negocios de la iglesia. Cuando esos hombres carecen de requisitos bíblicos para el oficio, encuentran difícil rendir sus apreciadas posiciones por el bien de un recién formado liderazgo plural de ancianos, y puede tomar años cultivar el cambio a través de una exposición bíblica paciente. En otras ocasiones, los diáconos solo necesitan que se le enseñen la Escritura y serán conformados gustosamente al modelo bíblico.

Para poder hacer una transición efectiva del liderazgo de diáconos al liderazgo de ancianos, es necesario tener enseñanza bíblica y compromiso congregacional. Además de esto, un anuncio contundente de cambio de liderazgo de diácono a liderazgo de anciano, aunque tenga buenas intenciones, probablemente encontrará resistencia de los diáconos.

Por otro lado, y como fue descubierto por un pastor, los diáconos pueden ayudar a facilitar el cambio al liderazgo de ancianos. Después de servir por muchos años en la International Mission Board de América del Sur, Chip Faulkner recibió un llamado a pastorear la iglesia First Baptist Church de Bethalto, Illinois. La iglesia aún estaba sufriendo las consecuencias de la traición y el abuso de un pastor anterior que se había aferrado a las riendas del poder muy fuertemente. Después de su partida y con la llegada de Faulkner, una pareja de diáconos comenzó a investigar sobre el liderazgo compartido. Ellos vieron el lado negativo de lo que significaba que un solo hombre tuviera poder absoluto en la congregación y por eso sugirieron la posibilidad de cambiar hacia la pluralidad de ancianos a sus compañeros diáconos.

El pastor Faulkner recibió este proceso después que comenzó a servir en la iglesia. Él me invitó a viajar a Bethalto para hablarle a su congregación sobre el tema un miércoles en la noche. Cuestioné la prudencia de hacer esto tan rápido en este sentido, pensando que un cambio más gradual sería más sabio. Él me aseguró que la pasada experiencia de la iglesia los volvió muy abiertos hacia la pluralidad de ancianos. Fui recibido calurosamente por los miembros de la iglesia, muchos de los cuales hicieron preguntas reflexivas. Durante los meses siguientes, Faulkner continuó enseñando sobre el gobierno bíblico de la iglesia con los líderes actuales y la congregación. Un par de años más tarde, la iglesia votó para adoptar la pluralidad de ancianos en su gobierno congregacional y como resultado apartaron el primer grupo de ancianos. Después de esto el pastor Faulkner me dijo: «Esperaba que nuestros ancianos fueran una bendición, pero va mucho mejor de lo que jamás imaginé».

Vi la experiencia de Chip Faulkner como una excepción. Como regla general, *un pastor que desea el liderazgo plural de ancianos es sabio al no introducir este cambio hasta que haya creado confianza en la congregación.* Esto puede tomar varios años de ministerio fiel, y llegará el momento cuando ya no será visto como un extraño. Cuando la congregación lo observa tomar decisiones sabias y bíblicas en otras áreas, la transición hacia el liderazgo bíblico de ancianos se hace más fácil. La confianza llega a través de los años, la fidelidad en las responsabilidades pastorales, la humildad genuina y la aplicación del evangelio en toda la vida. Por tanto, tiendo a desanimar a los pastores a dirigir a sus iglesias hacia la pluralidad de ancianos si no buscan permanecer con sus rebaños. Los escaladores pastorales carecen de la profundidad y resistencia necesarios para ayudar a la congregación en el proceso de transición.

«Nunca lo hemos hecho así»

- **El liderazgo plural une a los miembros del personal y no miembros en la igualdad de liderazgo.**
- **El liderazgo plural reenfoca la atención en la vida de la iglesia.**
- **El liderazgo plural ofrece un nuevo nivel de eficiencia.**

«¡Nunca lo hemos hecho así!» son las últimas cinco palabras que pudiera escuchar el pastor de una iglesia. Esta es una reacción inicial entendible de una iglesia porque la pluralidad de ancianos es diferente a los demás métodos de liderazgo de la iglesia como la dictadura benevolente, el gobierno de diáconos o del personal, pero yo sugeriría que la pluralidad de ancianos difiere de manera positiva. Así que, aunque nunca lo hayan hecho de esta manera, los pastores necesitan ayudar a las congregaciones a preguntarse a sí mismas por qué no lo tienen y a examinar el fundamento bíblico, si hay alguno, de la estructura que tienen en su iglesia actualmente. Esa pregunta arriesgada establece el escenario para la transición hacia la pluralidad de ancianos o expone la indisposición a someterse a la enseñanza de la Escritura.

Primero, *la pluralidad de ancianos une al personal pagado con los miembros que no son parte del personal para dirigir la congregación.* Esto asegura a la congregación que habrá muchos ojos, oídos y corazones que velarán por las necesidades de los miembros y estarán comprometidos a guiarlos espiritualmente. Cuando el ministerio pastoral aumenta, la iglesia crece a la imagen de Cristo.

Segundo, *el liderazgo plural de ancianos reenfoca la atención en la vida de la iglesia.* Muchas veces el personal de la iglesia, el pastor o presidente de los diáconos recibe una atención indebida de la congregación y esto debilita las iglesias. Sin embargo, la pluralidad de ancianos elimina el debilitamiento de las estructuras de poder paralizantes dirigiendo nuevamente la atención a la gloria de Cristo. La pluralidad ataca la tentación de los líderes al orgullo y les recuerda constantemente que la iglesia existe para la reputación de Cristo y no el enaltecimiento de los hombres.

En el proceso de compartir la autoridad, las personas que están en el liderazgo no siempre podrán hacer lo que desean en algunos aspectos de la vida o ministerio de la iglesia. Aun en la pluralidad de ancianos, los hombres falibles pueden tomar malas decisiones, luchar por el poder y buscar satisfacer deseos egoístas. Los ancianos nunca deben presumir de su propia vida espiritual sino buscar disciplinarse a sí mismos para la piedad (1 Ti. 4:6-10). A través de la oración, la discusión, el estudio de la Escritura y el efecto iluminador de trabajar junto a otros hombres piadosos, los ancianos podrán tener una dirección más clara. Como resultado, la salud y efectividad de la iglesia tiene prioridad sobre los planes de una persona.

Tercero, *la pluralidad de ancianos ofrece un nuevo nivel de eficiencia para la vida de la iglesia.* Aunque un pastor único o personal de la iglesia pueden tomar decisiones rápidamente, pueden tender a hacerlo sin ser sensibles a la congregación como Cuerpo. Los ancianos que no son parte del personal ven cosas que nosotros que estamos en el ministerio a tiempo completo no vemos, aun cuando encontremos esto difícil de admitir en el ministerio vocacional. Vivir la mayor parte de la semana en las paredes del ministerio puede distorsionar el pensamiento del pastor sobre las necesidades de la congregación. He aprendido a depender mucho de la sabiduría de nuestros ancianos que no son parte del personal, reconociendo que tienen un conocimiento único.

Durante un tiempo especial de dificultad financiera en nuestra iglesia, nuestros ancianos que no son parte del personal recomendaron un curso para informar y desafiar a la congregación a ascender a un nuevo nivel de generosidad. Francamente, estaba perdido sobre cómo era mejor proceder. Pero estos hombres trazaron un plan sabiamente sin ningún tipo de manipulación o astucia, que ayudó a la iglesia a entender la necesidad urgente y cómo Dios podía estar complacido de suplir esa necesidad. El plan tuvo éxito gracias a la sensibilidad de los ancianos tanto a la necesidad financiera, como la habilidad de la congregación para suplirla según la voluntad de Dios.

Dichas ideas muchas veces surgen durante los tiempos de prueba del ministerio. En una ocasión estuve involucrado en la consejería de una pareja con problemas matrimoniales, pero parecía imposible cerrar la brecha que había entre el esposo y la esposa. Uno de nuestros ancianos, que no es parte del personal, fue conmigo a visitar la pareja y ambos hablamos clara y apasionadamente sobre el matrimonio y la necesidad de reconciliación. Después que nos fuimos aún me sentía desconcertado sobre cómo lidiar con ellos. Su situación me cargaba mucho y me sentía especialmente responsable por unir su matrimonio de nuevo. Le pregunté al anciano qué pensaba y él discernió sabiamente: «Hay algo que no nos están diciendo que está detrás de los problemas. Hasta que no sean transparentes, tu consejería será inútil. Has hecho lo que has podido y ahora no tienen otra opción más que seguir la disciplina». Me di cuenta de que el problema matrimonial de esta pareja no era solo mi carga, sino que era compartida por mis hermanos ancianos y estaba apoyada por su conocimiento del matrimonio y la integridad. Al final resultó que tanto el esposo como la esposa tenían asuntos serios sin arrepentimiento que eventualmente nos llevaron a expulsarlos de la congregación. Unos años más tarde, después del divorcio y de mucha angustia, la iglesia restauró a la esposa arrepentida a la congregación.

Establecer la pluralidad de ancianos también requiere que cambiemos los documentos del gobierno existente para que refleje el nuevo gobierno de la iglesia. Una iglesia nunca debe comenzar un liderazgo plural de ancianos ignorando su constitución, estatutos y maneras de gobierno eclesial. Si una iglesia falla en actualizar estos documentos, alguien podría apelar a ellos más tarde y perjudicar toda la estructura. Las mentes agudas llenas de la Escritura y la teología bíblica, deben dirigir el camino hacia el reordenamiento de los documentos de gobierno.

Por supuesto, también es necesaria la aprobación congregacional de los cambios. La pluralidad de ancianos nunca debe ser impuesta en una iglesia. En cambio, un pastor puede facilitar la transición del gobierno instruyendo a la congregación y motivando sus comentarios y preguntas.

PERFILES DE LA IGLESIA

- ¿Realmente funciona?
- ¿Cómo puede ser llevada a cabo la transición de una iglesia hacia la pluralidad de ancianos?

Hay dos preguntas que vienen a la mente cuando evaluamos este estudio sobre la pluralidad de ancianos. Primero, ¿realmente funciona? Debido a la influencia indebida del pragmatismo de nuestros días hay muchos que fallan en depender de la Palabra de Dios por temor a que «no funcione». Y aunque las preocupaciones pragmáticas no deben nunca dirigir nuestra práctica, el liderazgo plural en realidad funciona bien en la vida congregacional.[2] Y, la segunda pregunta tiene implicaciones prácticas: ¿cómo podemos hacer la transición hacia la pluralidad de ancianos? Esta pregunta será abordada en los próximos capítulos. Las historias de algunas iglesias que han pasado por la transición hacia el liderazgo plural ayudarán a enfrentar estas preguntas. Estas iglesias no solo han vivido para hablar sobre la transición, sino que han encontrado que el liderazgo de ancianos es mejor de lo que esperaban.

De consejo de pastores a ancianos

Jeff Noblit, un comprometido expositor a quien mencioné anteriormente en este capítulo, comenzó la transición hacia el liderazgo de ancianos bíblico con la predicación de 1 Timoteo 3 y Tito 1 sobre los requisitos y funciones de los ancianos durante ocho semanas. Enfatizó los requisitos sin preocuparse inmediatamente por el título en particular. Más adelante, y pensando que el título de «anciano» podría abrumar a su congregación bautista, dirigió a la iglesia hacia la votación para nominar hombres para servir como «consejo pastoral». Sin embargo, los requisitos y funciones del consejo pastoral eran claramente los del anciano del Nuevo Testamento. Entre otras responsabilidades, los deberes del consejo pastoral incluían la planificación para el personal, las finanzas y objetivos a largo plazo.

---

2. Para consideraciones adicionales sobre los problemas del pragmatismo, vean mi ensayo titulado «*The Pastor and Church Growth: How to Deal with the Modern Problem of Pragmatism*», en *Reforming Pastoral Ministry: Challenges for Ministry in Postmodern Times*, ed. John Armstrong (Wheaton, IL: Crossway, 2001), 263-80.

Después que fueron nominados algunos hombres, Noblit seleccionó a los nominados y presentó una lista reducida al cuerpo de la iglesia para su confirmación.

Durante la transición, la congregación ofreció un fuerte apoyo y apreció de manera particular la nueva responsabilidad del pastor y los demás líderes de la iglesia. El consejo pastoral esperaba que el pastor Noblit dirigiera y lo consideraba como «primero entre iguales». Durante un período de tiempo, el nombre de «consejo pastoral» cayó y fue adoptado el título de «ancianos». Reflexionando en todo esto, Noblit me dijo que el liderazgo de ancianos de su iglesia había sido «muy efectivo». Él dijo que ellos seguían «luchando por asegurar que los ancianos estuvieran calificados bíblicamente», y si un anciano fallaba en mantener el tipo de carácter y práctica necesarios entre los ancianos se le pedía que renunciara al servicio.

Predicar, orar y depender del Señor

Cuando Andy Davis aceptó el pastorado de la iglesia First Baptist Church de Durham, Carolina del Norte, sabía que dirigir la iglesia hacia una reforma bíblica sería difícil, pero no tenía idea de lo difícil que realmente serían las cosas. Cuando llegó, en el año 1998, encontró cinco «puntos de poder». Primero, el pastor y el personal tenían la responsabilidad de diferentes ministerios. Segundo, los diáconos estaban para asistir al pastor con la misión de la iglesia y, aunque algunos lo hacían, otros estaban aferrados fuertemente al poder y el dinero de la iglesia. Tercero, los mismos diáconos también ejercían poder para controlar varios comités de la iglesia que tenían el control sobre los ministerios de la iglesia. Cuarto, un consejo de iglesia compuesto por una gran cantidad de presidentes de comités se reunía mensualmente y ejercía control sobre las políticas de gobierno de la vida de la iglesia. Quinto, el cuerpo de la iglesia supuestamente tenía la última palabra en la autoridad, pero generalmente seguían la dirección de algunas personas claves que controlaban las finanzas y otras políticas.

Al observar que había algunos diáconos que carecían de las cualidades descritas en 1 Timoteo 3, y que estos eran diáconos que mantenían un control estricto sobre el poder, el pastor Davis comenzó a enseñar sobre el significado de la autoridad bíblica en la iglesia. Un asunto significativo para abordar era el tema del género y la autoridad en la iglesia. Los diáconos estaban sirviendo con autoridad sobre la congregación, en lugar de servir como se enseña en el Nuevo Testamento, además se llevó a cabo una campaña para colocar a una mujer en la junta de diáconos. Debido al papel actual de los diáconos en la iglesia, Davis reconoció que esto significaba un rechazo a la enseñanza de la Escritura sobre la autoridad espiritual, ya que Pablo dijo que la autoridad similar a la del anciano en la iglesia debe pertenecer a los hombres (1 Ti. 2:12). Varias personas de la iglesia reaccionaron de manera intensa a la enseñanza de Davis. En un momento dado, una mujer oró en una reunión de oración especial: «¡Dios, ayúdanos a aprender que somos gente moderna y no necesitamos hacer todo lo que dice la Biblia!» La oración de esa mujer realmente expuso la raíz del problema de la iglesia: algunos de los líderes claves no se preocupaban por lo que Biblia enseñaba. Formaron la iglesia según sus deseos y no los de Cristo.

Después de tres años en el pastorado, el pastor Davis propuso cambiar las leyes de la iglesia sobre los diáconos para hacer que la posición fuera más bíblica. La oposición preparó una respuesta y Davis pudo sentir el peso del odio contra él mientras predicaba el domingo antes de la votación del miércoles. De hecho, durante ese domingo en la mañana, la controversia lo dejó sintiéndose físicamente débil, casi sin poder caminar. Fue a casa a tratar de recuperarse para el servicio de la noche y un miembro piadoso de la iglesia le recomendó leer el Salmo 37. Davis escuchó el consejo y se dio cuenta de que el salmo era un bálsamo del cielo. Él explica lo que sucedió a través de meditar en este salmo:

> Ese tiempo de meditación y oración sobre el Salmo 37 cambió mi perspectiva en menos de una hora. Inmediatamente supe qué sucedería durante la noche de votación de ese miércoles: los argumentos y los esquemas de los hombres poderosos que se oponían a mi cambio de estatutos tendrían éxito a corto plazo, pero la iglesia sería sanada a largo plazo. Perderíamos la batalla, pero ganaríamos la guerra.[3]

Como se esperaba, la iglesia estaba llena en la reunión de negocios; Davis nunca había visto ni la cuarta parte de las personas que asistieron. La oposición ganó la votación 172 contra 125 y creímos que sería un golpe mortal para el ministerio de Davis, pero sucedió justamente lo opuesto. Él volvió al púlpito el domingo siguiente y continuó su serie en el Libro de Romanos, con una resolución gozosa de que Dios lo había llamado a servir en esa iglesia y que los mejores días estaban por delante.

La iglesia comenzó a responder de manera maravillosa a la predicación de la Palabra de Dios y nuevos miembros eran añadidos regularmente. Un año después del fallido cambio de estatutos, Davis presentó la misma propuesta nuevamente, pero esta vez el resultado fue lo contrario: 170 contra 120 votaron a favor de seguir la autoridad bíblica. Aquellos que habían perdido el control de

---

3. Esta cita y toda la historia comentada en esta sección son del artículo de Andrew Davis titulado «*The Reform of First Baptist Church of Durham*», *9Marks Journal*, Nov./Dic. 2011, vol. 8, n.° 6; visitado el 18 de noviembre de 2011; http://www.9marks.org/journal/reform-first-baptist-church-durham.

la iglesia se fueron, y se unieron nuevas personas con una visión que abrazaba la autoridad bíblica y seguía a Jesús como Señor. Comenzó una nueva etapa.

Las reflexiones del pastor Davis sobre lo que sucedió después del cambio en el gobierno de la iglesia, nos ofrece una perspectiva única de porqué él cambió y abrazó la pluralidad de ancianos:

Eso fue en el año 2002. Durante los siguientes años, mi propia influencia en la iglesia aumentó a un nivel no saludable. Muchas de las personas que permanecieron y eran muy activas en la iglesia me apoyaron mucho, mi predicación y a mi liderazgo. Querían hacer todo lo posible para bendecirme a mí y a mi familia. En un principio, eso era muy motivador, y aún lo es de muchas maneras, pero comencé a darme cuenta de que la iglesia nunca alcanzaría los niveles de fruto bíblico con mis propios dones y limitaciones dominando el liderazgo y la dirección de la iglesia. Los años siguientes se caracterizaron por la sanidad de heridas, el disfrute de buenos servicios de adoración y un crecimiento firme, pero sabía que era necesario un cambio significativo en el gobierno de la iglesia. En un momento dado, un líder laico de la iglesia me dijo: «Andy, tienes una gran influencia en la iglesia… ¡Ten cuidado con lo que haces con ella!».

Así que cambié esa «influencia sin precedentes» por un nuevo gobierno de iglesia bíblico: una pluralidad de ancianos. Durante un año, un grupo selecto de diáconos y otros líderes laicos y yo nos reunimos para elaborar una nueva constitución y estatutos con una pluralidad de ancianos como el centro de la estructura de liderazgo de la iglesia. Enseñamos mucho el tema y tuvimos tres reuniones diferentes del tipo «reunión de iglesia» con sesiones de preguntas y respuestas con toda la iglesia. Nos movimos muy lentamente y de manera deliberada. Cuando se llevó a cabo la tercera, parecía como si las personas estuvieran diciendo: «¡Es suficiente! ¡Estamos de acuerdo! Estamos listos para votar».

Cuando llegó la votación para cambiar toda la estructura de gobierno de la iglesia, estaba aprobada en más de 90%. Se hizo una votación para la aprobación de cinco ancianos laicos y todos fueron aprobados con 95% o más. En una repisa de mi oficina tengo las boletas electorales de las elecciones de los ancianos junto a las boletas azules del cambio fallido de los estatutos del 2001. Estos son recordatorios tangibles para mí de la maravillosa jornada de reforma de la iglesia que Cristo había hecho.[4]

---

4. Ibíd.

La historia del pastor Davis señala una pregunta importante para aquellos que están considerando la transición hacia la pluralidad de ancianos: ¿La iglesia acepta y sigue la autoridad bíblica? La exposición fiel de la Escritura, la oración regular y la dependencia de Dios hace posible que una iglesia se mueva hacia la pluralidad de ancianos y no lo hará sin estas disciplinas esenciales.

Mi propia historia

Desarrollar el gobierno de la iglesia desde cero es parte de la plantación de iglesias. En 1987, comencé a trabajar como pastor fundador de la iglesia South Woods Baptist Church en las cercanías de Memphis, Tennessee. La iglesia fue formalmente constituida en enero de 1988 debido a que Woods no tenía ninguna historia congregacional o tradiciones que protegieran el establecimiento del gobierno de la iglesia trabajado de una manera diferente a otras iglesias que acabamos de describir. Definitivamente, el liderazgo estuvo sobre mis hombros desde el inicio, pero rápidamente formé un «comité directivo» para ayudar a guiar a este nuevo rebaño a través de las aguas, muchas veces turbias, de desarrollar una iglesia viable. El comité directivo ayudó con la toma de decisiones y proveyó una planificación a corto y largo plazo. Rápidamente nos dimos cuenta de que nuestro gobierno de iglesia poco estructurado podría tener problemas en el futuro, así que formamos un «consejo pastoral» que sirvió como un paso interino hacia la estructura permanente de la iglesia. El consejo pastoral consistía en siete hombres que parecían entender el estado espiritual de la congregación. El consejo y yo comenzamos un amplio estudio de los textos bíblicos referentes a liderazgo de la iglesia, su estructura, toma de decisiones y cualquier pasaje que pudiera ayudar a formar el gobierno de la iglesia. Tratamos de enfocar la estructura de la iglesia con la menor parcialidad posible para poder aferrarnos mejor a la dirección bíblica de la iglesia. Todos éramos bautistas del sur desde hacía mucho tiempo, así que estábamos familiarizados con los asuntos relacionados con la autoridad pastoral, el liderazgo de diáconos, el congregacionalismo y las diferentes maneras en que funcionaban en congregaciones independientes. Cada hombre entendía algunos de los problemas que eran comunes a la estructura de las iglesias bautistas, problemas que queríamos evitar si era posible. Nuestra jornada a través de la Escritura continuó por aproximadamente un año y medio, archivamos muchas notas sobre nuestros estudios y sacamos conclusiones juntos. Eso sentó las bases para el liderazgo de los ancianos.

Además, sabíamos que debíamos hacer más que simplemente informar a la congregación sobre la estructura propuesta, y sabíamos que las personas necesitaban una oportunidad para aprender como lo habíamos hecho nosotros. Así que comencé una serie de tres meses de exposiciones los domingos en la noche, que abordaban cada uno de los textos bíblicos que nuestro consejo pastoral había estudiado. Busqué no solo explicar los textos, sino también aplicarlos a nuestra propia situación. Los estudios muchas veces fueron intercalados con sesiones de preguntas y respuestas. Estas sesiones ayudaron a nuestros miembros a trabajar a través de las dificultades de confrontar la tradición con la verdad bíblica. Después de completar este estudio, la congregación votó de manera unánime para adoptar el liderazgo de ancianos. Y, aunque el voto fue unánime, durante el proceso hubo un par de familias que se fueron porque estaban en desacuerdo con el liderazgo de ancianos. Finalmente, el cambio fue codificado en un nuevo «Manual de Políticas y Procedimientos» que sirvió como nuestros estatutos.

Encontré que establecer el liderazgo plural era el paso más importante para el fortalecimiento de nuestro ministerio y para asegurar la estabilidad de nuestra iglesia. No todos los pasos han sido fáciles. Para la mayoría, el primer grupo de ancianos carecía de la madurez necesaria para enfrentar algunas de las demandas del liderazgo pastoral. Aun así, la congregación respetó a los ancianos y esto fue fundamental para que los ancianos pudieran mejorar en el ministerio de la iglesia. Conforme la congregación maduraba, el Señor levantaba otros hombres para reemplazar los primeros ancianos y, por eso hoy tenemos un excelente cuerpo de ancianos dirigiendo nuestra iglesia. Me siento privilegiado de trabajar al lado de estos hombres en la dirección del ministerio de nuestra iglesia y la formación del cuerpo para el ministerio. Oramos juntos, enseñamos juntos, compartimos juntos nuestros gozos y cargas, y rendimos cuentas unos a otros. La combinación de diferentes personalidades, dones, fortalezas y debilidades sigue perfeccionándonos como líderes espirituales. La confianza que se ha desarrollado entre nuestro liderazgo y la congregación se ha convertido en un precioso tesoro que cuidamos. En ocasiones le recuerdo a nuestros ancianos que nada puede hacer más daño a nuestra iglesia que esta confianza se rompa por el descuido de nuestra vida y deberes espirituales.

REFLEXIONES

- Describe el gobierno de tu iglesia.
- ¿De qué maneras tu iglesia se adapta o tiene conflicto con el liderazgo plural?
- ¿Cómo puede el liderazgo plural cambiar las dinámicas de la iglesia local?
- ¿Cuáles son algunas consideraciones claves para la transición hacia el liderazgo plural de ancianos?

CAPÍTULO DIECISÉIS

Evolución, no revolución

Un miembro del comité de púlpito me dijo:

—Solo queremos a alguien que predique la Palabra de Dios y nos ame.

—Eso no es lo que quieren —contesté.

—¿Qué dijiste? —preguntó alguien pensando que no me había escuchado bien.

—No me escuchaste mal —respondí—. Sé que piensas que eso es todo lo que quieren, pero realmente quieren más. Quieren que todas las cosas que les agradan permanezcan igual, y que todas las que no les agradan sean cambiadas por el nuevo pastor. ¿Y eso de que predique la Palabra de Dios y nos ame? Quieres que la Palabra de Dios sea predicada de cierta manera y que el pastor los ame de cierta manera.

Este intercambio tuvo lugar durante un café. Seis miembros del comité de púlpito estaban entrevistándome sobre un amigo que era candidato para ser el próximo pastor de su iglesia. No estaba deliberadamente *tratando* de ser una viga en el ojo (eso llega de forma natural), sino que estaba tratando de ayudarles a examinar cómo se sentiría la transición hacia el próximo pastor. Los comités de púlpito no son diferentes a las personas comprometidas para casarse que, de manera inexplicable, buscan evadir los defectos y ver solo un halo imaginario detrás de la cabeza de la persona con la que se casarán. Quería que este grupo de hombres y mujeres piadosos y bien intencionados entraran en el proceso con los ojos abiertos. Todas las transiciones son duras, especialmente si la persona nueva está siendo colocada después de un pastor popular y de larga trayectoria («¿alguna vez estará a su altura?»), o de una serie de pastores fallidos («¿alguna vez la congregación confiará en él?»).

El consejo que sigue tiene la intención de ayudar a aquellos de ustedes que se han decidido a remodelar la estructura de liderazgo de su iglesia, independientemente de si eres un nuevo pastor o un veterano con mucha experiencia.

De manera específica, te motivo a considerar varios grupos mientras comienzas tu transición.

LA CONGREGACIÓN

Primero, considera la congregación. Si estás cambiando el liderazgo o el gobierno de la iglesia hacia una nueva dirección, como establecer una pluralidad de ancianos, prepárate por la posibilidad de que habrá personas que abandonarán la iglesia. Las personas siempre se van por diferentes razones, pero algunas ciertamente se van por los cambios significativos en la estructura de liderazgo. Si estableces como requisito previo que no harás cambios que hagan que las personas se vayan, nunca harás los cambios que sean necesarios.

Cuando veas a las personas yéndose, te ayudará saber por qué lo están haciendo. Raras veces vemos a alguien yéndose por la misma razón. Inmediatamente después de los cambios del gobierno de mi iglesia, vimos irse menos de media docena, pero todos lo hicieron por diferentes razones. En otras palabras, aquellos que se fueron no habrían estado en la disposición de unirse a la plantación de otra iglesia.

Además, prepárate para las palabras duras que escucharás mientras las personas se van, pero no asumas que representan la mayoría. De joven aprendí que en la iglesia las personas descontentas hablan y las felices no hablan. Me senté en muchas reuniones congregacionales y de comités antes de darme cuenta de que la mayoría de las personas serán amables y complacientes mientras escuchan a los que están enojados, pero luego rechazarán a los que se desahogaron por el micrófono.

Recuerda, también, que las estructuras de gobierno bíblicas de la iglesia que pusiste en marcha te ayudarán a construir la iglesia sana que tienes en mente. Estás construyendo para personas que aún tienes que conocer. Los miembros futuros no sabrán lo que hiciste para ayudarles, pero ciertamente la mayoría serán los beneficiarios de tu sabiduría, obediencia y perseverancia.

EL PERSONAL

Segundo, considera el personal de la iglesia. Son personas que pueden hacer o deshacer una transición hacia un gobierno bíblico de iglesia. ¿Por qué? Muchos del personal de la iglesia se ven a sí mismos como la fábrica de líderes de la iglesia. Ellos hacen todo el trabajo, tienen toda la información, conocen a todas las personas, tienen acceso a las finanzas. Pero la mayoría conoce poco, si es que conoce algo, sobre los requisitos bíblicos para los líderes de la iglesia descritos en

1 Timoteo y Tito. He visto secretarias chismosas difundir rumores más rápido que *Facebook,* y administradores de negocios poner un yugo en las finanzas.

Por tanto, una transición exitosa hacia una estructura de ancianos/diáconos puede requerir reemplazar a algunos de los miembros del personal. Por lo menos, demanda el entendimiento de quiénes son los verdaderos líderes de la iglesia. Recuerdo a Mark Dever deteniendo ocasionalmente las reuniones de personal poco después que elegimos los ancianos, diciendo: «Este tema pertenece a los ancianos, no vamos a discutirlo aquí». Es importante que cada persona del personal entienda que está allí para llevar a cabo la dirección de los ancianos y no para establecer la dirección de la iglesia.

LOS DIÁCONOS

Tercero, considera a los diáconos. Si tu iglesia está haciendo la transición del modelo de consejo de pastor/diácono al modelo ancianos/diáconos, la transición puede ser difícil para el consejo de diáconos anterior. Estos hombres tenían por lo menos algo de autoridad que ahora ha sido otorgada a los ancianos. Además, los diáconos suelen transicionar de un cuerpo deliberado que se reunía una vez al mes a personas que trabajan durante la semana supervisando las necesidades físicas del cuerpo. Las descripciones de trabajo escritas pueden ser útiles para asegurar que todos conozcan lo que se espera y así reducir las guerras territoriales.

En nuestra experiencia, los antiguos diáconos perdieron algo de autoridad por hombres más jóvenes y bíblicamente fuertes que ahora servían como ancianos. En dichas situaciones es muy importante honrar a esos antiguos diáconos —aun cuando no hayan hecho todo correctamente— por sus años de servicio.

LOS ANCIANOS

Cuarto, considera a los mismos ancianos. Cuando la iglesia de Capitol Hill Baptist Church designó nuestro primer grupo de ancianos, surgió una fricción entre los ancianos del personal y los que no eran parte del personal. En el centro del problema estaba el acceso a la información. Los ancianos miembros del personal pasaban gran parte de la semana juntos y era normal que examinaran los asuntos, mientras los que no eran parte del personal estaban ocupados en sus trabajos. En las primeras reuniones de ancianos, donde se juntaban ambos grupos, los ancianos que no eran parte del personal se sentían forzados a tomar decisiones cuando ni siquiera sabían de antemano lo que se encontraba en la agenda, y mucho menos habían tenido tiempo para orar y reflexionar sobre las decisiones.

Corregimos esto requiriendo que fueran escritos de antemano memorandos para cada tema de la agenda. El presidente de los ancianos se aseguraría de que estos memorandos fueran reunidos y distribuidos a todos los ancianos aproximadamente una semana antes de cada reunión. Este paso administrativo adicional demostró ser una gran ayuda para los ancianos que no eran parte del personal y ayudó a unir a los ancianos, además, ha contribuido a obligar a los hermanos a escribir de manera resumida sus pensamientos en forma de memorando.

A los ojos de la congregación, una junta de ancianos recién formada probablemente resultará fructífera de inmediato si se entregan al cuidado de los miembros. Los ancianos pueden muy bien supervisar una nueva clase de membresía, hacer entrevistas de membresía, reuniones de miembros y enseñar en la iglesia. Si una junta de ancianos nueva prueba ser fiel en estas áreas, aumentará su autoridad de manera natural.

EL PASTOR PRINCIPAL

Finalmente, la transición más difícil de los ancianos puede ser la del pastor principal. Él se mueve de estar en la cima de una pirámide a estar entre muchos. Él cambia de la posición de «tener la última palabra» a ser «el primero entre iguales». Por tanto, pastor principal considera lo siguiente mientras haces la transición:

Comparte la autoridad

Como pastor principal fuiste llamado por Dios para entregarte a ti mismo a los demás ancianos que son regalos otorgados por Jesús a la iglesia para la edificación y fortalecimiento del cuerpo (Ef. 4:11-12). Pero puede que digas: «Estos hombres no están formados teológicamente o son tan experimentados como yo». Es verdad, pero si cumplen los requisitos y fueron designados por la iglesia para esta función, entonces son lo suficientemente formados y experimentados. Podrías decir que, si son lo suficientemente buenos para Jesús, deben ser lo suficientemente buenos para ti. Así que confía en ellos, sométete a ellos, confía en que el Espíritu Santo se moverá a través de ellos para el bien de la iglesia. Comparte tu autoridad y da ejemplo de lo que significa estar bajo autoridad.

Comparte tu púlpito

Además, comparte tu púlpito y otras oportunidades de enseñar, y ora al Señor para seguir desarrollando los dones de enseñanza de los demás ancianos. Tienes que estar dispuesto a darle a los hombres la oportunidad de intentar, fallar, ser criticados e intentar nuevamente. Para servir como anciano un hombre debe ser apto para enseñar (1 Ti. 3:2), pero eso no significa que no tendrá oportunidad para crecer. Considera lo beneficiada que sería tu iglesia si hubiera muchos hombres dispuestos a predicar fielmente la Palabra de Dios en lugar de solo uno.

El primer año

Si eres pastor principal deberías considerar presidir las reuniones de los primeros ancianos para así asegurar que la labor de los ancianos, y no los diáconos, consuma tu tiempo de reunión juntos. Los asuntos administrativos tienen una manera de infiltrarse en la agenda de cada reunión de ancianos.

Disciplínate desde el inicio para incluir oración, lectura de la Escritura, cuidado de los miembros y discusión teológica. Prioriza estas áreas antes que el presupuesto y los edificios. Si estableces buenas prácticas en tus reuniones, con el tiempo puedes ceder la posición de presidente para liberarte y darle la oportunidad a otros ancianos de liderar.

La primera palabra

Si eres el pastor principal, considera permitir que cada anciano hable sobre un asunto antes que tú. Si el pastor principal habla primero, reprimirá la conversación. Es mejor que el pastor principal escuche a los demás ancianos resolver una situación, ser educado en el proceso y solo intervenir si llegan a una conclusión que está teológicamente equivocada o es pastoralmente insensible.

EVOLUCIÓN Y NO REVOLUCIÓN

Dick Lucas es un evangélico anglicano mejor conocido por sus treinta y siete años como rector de la iglesia St. Helen Bishopsgate Church en Londres. Cuando su ministerio como rector llegaba a su fin en 1998, dijo a su sucesor William Taylor: «William, piensa en evolución y no en revolución». Fíjate cómo el reverendo Lucas reconoció que vendría el cambio. A pesar de casi cuatro décadas de trabajo, que bajo cualquier estándar fue un éxito masivo, Lucas no trató de estancar el ministerio en su lugar. Él asumió el cambio y simplemente abordó el *tipo* de cambio.

Así que considera tu transición hacia un gobierno de iglesia bíblico. Considera lo que tu congregación puede manejar y luego piensa en la evolución.

CAPÍTULO DIECISIETE

¿Es posible?

La transición hacia el liderazgo de ancianos

Un pastor de una gran iglesia bautista del sur me contactó para discutir la transición del liderazgo pastoral y del personal a un gobierno de iglesia dirigido por ancianos. Dijo: «Necesito decidir si es algo por lo que vale la pena morir». Él entendió que en el escenario bautista del sur tradicional podría haber una reacción tensa contra la transición hacia una iglesia dirigida por ancianos.

No está solo. Muchos pastores y líderes de iglesia contemplan la misma preocupación cuando comienzan a entender la enseñanza bíblica del liderazgo de la iglesia. Algunos se apresuran en el proceso sin establecer el fundamento apropiado y terminan con un conflicto mayor que muchas veces termina con la destitución del pastor del liderazgo. Entonces ¿cómo se comienza la transición?

Lentamente. Este no es un proceso que deba completarse en una noche. Las formas de liderazgo, los modelos de toma de decisión y los hábitos arraigados de la vida de iglesia rara vez cambian rápidamente. Así que, si comienzas este proceso, hazlo lentamente y de tal manera que puedas llevarlo hasta el final.

Los pastorados cortos fallan en construir la confianza necesaria para llevar una iglesia hacia un gobierno de iglesia bíblico. Toma tiempo que una congregación abrace la enseñanza fiel de un pastor sobre la naturaleza de la iglesia, la relación del creyente con la iglesia, la autoridad y responsabilidades de los líderes, la unidad del cuerpo y otras doctrinas relacionadas con la iglesia del Nuevo Testamento. La inspiración de la Escritura es fundamental para la enseñanza eclesiástica, la doctrina de Dios, la persona y obra de Cristo, la soteriología y la persona y obra del Espíritu Santo. La exposición fiel de la Palabra de Dios le dará al pastor la oportunidad de lidiar con cada una de estas doctrinas mientras trabaja en su caminar año tras año a través de los libros de la Biblia. *Solo cuando una iglesia comienza a pensar bíblicamente, será factible el liderazgo de ancianos.*

El siguiente proceso se recomienda para establecer el liderazgo de ancianos en las congregaciones. Este enfoque puede personalizarse en contextos concretos, pero observa que completar el proceso tomará, al menos, de dieciocho meses a tres años, o tal vez más tiempo. Divido el proceso en tres etapas.

Etapa de evaluación	**Etapa de presentación**	**Etapa de implementación**
• Evaluar • Estudiar • Investigar • Resumir	• Exposición • Discusión • Requisitos	• Orar • Proyectar • Confirmar ancianos • Involucrar • Revisar

ETAPA DE EVALUACIÓN

Primero está la etapa de evaluación, en la que evalúas tu gobierno actual de iglesia, estudias la enseñanza de la Biblia sobre el liderazgo de la iglesia, investigas la comprensión de tus otros líderes sobre los problemas que vayan surgiendo y resumes tu nueva posición en un documento breve y accesible.

Evaluar

Primero, evalúa tu gobierno actual. ¿Quiénes son los líderes de tu congregación? ¿Qué títulos tienen? ¿Qué funciones cumplen? Por ejemplo, puede que tu iglesia tenga una combinación de diáconos, conserjes, administradores, miembros de junta o del consejo de la iglesia, maestros, líderes de grupos pequeños, presidentes de comité y miembros de personal. Toma tiempo evaluar la función de cada líder actual, su carácter y sus dones. ¿Qué tipo de estándares existen para en estas funciones de liderazgo? ¿Cuántos manifiestan un liderazgo verdaderamente piadoso? ¿Quiénes parecen disfrutar del título y del reconocimiento, pero no exhiben un liderazgo de un siervo en el que se puede confiar? ¿Quién se deja enseñar? ¿Quién muestra el corazón de pagar el precio de un liderazgo servicial? ¿Quién escucha a de la congregación? Elabora preguntas difíciles y de sondeo, y reflexiona y evalúa cuidadosamente las respuestas que surjan.

El pastor necesitará acudir constantemente al Señor durante el proceso de transición, pero especialmente en las etapas iniciales, que es donde se establece el fundamento de los ancianos. Necesitaremos evaluar la comprensión de doctrina básica de los líderes actuales, la comprensión de la autoridad espiritual, el compromiso con el liderazgo servicial y la determinación a obedecer al Señor de la iglesia a cualquier precio. El pastor necesitará dirigir su enseñanza, predicación y formación para cubrir los vacíos de estas áreas. Para cumplir esto, será necesario enseñar a algunos líderes de forma individual o través de grupos pequeños. Otros líderes responderán bien a las exposiciones del pastor desde el púlpito. Por supuesto, se debe reconocer que algunos líderes se resistirán a cualquier cambio en la estructura de liderazgo y el pastor debe trabajar para ser amable con aquellos que se encuentren en oposición y aun así permanecer fiel a la verdad de la Palabra de Dios.

Es recomendable que el pastor reduzca el núcleo del liderazgo de la iglesia a un grupo que sea manejable y los invite a unirse a él para un estudio completo sobre cada pasaje bíblico que aborde el liderazgo, la toma de decisiones, la estructura de la iglesia y todo lo que se encuentre incluido en el ámbito del gobierno de la iglesia. En ese momento, el pastor deberá dirigir el grupo hacia la interpretación apropiada de cada texto en su contexto histórico, gramático y teológico. Puede que el pastor necesite comenzar con los principios básicos de la hermenéutica. No recomiendo utilizar guías de estudio o libros sobre ancianos en un principio, eso debe venir después. En cambio, abre la Palabra de Dios y permite que el núcleo del liderazgo vea lo que la Escritura establece para la iglesia. Las herramientas básicas de exégesis, los diccionarios bíblicos, las concordancias y los comentarios pueden ser útiles durante este diálogo de mesa redonda. Haz preguntas sobre los textos y mantén notas copiosas para usarlas más adelante. Dispuesto a obedecer la Palabra de Dios, enfrenta los pasajes que están en clara oposición con el gobierno actual de la iglesia. Otorga tareas a los involucrados para forzarlos a profundizar en la Palabra por sí mismos y reportar sus descubrimientos en la próxima reunión. Sean abiertos unos con otros y eviten tener una postura defensiva. Mantengan el objetivo en mente: llevar a la iglesia a ser bíblica.

El pastor puede volverse muy vulnerable durante este estudio ya que está dirigiendo la iglesia a considerar cambios importantes en la estructura. Si los líderes de la iglesia se preocupan más por mantener sus posiciones que por obedecer la revelación de la Escritura, el pastor puede pasar momentos difíciles. Aun así, debe tomar el camino correcto enfocándose en su deseo de obedecer al Señor y dirigir a la iglesia a la obediencia. El pastor debe ser paciente pero firme, consciente de que una insistencia con mano dura en esta interpretación puede ser contraproducente. Durante este tiempo, el pastor y los demás que dirigen el estudio deben ser ejemplo del liderazgo piadoso que se describe a lo largo del Nuevo Testamento, esperar que Dios cambie los corazones y darle tiempo para hacerlo.

Estudiar

El segundo paso en la etapa de evaluación es un estudio más profundo. Primero, observa algunos de los pasajes del Antiguo Testamento que abordan el liderazgo en general. Hay muchos ejemplos de liderazgos buenos y malos, pero recuerda que las estructuras nacionales de Israel no son iguales a las estructuras de las iglesias. Comparar y contrastar el liderazgo del rey Saúl y el rey David puede ser útil. Observar los principios de liderazgo de Josué, Esdras y Nehemías, también puede ayudar a que el grupo de estudio aborde los requisitos necesarios para dirigir una congregación. Sin embargo, ninguno de estos ejemplos explicará de manera adecuada el gobierno de la iglesia del Nuevo Testamento.[1]

Plantilla para estudiar textos seleccionados de Hechos

- **Problema**
- **Solución**
- **Proceso**

Después pasa al Nuevo Testamento y estudia cada pasaje relacionado con los líderes, las prácticas de liderazgo, los requisitos de liderazgo, la estructura de la iglesia, la toma de decisiones, las crisis que requieren decisiones en la vida de la iglesia y los conflictos de la iglesia. Muchos estudiosos rechazan el uso del Libro de Hechos como el fundamento para la doctrina, pero los mejores ejemplos para la toma de decisiones en la iglesia y su liderazgo se encuentran allí. En realidad, el Libro de Hechos ofrece ilustraciones de lo que establecen las epístolas como principio. Como mínimo, el grupo de estudio deberá considerar Hechos 1:12-26; 6:1-7; 11:1-18; 11:19-26; 13:1-3; 14:21-23; 15:1-41; 20:17-38 y 21:17-26. Para lograr coherencia en la interpretación, varios pasajes deben ser analizados de manera triple: *problema, solución y proceso*. Aplicar este análisis ayuda de forma especial a entender cómo los primeros cristianos llegaron a tomar decisiones que afectaron la vida de la iglesia y la forma en que los líderes funcionaban con relación a la congregación. El grupo de estudio también debe considerar otros textos como Mateo 18:15-20; 1 Corintios 5:1-13; Efesios 4:11-16; 1 Timoteo 3:1-16; Tito 1:5-9; Hebreos 13:7, 17-19 y 1 Pedro 5:1-5.

---

1. Encontré que el libro de Gene Getz, *Sharpening the Focus of the Church* (Wheaton, IL: Victor, 1984), es útil para identificar muchos pasajes para estudio. El libro de Gene Getz, *Elders and Leaders: God's Plan for Leading the Church* (Chicago: Moody, 2003), identifica textos adicionales para estudio.

Presta mucha atención a los antecedentes históricos y culturales de cada texto. Algunos de los pasajes podrían tratar con problemas específicos que requieren un proceso no repetible para resolverse. Haz la diferencia en tu estudio, pero aprende de los principios revelados. Observa las tendencias establecidas que ofrecen modelos duraderos para todas las iglesias. Estudia profundamente el uso de las palabras, comprendiendo el uso de palabras comunes del primer siglo que pueden tener implicaciones diferentes hoy en día. Mantén notas detalladas de las discusiones durante cada reunión, poniéndolas a disposición de los miembros de los grupos de estudio. Debido a la naturaleza de este tipo de estudio, podría ser útil limitar la discusión a los miembros del grupo para que las conclusiones prematuras no sean difundidas por toda la iglesia. Hasta que los líderes se encuentren dispuestos a compartir sus conclusiones con la congregación, puede ser suficiente notificar periódicamente a la congregación que los líderes están haciendo un estudio profundo de la Escritura sobre el gobierno de la iglesia.

Investigar

Tercero, investiga el desarrollo de los líderes actuales en la comprensión y la actitud hacia la enseñanza bíblica sobre el gobierno de la iglesia. Mientras más involucrado esté tu grupo de liderazgo en el estudio intensivo, más oportunidad tendrán de abrazar el modelo bíblico para el gobierno de la iglesia. Los líderes necesitan saber que son parte de algo importante para el futuro de su iglesia. Por esta razón, es importante que el pastor no haga todo el estudio y simplemente descargue la información en los miembros del grupo. En su lugar, asigna tareas y establece expectativas para estudiar en el grupo. Ayuda a entender cómo utilizar las herramientas exegéticas en su estudio: dirígelos a comentarios, trabajos teológicos y estudios de palabras que puedan ayudarlos a luchar con su texto asignado. En el proceso estarás discipulándolos.

Este mismo proceso lo trabajé con un grupo de liderazgo. Aunque al inicio algunos se opusieron a los ancianos en la vida bautista, mientras trabajaban por sí mismos a través de la Escritura llegaron a una conclusión mejor y más nueva. Ver por sí mismos lo que la Escritura enseñaba les dio un sentido de propiedad y determinación para llevar a cabo el proceso.

Dicho esto, el pastor debe siempre hacer su tarea primero. No hay garantía de que alguien a quien se le asigne un texto sabrá como estudiarlo e interpretarlo. Por tanto, el pastor debe estar preparado para hacer preguntas, observaciones y guiar al grupo con cuidado hacia un sentido claro de los textos bíblicos. Una buena manera de hacer esto es preparando preguntas de sondeo como las siguientes para cada texto:

- ¿Por qué había un conflicto en la iglesia primitiva de Jerusalén según está registrado en Hechos 6:1-7?
- ¿Qué tipo de guía dieron los apóstoles a la iglesia?
- ¿Cuál era la responsabilidad de la iglesia al abordar el conflicto?
- ¿Qué prioridades presenta el texto para cada tipo de líder de iglesia?
- ¿Cuáles fueron los problemas que hicieron que surgiera la estructura de la iglesia primitiva?
- ¿Ese mismo tipo de necesidades están presentes en el entorno de nuestra iglesia?
- ¿En qué grado se parece nuestra iglesia a este modelo de la iglesia primitiva?

A lo largo del estudio, el pastor necesitará reforzar la importancia de la comprensión y la obediencia de la Palabra de Dios. A menudo le damos mucha importancia a la inerrancia de la Biblia, ¿pero nos esforzamos por creer y obedecer la Palabra infalible? ¿Estamos dispuestos a seguir la Palabra de Dios independientemente de lo que exijan las demandas de la tradición o tendencias populares? El problema crítico en todo el proceso es si nos someteremos o no a lo que Dios dice.

Resumir

Finalmente, resume los hallazgos de tu grupo de estudio tanto durante del proceso como al final. Mi propio proceso de dirigir un grupo de liderazgo a través de un estudio como este tomó año y medio. No necesariamente nos reuníamos cada semana, pero perseveramos. Siempre registrábamos nuestros hallazgos y, por último, desarrollamos un breve resumen para la congregación.

No aconsejo entregar a la congregación un documento amplio sobre tu estudio, porque la mayoría de las personas no se tomarán el tiempo para leerlo. Trata de reducir tus pensamientos a un resumen de una o dos páginas y prepara tal vez un documento más largo para aquellos que desean estudiar los hallazgos detalladamente. Permanezcan unidos como grupo de liderazgo en lo que han hecho. Ofrezcan citas de la Escritura para que aquellos interesados puedan investigar la Palabra de Dios por sí mismos. Sobre todo, fortalezcan sus argumentos sobre el gobierno de la iglesia hacia el único lugar de autoridad final: la Palabra de Dios.

Tu resumen servirá como un manual básico para estimular preguntas y desarrollar una guía para un estudio más detallado. También se convertirá en un terreno de prueba para el compromiso de la iglesia con la Escritura. Además, puedes considerar leer el excelente libro de Benjamin Merkle titulado *Preguntas y respuestas sobre ancianos y diáconos* (Portavoz, 2012) como una herramienta útil para meditar sobre asuntos pertinentes.

El próximo paso será fundamental para ayudar a la congregación a luchar con la enseñanza de la Palabra de Dios.

ETAPA DE PRESENTACIÓN

Después de la evaluación viene la presentación, en la cual predicas los pasajes relevantes a la iglesia, los guías en la discusión sobre cómo se aplican a tu congregación y estableces públicamente los requisitos para el oficio de anciano.

Exposición

Primero, predica la Escritura a la iglesia. La exposición bíblica es siempre la mejor manera de dirigir el cambio. En lugar de acomodar un grupo de versículos juntos para probar un punto, el expositor fiel abrirá un texto de la Escritura y lo desplegará para que la congregación pueda entender el mensaje del pasaje en su contexto. Será útil predicar a través de textos con los que luchó el grupo de liderazgo. Hice eso por un período de tres meses durante los domingos en la noche y luego abríamos tiempo para el diálogo. Anuncié con antelación que nuestro liderazgo había trabajado a través de estos textos y que ahora quería compartir nuestro entendimiento de ellos a toda la iglesia. El equipo de liderazgo también estuvo disponible para responder preguntas.

Una o dos semanas no establecerán un fundamento para la transición, así que toma el tiempo necesario para tratar a fondo cada texto. Entiende que, en muchos contextos, los miembros de la iglesia nunca han escuchado la palabra «gobierno de iglesia» y piensan que los «ancianos» solo le pertenecen a los presbiterianos. Ya que la Escritura interpreta la Escritura, el pastor deberá mostrar las conexiones existentes entre las series de textos que presenta a la iglesia.

Algunos pastores pueden encontrar que cubrir una serie corta de Hechos, un receso y luego otra serie sobre las epístolas permitirá que la congregación tenga tiempo para absorber mejor la enseñanza bíblica. Los estudios de 1 Timoteo 3 y Tito 1 sobre los requisitos muestran los ancianos como representantes del evangelio en la comunidad. La exposición ofrece los mejores medios para desplegar los contextos de los pasajes de alrededor y ayuda a la congregación a entender cómo se desarrolló la estructura de la iglesia primitiva en el crisol de la vida congregacional.

Discusión

A continuación, fomenta la discusión abierta en la congregación en su conjunto. El documento resumen del grupo de liderazgo puede ayudar a facilitar la discusión después de la serie de sermones, aunque cada pastor tendrá que determinar lo que es mejor en este escenario. No recomiendo que procedas a la fase de discusión si la serie de sermones no tuvo mucha asistencia ni fue bien recibida. En ese caso, la iglesia puede no estar lista y forzar una discusión puede provocar un conflicto innecesario. Así que, asumiendo que todo ha marchado bien, pide a la congregación que lea el documento resumen y analice los textos bíblicos. Invita a los miembros a llevar sus preguntas a un foro congregacional.

Reúne a la iglesia para un tiempo de discusión de las conclusiones del grupo de liderazgo, así como el contenido de los sermones. La apertura y la honestidad sobre las diferencias entre lo que enseña la Palabra y lo que la iglesia practica actualmente ayudará a cubrir la brecha de la comprensión. Vuelve siempre a la Escritura como autoridad para los cambios y cuida de no atacar personalmente a los líderes anteriores. Responde a la mayor cantidad de preguntas posibles, sosteniendo múltiples sesiones de diálogo si es necesario.

Después que el pastor y los miembros del grupo de estudio hayan respondido las preguntas de la congregación, pide a la iglesia que adopte la estructura bíblica para su propio gobierno. Tomar esa decisión podría implicar enmendar o eliminar la constitución actual o estatutos de la iglesia, o el manual de políticas u otros documentos de gobierno. Algunas personas, especialmente los miembros antiguos, consideran que las constituciones de las iglesias como propiedades sagradas, así que modificarlas podría ocasionar ira. Eres bendecido si tienes en el liderazgo miembros ancianos que pueden hablar bien del pasado mientras apoyan la obediencia al futuro. El pastor y los demás líderes necesitan mostrar humildad y paciencia en la creación del cambio al darse cuenta de que algunos aún podrían no seguir.

El pastor y el grupo de estudio de liderazgo necesitarán desarrollar un nuevo documento de gobierno de iglesia basado en la comprensión de la Escritura del grupo y este documento necesitará la aprobación de la congregación. En ningún momento la congregación debe recibir la impresión de que este documento está siendo forzado. Da tiempo a los miembros para digerir lo que significa el nuevo documento y cómo cambiará la vida de la iglesia. Sin embargo, la franqueza sobre las incertidumbres le dará confianza a la congregación de que el mayor deseo del liderazgo es seguir la Palabra de Dios y confiar en que el Señor de la iglesia bendecirá la obediencia.

Requisitos

Nada es más crítico para la transición hacia el liderazgo de ancianos que establecer los requisitos bíblicos para los líderes de la iglesia. Si la congregación entiende los requisitos para ser anciano, los miembros tendrán un mayor respeto por el cuerpo de ancianos. Es irónico que, en su prisa hacia la transición de un liderazgo de ancianos, algunas iglesias subestiman o pasan por alto los requisitos bíblicos para los ancianos. Si la iglesia hace la transición al liderazgo de ancianos, pero reconoce hombres que carecen de requisitos bíblicos, puede traer problemas mayores. Así que sé diligente en instruir a la iglesia apropiadamente en este punto.

Establecer los requisitos bíblicos (1 Ti. 3; Tit. 1; 1 P. 5) puede llevarse a cabo primero a través de exposiciones desde el púlpito. El domingo en la mañana es mejor para esto porque estará presente la mayor cantidad de miembros. La escuela dominical es otro buen lugar de encuentro para la enseñanza del tema, y el material impreso también puede ser útil. El objetivo es que toda la iglesia conozca lo que se espera de los ancianos y los diáconos. El conocimiento sobre los requisitos bíblicos para el liderazgo de ancianos no solo ayuda a la congregación a hacer que los ancianos rindan cuentas, sino que detiene a los que tienen una motivación equivocada o no son hombres calificados para procurar el liderazgo de ancianos.

Cuando comiences esta enseñanza puede que algunos de los hombres que sirven actualmente como líderes no cumplan con los requisitos bíblicos. Y, a menos que el orgullo haya sido probado en su vida, esos hombres pueden revelarse contra los estándares bíblicos intensos. Lleva sus quejas de vuelta a la Palabra de Dios como el árbitro final de las disputas de la iglesia, es justo en este punto donde es probada la templanza de la iglesia.

¿Cuántos ancianos debes buscar designar? Establecer un número exacto de ancianos para cualquier iglesia es impredecible porque depende mucho de la madurez espiritual de la congregación. Algunas iglesias comienzan estableciendo un sistema de proporción, un anciano por cada cierto número de miembros. Independientemente del número o proporción que se establezca, debe enfatizarse la calidad por encima de la cantidad. Es mucho mejor comenzar con un grupo pequeño de ancianos bien calificados que cumplir una cuota con hombres descalificados. Después que la iglesia haya madurado, los ancianos pueden recomendar establecer cierto número de ancianos limitando su término de servicio y estableciendo un sistema de rotación por el bien de mantenerlos comprometidos con la labor. Sobre todas las cosas, expón los estándares bíblicos para los líderes de la iglesia.

ETAPA DE IMPLEMENTACIÓN

Después de la etapa de presentación puedes moverte a la implementación. En esta etapa quieres orar como iglesia, investigar tus potenciales ancianos, reconocer nuevos ancianos, involucrarlos en todos los aspectos de la vida de la iglesia y revisar la enseñanza bíblica sobre el liderazgo de ancianos.

Ora

Antes de seleccionar a los ancianos, llama a toda la iglesia a la oración. Seleccionar un grupo de hombres para servir en la iglesia como líderes espirituales es un gran paso que impactará toda la vida de la iglesia. Los miembros de la iglesia deben entender la seriedad de dicha decisión y su participación en la misma, y buscar de manera colectiva la guía del Señor reforzará esto. La iglesia debe también estar alerta porque el enemigo tratará de sabotear sus planes de seguir la enseñanza de la Escritura. Entonces, estén alertas y clamando al Señor de la iglesia para que dirija cada paso y decisión.

Seleccionar hombres calificados para servir como ancianos es tan importante que el proceso nunca debe apresurarse. Si el pastor y el grupo de liderazgo determinan que la iglesia actualmente no tiene hombres calificados para el liderazgo de ancianos, entonces la enseñanza, el desarrollo, la capacitación y la oración deben continuar hasta que la iglesia pueda designar ancianos calificados.

Selección

Al reducir el campo de candidatos a ancianos, cada iglesia debe establecer un plan que funcione mejor para ella. En algunos casos, el pastor principal puede escoger un grupo inicial de ancianos para pasar por el proceso de selección, que es casi la misma forma en que Pablo y Bernabé designaron ancianos durante su primer viaje misionero (Hch. 14:23). Una vez que el cuerpo de ancianos se establezca, estos ancianos pueden tomar la dirección en la nominación de ancianos posteriores.[2]

Dever utiliza un esquema para evaluar los candidatos a ancianos:

(1) **Temas** **centrales** **cristianos**	**(2)** **Principales** **temas** **teológicos**
(4) **Amor** **por la** **congregación**	**(3)** **Principales** **temas** **culturales**

---

2. Este es el método más convincente para comenzar el liderazgo de ancianos en cualquier contexto misionero. Suponer que la congregación es inmadura y no tiene mucho conocimiento de la Escritura, implica que el misionero deberá evaluar cuidadosamente el potencial de los candidatos a ancianos e invertir la mayor cantidad de tiempo posible en capacitarlos antes de entregarles las riendas del liderazgo a los ancianos en nombre de la iglesia. Mantener contacto con los ancianos para «capacitarlos» durante los primeros años del liderazgo podría resultar ser indispensable para el futuro de la iglesia. Ve al Capítulo 21 para un enfoque más detallado.

(1) El cuadrante izquierdo de arriba, *temas centrales cristianos,* incluye cosas como un testimonio fiel cristiano, la habilidad para compartir el evangelio, el caminar estable con Cristo, el carácter cristiano coherente y una sólida vida familiar. Se aplican las características destacadas en 1 Timoteo 3 y Tito 1.

(2) Si el hombre demuestra fidelidad en esa área, entonces se deben considerar los *principales temas teológicos* (Hch. 20:28-31). Este cuadrante superior derecho tiene como objetivo la posición del candidato respecto a la declaración doctrinal de la iglesia, así como su comprensión de la fe. ¿Puede él compartir la posición bíblica de la iglesia sobre el bautismo, la adoración, el evangelismo o el gobierno de la iglesia?

(3) Habiendo mostrado comprensión y habilidad para dialogar teológicamente, el cuadrante de inferior derecho evalúa los *principales temas culturales* que afectan a la iglesia actualmente: por ejemplo, la función de las mujeres en la iglesia o los efectos del movimiento de crecimiento de iglesia sobre la iglesia (Tit. 1:9).

(4) El cuadrante final evalúa si el entendimiento del evangelio y la teología del candidato a anciano se traduce en *amor por la congregación* (1 P. 5:2-3). ¿Existe alguna evidencia de que ama genuinamente al cuerpo de Cristo y desea servir y ministrar a la iglesia?[3]

En otras iglesias, los miembros de la congregación nombran al grupo inicial de ancianos según su consideración y selección. Como el pastor principal es un anciano, debe tomar el liderazgo en este punto. Él debe pedir a dos o tres hombres piadosos que lo ayuden en este proceso, o hasta utilizar ancianos de otra iglesia para rendirle cuentas durante el proceso de selección.

Puesto que la iglesia estaba acostumbrada al congregacionalismo, después de predicar sobre los requisitos bíblicos para los ancianos pedí a la congregación que nombrara hombres que estuvieran calificados para servir como ancianos. Ofrecí un formulario simple que preguntaba si el nominador había leído y estado de acuerdo con los estándares bíblicos para los ancianos de 1 Timoteo 3 y Tito 1, y si el nominador creía que el nominado calificaba sobre esta base. Luego, al nominador se le pedía que escribiera una breve explicación de por qué él o ella nominaban a un hombre en especial para el oficio de anciano. (Hacemos lo mismo para los diáconos). Esta explicación arroja luz sobre si la nominación está basada en la popularidad del nominado o en su corazón de siervo.

Después de permitir dos semanas para las nominaciones, el pastor—y cualquiera que haya sido escogido con antelación para asistir— reducirá el campo de los nominados. Una vez que se establezca el cuerpo de ancianos, ellos aceptarán

---

3. Mark Dever, pastor principal de Capitol Hill Baptist Church, Washington, D. C., conversación telefónica, 3 de febrero de 2004.

esta responsabilidad. Algunos nominados serán excluidos debido a las circunstancias de la vida del nominado que son conocidas por el pastor. Asuntos familiares, hábitos personales o problemas en otras áreas pueden descalificar al nominado. Posteriormente, el pastor sacará a los nominados descalificados de la consideración sin hacer pública su nominación.

La congregación necesita entender la sensibilidad que implica la selección de los candidatos y la necesidad de una confidencialidad total. Una vez que la lista inicial se reduzca, el pastor contactará personalmente con cada nominado para confirmar su disposición a someterse al proceso de selección del anciano y a servir si es aprobado. Mantener los estándares bíblicos puede reducir significativamente el campo de las nominaciones. Aun algunos de los que aceptaron la nominación inicialmente pueden retirarse con el tiempo después de haber considerado la seriedad del oficio. La práctica de mi propia iglesia es mantener los nombres de los nominados en privado para que no haya una vergüenza pública si el nominado es descalificado.

A aquellos que estén de acuerdo en ser nominados se les pide completar un cuestionario doctrinal completo.[4] El nominado escribirá sobre su conversión y caminar personal con Cristo, explicando también su visión del evangelio, la iglesia y la función de los ancianos. Deberá estudiar la declaración doctrinal de la iglesia y afirmarla completamente o identificar cualquier área de desacuerdo. El nominado también deberá evaluarse a la luz de los requisitos bíblicos para los ancianos, abordando la vida de su familia y su relación con su esposa e hijos. También explicará por qué, si es seleccionado, debe servir como anciano y cómo procurará dirigir la congregación.

El cuestionario escrito debe tomarse en serio porque le pide al nominado poner lo que cree por escrito, y también revelará si, como líder de iglesia, puede expresar la fe cristiana y la eclesiología básica. Dicho cuestionario puede provocar preocupaciones sobre el nominado que necesita ser seleccionado, o puede ser el medio que lo descalifique para el servicio debido a admisiones francas sobre su caminar con Cristo o su falta de comprensión de la doctrina cristiana.

Como palabra de advertencia y motivación, sugiero hacer del proceso de selección lo más importante. Aunque puede que algunos candidatos no califiquen actualmente para servir como ancianos, más disciplina o capacitación puede ayudarlos a calificar en el futuro. Por tanto, fomenta el desarrollo espiritual de hombres que tienen un futuro prometedor para el futuro servicio como ancianos.

---

4. Para un cuestionario de muestra, ver el Apéndice.

Después de satisfacer los requisitos de la selección inicial y el cuestionario, el nominado debe reunirse con el cuerpo de ancianos. Inicialmente, un pastor puede necesitar hacer un llamado de ayuda a pastores de iglesias que tengan la misma mentalidad para ayudar a cuestionar a los candidatos. Pero una vez que los ancianos se establezcan, el consejo examinador consistirá en los ancianos de la misma iglesia. Un consejo examinador deberá leer las respuestas al cuestionario de cada nominado y hacer preguntas relacionadas con la seguridad de fe del nominado, las disciplinas espirituales personales, la comprensión de la doctrina y la visión de la iglesia. La severidad del consejo examinador ayudará a preparar al nominado para servir como anciano, el cual será llamado a responder a las preguntas de la iglesia sobre la doctrina y vida de la iglesia. La fase de selección nunca debe ser una simple formalidad. De hecho, puede que surjan algunos asuntos que darán lugar a preguntas sobre la vida familiar o caminar con Cristo de un hombre, o su visión de la iglesia. Debe ser posible descalificar a un hombre en cualquier punto del proceso de selección.

Una vez que los nominados han pasado la selección inicial, el cuestionario y el consejo examinador, son presentados públicamente a la iglesia. La etapa final de la selección involucra a la iglesia. En mi iglesia, damos a la congregación un período de dos semanas para impugnar la nominación. A los miembros de la iglesia se le pide poner por escrito cualquier preocupación y entregarla al pastor, quien acompañará al miembro de la iglesia en la discusión de la preocupación con el nominado. Si el asunto demuestra ser intranscendente, la nominación permanece. Si la inquietud está justificada, entonces al nominado se le pedirá retirar su nombre para una futura consideración hasta que se haya resuelto el asunto. Después de un período de espera de dos semanas, a la iglesia se le pide aprobar a cada anciano nominado mediante voto o afirmación.

Los líderes deben mantener la línea de los estándares bíblicos durante todo el proceso. La iglesia llegará a respetarlos porque están fielmente apegados a la Escritura. Y, aun después que los ancianos son reconocidos, los estándares bíblicos deben ser revisados regularmente.

Confirmación de los ancianos

Una vez que la congregación ha reconocido sus primeros ancianos, los ancianos deben ser confirmados formalmente. El proceso de confirmación le da a los ancianos y a la congregación la oportunidad de afirmar la mano de Dios en los líderes y las personas. La confirmación implica que un hombre ha sido reconocido como calificado para este oficio bíblico y apartado para el servicio fiel.

El proceso de confirmación también debe ser utilizado para desafiar a la iglesia a orar por los ancianos, hacerlos rendir cuentas y seguir su liderazgo.

El anciano mismo debe ser desafiado a enseñar la Palabra fielmente, ofrecer dirección sabia a la iglesia, pastorear el rebaño de Dios y establecer un ejemplo que todos puedan seguir. El servicio de reconocimiento ofrece una oportunidad única para mostrar el fundamento bíblico del gobierno de la iglesia y la manera en que esto afecta a la iglesia. Considera utilizar los votos para los nuevos ancianos de la misma forma en que Matt lo menciona en el Capítulo 12.

Involucramiento

Los nuevos ancianos deberán ser instruidos sobre cómo deben funcionar en la vida regular de la iglesia. La capacitación puede tener lugar durante un retiro especial de fin de semana o aun durante el desarrollo de la reunión de ancianos. Debido a que el oficio de anciano puede ser nuevo para muchos de la congregación, incluyendo los mismos nuevos ancianos, no debemos presumir de que los ancianos entenderán totalmente la tarea que está delante de ellos. La formación es esencial.

Los ancianos deben estar involucrados en toda la vida de la iglesia y, aquellos que demuestren dones de predicación, serán llamados a predicar. Otros se destacarán en el cuidado pastoral, la administración o dirigiendo la adoración. Todos estarán involucrados en varias áreas de enseñanza. Algunos tendrán dones de consejería y pueden necesitar tomar la dirección de esta área de la vida de la iglesia. Aquellos que están especialmente dotados para el evangelismo, pueden estar al frente de esa parte del ministerio de la iglesia. Debido a que los ancianos pastorean el rebaño de Dios, todos necesitarán comprometerse conscientemente con el discipulado del cuerpo de la iglesia. En lo que se refiere a la solución de problemas, no hay un mejor grupo que los ancianos en la iglesia.

A medida que los hombres sirvan juntos como ancianos, podrán percibir mejor los dones, fortalezas y debilidades de los demás. No todos enseñarán de la misma manera o tendrán los mismos dones de consejería o administración, así que aquellos que tengan dones adaptados a tareas específicas pueden necesitar ser dirigidos a las áreas donde puedan contribuir de manera más efectiva.

Revisión

Por lo menos una vez al año, el pastor debe planificar enseñar de alguna manera sobre el ministerio de los ancianos. La congregación — tanto los miembros nuevos como los de mucho tiempo— necesitan que se le recuerde el fundamento espiritual del liderazgo de ancianos. De la misma manera, los ancianos mismos necesitan ser desafiados públicamente y rendir cuentas de los estándares de Dios para ellos.

REFLEXIONES

- ¿Qué pasos puedes tomar para evaluar el liderazgo actual de tu iglesia?
- ¿Crees que hay algunos hombres que actualmente sirven en tu iglesia y parecen tener los requisitos necesarios para servir como ancianos?
- ¿Cómo puedes comunicar la necesidad del liderazgo plural de ancianos en tu iglesia?
- Identifica un proceso factible para el establecimiento de tu propia selección e investigación de candidatos a ancianos.

CAPÍTULO DIECIOCHO

¿Tentado a evitar el cambio?

El título del capítulo que acabas de leer es «¿Es posible?». La respuesta es «¡Sí!». Este libro ha sido un ejercicio para responder a esa pregunta de forma bíblica y práctica.

Sin embargo, quiero añadir rápidamente que no es absolutamente necesario hacerlo. Los ancianos no son esenciales para tener una iglesia verdadera que predique correctamente la Palabra y administre correctamente los sacramentos. Tu alma puede estar bien cuidada con solo un pastor. Puedes predicar (o escuchar) sermones sanos durante treinta años sin ancianos. Además, puedes visitar enfermos, casarte, sepultar y hacer cualquiera de las cosas que hace una iglesia y nunca tener ancianos.

También puedes sentarte en un banco bajo un sol ardiente sin tener protector solar. Y puedes nadar en el océano sin la protección de un salvavidas. He hecho ambas cosas y no fui quemado o empujado hacia las rocas, pero no lo recomiendo. Si lo haces durante mucho tiempo, es probable que, en algún momento, tu cuerpo bronceado de más se arroje al embarcadero.

Mi punto es este: en los buenos tiempos, cuando todos están felices y sanos, un gobierno específico en la iglesia no entra mucho en juego. Sin embargo, cuando llegan los tiempos malos, parece que el gobierno de iglesia es lo único importante. ¿Alguna vez has notado cómo los expertos constitucionales aparecen de forma inesperada cuando surgen los problemas? Sabes que tienes problemas cuando ves a tus miembros llevando dos libros a la iglesia: la Biblia y *Robert´s Rules of Order* (Reglas del orden de Robert). Asistí a una reunión congregacional donde un hombre fue desafiado públicamente sobre su posición bíblica: «No somos un pueblo de la Biblia, sino de la constitución».

Puedo conducir en mi ciudad y ver cómo el gobierno de iglesia no bíblico ha herido o hasta matado iglesia tras iglesia. La propiedad de una iglesia episcopal fue confiscada por el obispo, un líder que mucho tiempo atrás abandonó cualquier noción de autoridad bíblica, porque la iglesia ya no podía vivir con las posiciones que el obispo acogió o sometió a su autoridad. Otra iglesia local tuvo un gran impacto en internet y finalmente dividió toda la autoridad eclesiástica que había fuera de la congregación local. Pero la mayoría de las iglesias a las que he ido están vacías y abandonadas porque aquellos que tenían la autoridad en realidad estaban bíblicamente descalificados y no se utilizó ningún mecanismo para eliminarlos de su función. En otras palabras, su gobierno en la iglesia se rompió. Y así, congregación tras congregación, hicieron lo que podía hacer: mostraron su preferencia y se fueron.

¿TENTADO A EVITAR EL CAMBIO?

No hace mucho tiempo tuve un reparador de electrodomésticos en mi casa que me dijo que nunca me deshiciera de la lavadora y secadora de veinticinco años que tenía. Asumí que pasarían muchos años y saldría a comprar la misma marca nuevamente debido a lo bien que había funcionado, pero él me dijo que la compañía había construido su reputación basado en la calidad, y tiempo atrás habían cambiado a piezas baratas. En otras palabras, estaban ofreciendo una reputación que ya no la merecía. Pienso que muchos líderes de iglesias negocian cosas que no están diseñadas para llevar el peso para el cual está diseñado el gobierno de la iglesia y, como resultado, evitan hacer las correcciones necesarias para tener un gobierno de iglesia apropiado. Hay dos cosas en especial que tengo en mente.

Primero, muchas iglesias y líderes negocian con la tradición. Los líderes, en especial, han dado por supuesto equivocadamente que la tradición velará por sus congregaciones durante los tiempos difíciles. Eso puede ser verdad en una sociedad culturalmente homogénea donde las tradiciones fueron transmitidas de generación a generación (¿Una vez luterano, siempre luterano?). Pero para la generación que está surgiendo hoy en día, la lealtad a las tradiciones dura aproximadamente tanto como la visita a una página web. No tenemos que esperar a ver el resultado de esta estrategia. Los edificios vacíos que una vez estaban llenos de congregaciones vivas son monumentos vivientes del fracaso de la tradición como único soporte para los tiempos difíciles.

Segundo, las iglesias y los líderes negocian con la personalidad. Las iglesias muchas veces son fundadas por personalidades carismáticas. Y, mientras la iglesia crece, aumenta la autoridad para el gran líder ganador. Con cada año que pasa, la palabra del líder puede cada vez transformarse más en una ley. El hombre puede ser un dictador, pero es un dictador benevolente, amable, alegre, piadoso y humilde y parece funcionar. ¿Pero qué sucede si otra persona con la misma influencia lo desafía? ¿O qué sucede cuando envejece, tiene que haber una transición y la siguiente persona en el oficio no tiene su carisma? Al final, pienso que encontrarás que una personalidad ganadora es un mal sustituto de un buen gobierno de iglesia.

Iain Murray me comentó, en una ocasión, la filosofía del Dr. Martyn Lloyd-Jones sobre el ejercicio: «¿Por qué correr cuando puedes caminar y caminar cuando puedes sentarte?». ¿Estaba Lloyd-Jones siendo divertido? En la versión biográfica de la historia es difícil de decir. Lloyd-Jones era un doctor brillante, pero todos tenemos nuestros puntos ciegos. Digamos que todos adoptamos su filosofía. Debemos también tener presente que la persona promedio pierde 5-8% de su masa muscular cada década al inicio de la edad adulta. ¿Podemos sentarnos? Sí. ¿Hay consecuencias? Sí.

No estoy diciendo que el cambio será fácil, o que no habrá consecuencias imprevistas. Estoy diciendo que no hacer ningún cambio no es una posición neutral ni segura. La falta de atención, al igual que la inactividad, probablemente tendrá consecuencias negativas.

Por tanto, considera el gobierno de tu iglesia. Considera los cambios que tendrán que hacerse. Considera tus dudas. Ora. Busca consejo y sigue adelante en el tiempo de Dios.

CAPÍTULO DIECINUEVE

Uniendo todas las partes

«Solo soy responsable ante Dios», dijo un pastor, en respuesta a aquellos que lo cuestionaban. Otro pastor estableció que los ancianos de la iglesia, que habían preguntado por sus planes, tenían la responsabilidad de seguir *su* visión para la iglesia sin cuestionamientos.

Muchos, o quizás la mayoría de los pastores, condenaría con razón estas manifestaciones descaradas de autoridad autocrática. Sin embargo, el asunto de autoridad surge muchas veces en las congregaciones. ¿Quién tiene la autoridad en la iglesia? En el liderazgo plural de ancianos de una congregación, la autoridad final en asuntos de iglesia está en la congregación, aunque los ancianos no quedan sin autoridad. Para ejercer supervisión de la forma ordenada en la Escritura, los ancianos deben ejercer la autoridad dentro de la congregación.

CONGREGACIONALISMO, ANCIANOS Y AUTORIDAD

¿Qué tipo de autoridad tienen los ancianos en un gobierno de la iglesia congregacional? Para responder esa pregunta correctamente es importante entender la enseñanza bíblica en lugar de simplemente seguir una tradición. Una iglesia puede decidir tomar todas las decisiones que la afecta durante una reunión de iglesia: desde poner alfombra en la guardería, contratar una secretaria, ordenar una caja de bombillas fluorescentes, hasta ayudar a alguien que está en necesidad. Pero dichas decisiones congregacionales muchas veces estarán mal informadas. ¿Pueden las iglesias funcionar de esta manera? Ciertamente pueden, aunque a un ritmo muy lento. Muchas veces este tipo de congregacionalismo ofende a varios grupos de la iglesia y paraliza el ministerio de la iglesia.

Dicho esto, uno tiene que pasar por alto varios pasajes del Nuevo Testamento para concluir que la congregación no tiene autoridad en lo que se refiere a asuntos de iglesia. En casos de disciplina, el cuerpo de la iglesia es el árbitro final (Mt. 18:15-20). Y, aunque los ancianos pueden estar involucrados en el trabajo a través de muchos de los detalles, la iglesia es quien decide si aparta a un miembro que ha rechazado los estándares bíblicos de la vida o la doctrina cristiana. En 1 Corintios 5, Pablo instruye a la iglesia de Corinto a que deje de tolerar a un miembro que tiene un comportamiento inmoral para disciplinarlo. La iglesia parece haber pasado a la acción (aunque tal vez con demasiada severidad), por lo menos si este es el hecho al que Pablo se refiere en 2 Corintios 2:5-11. En otro ejemplo de autoridad congregacional, la iglesia seleccionó hombres capacitados para ayudar a los apóstoles con la distribución de alimentos (Hch. 6:1-6). Además, parece también que Pedro informó a los apóstoles *y* a la iglesia sobre su misión de compartir el evangelio a los gentiles para que todo el grupo se alegrara (Hch. 11:1-18). La iglesia de Jerusalén envió a Bernabé a investigar la expansión del evangelio en Antioquía, mostrando algo del involucramiento de la iglesia en la obra misionera (Hch. 11:22; 13:1-3, que tiene implicaciones similares). Y, aunque los asuntos del Concilio de Jerusalén fueron dirigidos primeramente a «los apóstoles y los ancianos» (Hch. 15:6), toda la iglesia se involucró en la decisión final que llamaba mensajeros a enviar cartas de aceptación e instrucción a los creyentes gentiles (Hch. 15:22).

A partir de estos ejemplos, podemos concluir que la iglesia del Nuevo Testamento no era una entidad pasiva, que observaba a los apóstoles y ancianos desde su posición marginada. Los miembros ejercían autoridad a través del involucramiento en la toma de decisiones que afectaban el futuro de la iglesia.

Habiendo notado esto, no hay duda de que había un grupo de hombres dirigiendo la iglesia. Por ejemplo, los apóstoles hicieron un llamado a la acción congregacional (Hch. 6:2); los apóstoles y ancianos «se reunieron… para conocer de este asunto» de gentiles convertidos no circuncidados (Hch. 15:6), Pablo instruyó a los ancianos de Éfeso a ejercer supervisión espiritual sobre esa iglesia (Hch. 20:17-35) y así sucesivamente. El congregacionalismo no funciona bien sin un liderazgo efectivo, y para que esto sea así debe haber cierto nivel de autoridad.

Debido a que Pedro llamó a los ancianos a pastorear el rebaño de Dios, pero no a enseñorearse de su autoridad sobre ellos, es obvio que la autoridad estaba involucrada (1 P. 5:2-3). Los pastores generalmente no ofrecen sugerencias a las ovejas. Los miembros de la iglesia son llamados a obedecer a sus líderes y someterse a ellos por su labor de cuidado espiritual (He. 13:17). Pablo exhorta a la iglesia de Tesalónica a «que reconozcáis a los que trabajan entre vosotros, y os presiden en el Señor, y os amonestan» (1 Ts. 5:12). «Los que presiden» implica claramente autoridad para dirigir la iglesia. La iglesia devuelve su afecto y estima para que los líderes «no sean considerados simplemente como una voz fría de autoridad».[1] La iglesia necesita líderes con autoridad para dirigir la

---

1. Leon Morris, *The First and Second Epistles to the Thessalonians*, ed. rev., NICNT (Grand Rapids: Eerdmans, 1991), 167.

iglesia, exhortar donde sea necesario, corregir y restaurar a aquellos que se han apartado y ser ejemplo del liderazgo de siervo de Cristo en el rebaño.

Ya que la autoridad es delegada a los líderes espirituales de la iglesia, el liderazgo plural demuestra la sabiduría del Señor. «Una pluralidad de ancianos es necesaria por la tendencia a jugar a actuar como Dios de aquellos que están en autoridad».[2] El pastor que declara ser responsable solo ante Dios se encuentra en un «terreno peligroso»,[3] y da lugar a cometer errores decisivos en el juicio que pueden afectar su ministerio y el de la iglesia. Dicho pastor se resiste al liderazgo plural de ancianos porque no quiere rendir cuentas a nadie. Cualquier pastor que no rinde cuentas regularmente de su tiempo, acciones y estilo de vida puede fácilmente ser engañado por su propio corazón pecaminoso. Ciertamente, él es responsable de sus acciones ante la iglesia, pero esa responsabilidad muchas veces es muy confusa para hacer algún bien. Como sabiamente me señaló el profesor de teología, John Hammett: «Ser responsable ante la iglesia significa no ser responsable ante nadie». En otras palabras, la responsabilidad ante «la iglesia» puede ser muy amplia. Puede carecer de la interacción sistemática que es necesaria para mantener en buen camino a los que están en autoridad. Por tanto, la pluralidad de ancianos mantiene a cada hombre, incluyendo al pastor principal, responsable uno a otro. El análisis del desarrollo espiritual de cada hombre durante las reuniones o retiros de ancianos ofrece una atmósfera en la que aquellos que están en autoridad examinan las formas en que son tentados a utilizar mal la autoridad. La rendición de cuentas de este tipo ayuda a promover el uso sabio de la autoridad.

EL PASTOR PRINCIPAL, LOS ANCIANOS Y LA AUTORIDAD

Agradezco tener hombres a mi alrededor que no dudarán exhortarme, averiguar mis prioridades y agenda, o recomendar que tome tiempo para un descanso. Si pienso que estoy fallando en el uso de la autoridad que me fue delegada como pastor principal, o lucho con la manera como he manejado una situación en la iglesia, busco consejo de mis compañeros ancianos que me ayudan a ver diferentes puntos de vista sobre un asunto.[4] Por tanto, a pesar de que tengo una

---

2. Ray Steadman, citado por Jim Henry, «Pastoral Reflections on Baptist Polity in the Local Church», conferencia impartida durante la «Issues in Baptist Polity Conference», New Orleans Baptist Theological Seminary, 5 de febrero de 2004.

3. Cita de Paige Patterson como respuesta a la pregunta del autor sobre cómo una autoridad pastoral única carece de responsabilidad, «Panel Discussion: Issues in Baptist Polity», New Orleans Baptist Theological Seminary, 6 de febrero de 2004.

4. Merkle, *40 Questions*, 57, está en desacuerdo con el uso de «pastor principal» como título, ya que no se encuentra en la Escritura y puede ofrecer la idea de un tercer oficio de iglesia. Y aunque estoy

autoridad amplia en la iglesia como el anciano que tiene la posición de pastor principal, comparto felizmente esa autoridad para que mi propia debilidad no me lleve al abuso o descuido de esta autoridad.

Algunas veces los pastores me preguntan cómo es posible funcionar como pastor principal con ancianos que comparten la autoridad y responsabilidad pastoral. Como he vivido las dos formas, estoy convencido de que la autoridad y responsabilidad compartidas en el liderazgo plural de ancianos funciona mucho mejor para la iglesia al igual que para mí. Debido a que cada asunto de la vida de la iglesia ya no depende solamente de mí, puedo concentrarme en áreas donde he tenido más que ofrecerle a la iglesia mientras mis compañeros ancianos hacen lo mismo. Cuando tengo que tomar decisiones difíciles que afectan a los demás en la iglesia, no me enfrento solo a ellas, porque tengo hombres piadosos que oran por mí y me aconsejan a través de las decisiones. Los tiempos de decisiones son tiempos de peligro para los hombres que sirven en una posición pastoral con autoridad única. Algunos asuntos no pueden ser planteados abiertamente a la congregación para discusión: por ejemplo, asuntos de inicio de disciplina, problemas con maestros de escuela dominical o reestructuración de ministerios. Sin embargo, como los ancianos se reúnen en privado pueden discutir cada asunto abiertamente, buscar respuestas en la Escritura y clamar a Dios juntos en oración. Y así, un pastor principal puede ofrecer a su iglesia un liderazgo más confiable, sabiendo que las decisiones fueron tomadas a través del consejo de hombres sabios.

He sido llamado a predicar y me gusta hacerlo. Debido a mi llamado tengo más oportunidades para dirigir a la congregación y por ende una plataforma única, desde la cual ejerzo la autoridad sobre la iglesia. Y, aunque muchas veces mi autoridad es más notoria por mi posición, no está por encima de los demás ancianos. No todos los ancianos tienen este llamado de predicar a tiempo completo, aunque algunos de nosotros compartimos la autoridad de dirigir y supervisar la iglesia. Algunos lo hacen más entre bastidores, mientras otros, al igual que el pastor principal, presentan de una manera más visible la autoridad establecida en los ancianos. Mark Dever expresó esto claramente en un mensaje predicado en la conferencia celebrada en Nueva Orleans titulada *Issues in Baptist Polity* (Temas del gobierno bautista) en 2004.[5]

---

de acuerdo con esta opinión y apoyo la visión de dos oficios en la iglesia, el uso del nombramiento del pastor principal permanece siendo útil en muchos escenarios culturales. El hecho de que estos títulos son equivalentes demuestra que los escritores bíblicos no estaban enfocados en una designación para la función de anciano.

5. Para más información sobre los documentos de la conferencia ver «*Issues in Baptist Polity*», 2.ª parte; http://www.baptistcenter.com/Journal-for-Baptist-Theology-and-Ministry.html; primavera de 2005.

El anciano al que regularmente nos referimos como «el» pastor, la persona que es como yo, es en estos días quien generalmente es apartado para ocupar el púlpito el domingo. Él es quien casa y entierra. Él muchas veces será remunerado, ya sea parcial o totalmente. Si la iglesia es grande, puede que él sea quien contrate y despida, y quien establezca la dirección para la iglesia como cuerpo. En nuestra congregación de Washington, soy reconocido como anciano en virtud de mi llamado como pastor principal de la iglesia. Cualquier persona que es contratada para trabajar en el ministerio será llamada asistente o pastor. El título de pastor es reservado para aquellos a quienes la congregación reconoce como anciano.

Entre estos ancianos solo tengo un voto por la responsabilidad de liderazgo que tengo como maestro público principal, y no hay duda de que hay un nivel de autoridad especial que está unido a mi voz en las reuniones de ancianos, pero los demás hermanos probablemente tienen ahora una buena apreciación de lo que más me preocupa y lo que es más útil y donde aporto menos. En un liderazgo de ancianos, aunque la autoridad formal entre los miembros es la misma, siempre habrá aquellos que tienen un respeto especial por un área específica.[6]

Por tanto, ¿cuál es la función del pastor principal en un liderazgo plural de ancianos? Primero, muchas veces está dedicado a tiempo completo al ministerio. Si es así, él pasa la mayor parte del tiempo estudiando, orando, preparándose, proclamando y enseñando. En ocasiones buscará capacitación teológica formal que lo equipará para las responsabilidades de la posición de pastor principal.

Segundo, es necesario como líder entre los ancianos porque dedica todas sus labores y energías al ministerio. De manera muy práctica, él se encuentra en la mejor posición para dirigir, iniciar la política, crear cambios, dirigir ministerios y prestar atención a las necesidades del cuerpo de la iglesia. Él vive cada día para este propósito, mientras que los demás ancianos pueden tener otras vocaciones como las ventas, la medicina o la arquitectura, como sucede en mi iglesia. Los compañeros ancianos del pastor principal lo apoyan porque reconocen la prioridad de predicar para el ministerio del Nuevo Testamento (1 Co. 1–3). Ellos también buscan afinar y perfeccionar las habilidades y comprensión de la Palabra del pastor principal a través de una interacción continua.

Tercero, el llamado a predicar no es equivalente al oficio de anciano. Una iglesia puede tener predicadores que no son ancianos y ancianos que no son

---

6. Mark Dever «*Baptist Elders: Contradictory, or Consistent?*», http://www.9marks.org/partner/Article_Display_Page/0,,PTID314526|CHID598016|CIID1, 15.

predicadores, ya que el llamado a predicar o la habilidad para ocupar el púlpito no es requerida en los ancianos. «No existe ningún indicio de que todos los predicadores deben ser presbíteros (ancianos) o de que todos los presbíteros deben ser predicadores».[7] En cambio, la necesidad de alimentar el rebaño de Dios consistente y cuidadosamente no debe ser socavada por delegar de manera rutinaria las responsabilidades del púlpito.

Finalmente, aunque el pastor principal tiene la mayor plataforma para dirigirse a la iglesia, lo hace con el conocimiento de que sus compañeros ancianos están con él en la labor del ministerio. Un pastor malicioso que busca hablar ex cátedra como si solo él conociera la voluntad de Dios para la iglesia, encontrará que el liderazgo plural de ancianos es restringido. Aunque los ancianos deben motivar y encomendar apropiadamente al pastor principal en sus labores, deben también recordarle amablemente su propia falibilidad para que no piense de sí mismo más de lo que debe (Fil. 2:2-3; Ro. 12:3-5).

¿DOS OFICIOS O TRES?

Una de las objeciones más fuertes a esta visión del liderazgo plural de ancianos viene de aquellos que insisten en que los ancianos que no predican constituyen un tercer oficio en la iglesia en lugar de los oficios compartidos de pastor/anciano/supervisor y diácono. Obviamente, a través de los siglos algunos han creado tres oficios, dividiendo artificialmente el oficio de anciano en «ancianos docentes» y «ancianos gobernantes». Pero Gerald Cowen establece que: «No existe tal cosa en el Nuevo Testamento como un anciano que solo gobierne y no enseñe».[8] Sin embargo, Cowen describe exageradamente el liderazgo plural de ancianos como un tercer oficio en la iglesia y en consecuencia no escritural. Él va tan lejos como identificar al «pastor-anciano-obispo» solo como el pastor predicador escribiendo que: «No se hacen concesiones para los diferentes tipos de ancianos con diferentes requisitos. No hay un tipo que sea llamado por Dios a pastorear y enseñar y otro no».[9] En otras palabras, si un hombre no es llamado a servir como pastor predicador de una iglesia no tiene sentido que sea anciano. Curiosamente, Cowen admite que «es verdad que dondequiera que el término *anciano* u *obispo* es utilizado en el Nuevo Testamento lo hace en plural, lo cual podría significar que la práctica general de las iglesias de los tiempos del Nuevo Testamento era tener por lo menos

---

7. Donald MacLeod, «*Presbyter and Preachers*», registro mensual de la Free Church de Escocia, junio de 1983, 124.

8. Gerald Cowen, *Who Rules the Church?: Examining Congregational Leadership and Church Government* (Nashville: Broadman & Holman, 2003), 39.

9. Ibíd., 82.

dos ancianos.[10] Sin embargo, debido a que el Nuevo Testamento no establece una cantidad exacta de «pastores-ancianos que una iglesia deba tener», Cowen evita el liderazgo plural de ancianos a favor de un líder llamado «el pastor»,[11] aparentemente ignorando su propia exégesis de los textos bíblicos.

Muchos de los que tienen las objeciones más fuertes al liderazgo plural de ancianos reconocerán que una iglesia puede tener múltiples pastores. En realidad, puede que admitan un pastor de educación, un pastor de alabanza, un pastor de estudiantes, un pastor de niños, un pastor administrativo, un pastor de misiones, un pastor de evangelismo y hasta un pastor de entretenimiento. Ciertamente, no todos estos pastores desean estar en el púlpito o están dotados para predicar, pero son llamados pastores o pastores asociados por la iglesia. Ellos no encajan en el modelo de pastor que predica, pero aun así son llamados «pastores», en plural. Ellos se involucran cada vez que la iglesia necesita un consejo de evaluación para apartar hombres para el ministerio o el diaconado. Ellos esperan cumplir los requisitos especificados en 1 Timoteo 3 y Tito 1 para los supervisores y ancianos, pero tienen diferentes dones, ministerios y fortalezas que contribuyen al ministerio general de la iglesia.

¿No puede ser aplicada esa misma lógica al liderazgo plural de ancianos que son parte del personal y para los que *no lo son*? Y aunque puede que un anciano no tenga el llamado o los dones para predicar, puede que se encuentre especialmente dotado para dirigir, organizar o administrar además de enseñar. Él contribuye con la iglesia de una manera diferente que el pastor principal ofreciendo fortalezas que el pastor principal puede que no tenga. Ya que no existe ningún requisito del Nuevo Testamento que diga que un anciano debe predicar, entonces tenemos que concluir que, si un hombre tiene los demás requisitos de carácter y es capaz de enseñar, entonces puede muy bien ser un buen candidato para compartir el liderazgo de la iglesia.

LOS MIEMBROS DEL PERSONAL DE LA IGLESIA COMO ANCIANOS

Algunas iglesias solo tienen deliberadamente al personal a tiempo completo como ancianos, y todos los miembros de su personal son ancianos. De esta manera, la iglesia puede funcionar con una pluralidad de ancianos. Sin embargo, excluir miembros que no son parte del personal del liderazgo de ancianos debilita el grupo de liderazgo, los despoja de algunos de los siervos cristianos más capacitados de la iglesia y también coloca al liderazgo en el personal remunerado. No

---

10. Ibíd., 14.
11. Ibíd., 14-16.

obstante, cuando los ancianos que son parte del personal se van a otros ministerios o son separados de sus posiciones, sus salidas pueden debilitar y desestabilizar el liderazgo de ancianos. Por otro lado, la inclusión de ancianos que no son parte del personal ofrece una mayor continuidad para el liderazgo de la iglesia, ya que esta unión también ayuda a los ancianos a evaluar cada tema desde diferentes ángulos.

Sin embargo, aquí hay un segundo asunto: ¿debería cada miembro del personal servir automáticamente como anciano? No necesariamente. Por un lado, el personal administrativo generalmente funciona como diáconos remunerados, deben ser piadosos y tener dones en su ministerio, pero los requisitos para su trabajo no necesariamente coinciden con los requisitos para el liderazgo de ancianos. Además, algunos miembros del personal pastoral, como los pastores asistentes o líderes de jóvenes, pueden encontrarse en camino a ser ancianos, pero aún no están completamente calificados. Puede que sean muy jóvenes para ofrecer el consejo sabio necesario o aún no hayan sido probados a través de tiempos difíciles de prueba, y por eso carecen de conocimientos de experiencia de vida que son muy valiosos en un anciano.

Durante mis días en la universidad serví como miembro del personal de dos iglesias. A los diecinueve y veinte años, estando en el personal, definitivamente no estaba lo suficientemente maduro para ejercer la autoridad del liderazgo de ancianos. Sin embargo, sí tuve la habilidad para servir como miembro del personal contribuyendo con toda la obra del ministerio. No obstante, en todas las decisiones relacionadas con la doctrina y disciplina, eran necesarios hombres que tuvieran una trayectoria mayor para aplicar la Palabra de Dios a sus vidas para dirigir las iglesias.

Parece que es mejor tener un equilibrio entre ancianos que son parte del personal y otros que no lo son, si es posible. De esta manera, el personal no es acusado de «discriminación» en las votaciones importantes, especialmente en los asuntos financieros que afectan al personal directamente. Si es aprobado por el resto de los ancianos, puede ser de beneficio para los miembros del personal participar de las reuniones de ancianos para contribuir cuando sea necesario y aprender de la interacción con los ancianos. Sin embargo, no es necesario que un miembro del personal tenga el título de *anciano* para cada función, y no debe suceder. Si ser anciano se convierte en lo más «importante» para un miembro del personal, puede que no se encuentre preparado para manejar las responsabilidades maduras del liderazgo de ancianos.

ANCIANOS Y DIÁCONOS

Los ancianos no pueden hacer todo lo que requiere la iglesia. Los diáconos sirven en asociación con los ancianos como el segundo de dos oficios de la iglesia, atendiendo a las necesidades materiales. Cada iglesia debe resolver sus propios detalles sobre cómo funcionan los ancianos y los diáconos, pero por lo menos, estos dos oficios deben buscar complementarse uno al otro en lugar de competir. Puede que sus deberes a veces coincidan, pero en esos momentos deben comunicarse bien uno con el otro reconociendo que su servicio juntos cumple con las necesidades de liderazgo de la iglesia.

Un cuerpo de diáconos fuerte establece el fundamento para ancianos efectivos, permitiendo que los ancianos se enfoquen en sus responsabilidades específicas mientras se concentran en tareas necesarias, pero muchas veces mundanas. Hemos encontrado que otorgar a cada diácono una tarea o área de tareas ayuda a facilitar el trabajo con una mayor eficiencia y, en lugar de enfocarse en reuniones y decisiones, los diáconos supervisan un área de la vida de la iglesia como seguridad, finanzas o edificios.

Si una iglesia escoge tener comités, entonces los ancianos y los diáconos pueden tener parte en los comités de la iglesia, tal vez hasta teniendo un anciano o diácono asignado a cada comité. Nuestros ancianos nombran todos los miembros del comité y deciden cuales comités son necesarios cada año para servir a la iglesia adecuadamente. Con algunas excepciones, cada comité tiene por lo menos un anciano o diácono y, debido a que estos individuos son más conscientes de la dirección de la iglesia, pueden ayudar a los comités a permanecer enfocados en cómo utilizar mejor los dones de la iglesia manteniendo la continuidad de todo en la obra general de la iglesia.

REUNIONES DE ANCIANOS

Nuestros ancianos se reúnen mensualmente, pero también mantienen un contacto regular unos con otros a través del correo electrónico y conversaciones telefónicas. Servimos juntos, pero también somos amigos que oramos y rendimos cuentas unos a otros de nuestro caminar cristiano. Las reuniones son planificadas de tal manera que podamos utilizar mejor nuestro tiempo juntos y considerar las áreas más necesarias de las necesidades de la iglesia. Una agenda típica de una de nuestras reuniones de ancianos puede ser como sigue:

- Lectura de la Escritura y oración.
- Revisar contacto con los miembros, identificar necesidades o contactos adicionales necesarios.
- Estudiar y presentar investigación sobre un tema doctrinal.
- Debatir sobre un posible asunto de disciplina en la iglesia.
- Trabajar en la selección de comités.

- Tratar la sustitución de maestros para las próximas clases de la Biblia.
- Planificar un grupo pequeño y estudio de escuela dominical.
- Analizar oportunidades potenciales de plantación de iglesias.
- Estudiar las necesidades de un próximo viaje misionero y cómo involucrar mejor a la congregación.
- Hablar sobre las pasantías pastorales en curso y revisar una aplicación para nuestra pasantía.
- Explorar ideas sobre el alcance evangelístico para el verano y el otoño.

Algunas veces no completamos la agenda, en cuyos casos podemos reunirnos un tiempo adicional o llevar a cabo una discusión por correo electrónico. Cuando seleccionamos nuevos ancianos añadimos formación a la agenda para introducir a los nuevos ancianos a su ministerio. Hemos encontrado que un período de dos o tres horas no es siempre suficiente para orar, discutir las necesidades de la familia de la iglesia, lidiar con asuntos de disciplina y hacer planes para la iglesia. Así que podemos planificar un retiro para concentrar el tiempo en asuntos urgentes o la planificación amplia de asuntos de la iglesia. En nuestro tiempo juntos hemos aprendido a valorar la actitud receptiva, la sinceridad, la amabilidad y la humildad.

LOS ANCIANOS Y LAS REUNIONES CONGREGACIONALES

En la vida de la iglesia bautista, las reuniones de iglesia muchas veces traen derramamiento de sangre. Raras veces me he reunido con un pastor bautista o miembro de la iglesia de mucho tiempo que no haya tenido historias de guerra que contar de las reuniones de miembros. Pero este no debe ser el caso cuando una congregación *habitada por el Espíritu,* disciplinada y regenerada de una iglesia local se reúne a discutir temas de la congregación.

Además, los ancianos deben manejar gran parte de los negocios que de otra manera serían discutidos por la congregación, mayormente desinformada. Si una iglesia confía en sus ancianos como hombres de Dios que sirven para el bien de la iglesia, la mayoría de los asuntos que tienen que ver con la iglesia local no necesitan ser discutidos en las reuniones de miembros. Ciertamente, los miembros deben ser consultados sobre asuntos mayores como el llamado de un pastor asociado, la compra de una propiedad, la construcción de una facilidad nueva o el cambio de la estructura de la iglesia. Pero los ancianos y los diáconos trabajan juntos para abordar los negocios regulares de la vida de la iglesia, los ancianos se concentran en lo espiritual y los diáconos en lo material, para que el cuerpo de la iglesia pueda concentrarse en la obra del ministerio.

Cada iglesia necesitará desarrollar un calendario adecuado para las reuniones congregacionales. Sin importar la frecuencia de las reuniones, es necesario algún tipo de comunicación mensual de ancianos y diáconos para mantener la congregación actualizada sobre los últimos cambios, decisiones y necesidades. Esto puede ayudar a fortalecer la armonía de la iglesia. Algunas iglesias han encontrado que las reuniones cada dos meses, trimestrales o dos veces al año funcionan bien. Otros optan por una reunión congregacional anual que considere el presupuesto y las recomendaciones de la iglesia para el siguiente año. Si la congregación ha estado acostumbrada a las reuniones de iglesia que pasan a través de detalles interminables, entonces un pastor sería sabio en disminuir lentamente este tipo de tradición en lugar de terminarla bruscamente.

Por supuesto, hay momentos en que la congregación debe ser llamada a la acción corporativa. Aceptar nuevos miembros y excluir de la congregación a aquellos que se han mudado o solicitado transferencia de congregación implica reuniones congregacionales breves. Al considerar los asuntos disciplinarios, mi iglesia ha seguido la práctica de abordarlos durante las reuniones mensuales de la Cena del Señor. Ese momento parece apropiado considerando la santidad del servicio al ser una ordenanza de la *iglesia,* que reconoce la persona y obra de Cristo y el efecto de su obra en todo el cuerpo de la iglesia. Uno de los privilegios de la congregación en la iglesia es la admisión a la mesa del Señor y por eso es conveniente que la iglesia excluya a alguien de la mesa juntamente con la celebración de la mesa.

TÉRMINOS DE SERVICIO Y EXCLUSIÓN

El marco del gobierno de la iglesia resumido en el Nuevo Testamento no ofrece todos los detalles, sino que deja algunas cosas a la sabiduría de las iglesias locales. Por ejemplo, aunque el Nuevo Testamento afirma el liderazgo plural de ancianos, no establece un número específico de ancianos para cada iglesia, o el tiempo que cada anciano debe servir. Por ejemplo, no sería aconsejable establecer un sistema rotativo de ancianos a menos que el tamaño y la madurez de la iglesia aseguren una cantidad adecuada de ancianos para mantener la pluralidad. La rotación tiene sus ventajas en que más de un hombre estaría disponible para servir a la iglesia, el cuerpo de ancianos mantendría una mayor diversidad y «nuevas personas» serían provistas para el trabajo demandante de los ancianos. Pero la rotación asume que cada año habrá hombres maduros y calificados que estarán preparados para unirse al cuerpo de ancianos.

Una desventaja de la rotación es que los líderes sabios y maduros que entienden las necesidades de la iglesia salen del servicio activo. Eso puede ser una gran pérdida para la iglesia. Además, la rotación establece una cuota que cumplir aun cuando la iglesia carezca de hombres calificados para servir. Llenar los espacios con hombres no calificados ciertamente debilitará la efectividad de todo el cuerpo de ancianos.

Tal vez una mejor manera de abordar la duración del período, especialmente en iglesias que han estado previamente acostumbradas a un cuerpo rotativo de diáconos, es comenzar con los ancianos sirviendo por un tiempo no especificado con la salvedad de que se hará una revisión de la rotación y permanencia después de tres o cinco años de comenzar el liderazgo plural de ancianos. La permanencia de los ancianos puede ser revisada como parte de una reevaluación de los documentos del gobierno de la iglesia (constitución, estatutos, manual del gobierno de iglesia, etc.).

El único pasaje del Nuevo Testamento que aborda la destitución de los ancianos se relaciona con la disciplina: «Contra un anciano no admitas acusación sino con dos o tres testigos» (1 Ti. 5:19). Debido a que los ancianos están abiertos al escrutinio congregacional, y a veces a las acusaciones sin fundamento, Pablo adopta la práctica del Antiguo Testamento de requerir dos o tres testigos para sustentar una acusación de una ofensa seria (Dt. 19:15). Juan Calvino escribió: «Nadie está más expuesto a las calumnias e insultos que los maestros piadosos. Ellos pueden cumplir sus deberes de forma correcta y concienzuda, pero nunca evitar miles de críticas».[12] Pablo no especifica el tipo de pecado que cae en esta categoría, pero puede asumirse que es lo suficientemente serio como para cuestionar la capacidad del anciano para continuar sirviendo en la iglesia. Además, Pablo dice: «A los que persisten en pecar, repréndelos delante de todos, para que los demás también teman» (1 Ti. 5:20). Si un anciano acusado continúa en pecado, la iglesia debe actuar para reestablecer el testimonio de los ancianos y la iglesia. Debido a que una de las responsabilidades principales de los ancianos es ser ejemplo de la vida cristiana, quebrantar esta confianza por el pecado continuo requiere de una represión pública del anciano ante la congregación. El término «represión» implica que los cargos de pecado han sido claramente justificados y que el anciano ha sido encontrado culpable. Y, aunque el texto no ofrece detalles, hay pocas dudas sobre si el anciano convicto es apartado del oficio de la misma manera que el miembro de la iglesia sería censurado y removido de la congregación activa. No tendría sentido para él continuar sirviendo después de esa represión pública de su pecado. Como dijo el presidente de

---

12. Juan Calvino, *The Epistles of Paul to Timothy and Titus* (1548-50 reimpresión, Londres: Oliver and Boyd, 1964), 263, citado y ampliado en el libro de John Stott, *Guard the Truth: The Message of 1 Timothy and Titus* (Downers Grove, IL: InterVarsity, 1966), 138.

seminario, Albert Mohler: «Está claro que el liderazgo conlleva una carga mayor y los pecados de un anciano hacen un daño mayor a la iglesia. La reprensión pública es necesaria porque el anciano peca contra toda la congregación».[13]

ANCIANOS: AHORA, MÁS TARDE O NUNCA

Ahora que hemos investigado la enseñanza bíblica sobre el liderazgo plural de ancianos y ofrecimos recomendaciones para establecer el liderazgo de ancianos en las iglesias, el obstáculo final es determinar la respuesta apropiada. Algunos que estudian el tema de los ancianos declaran que ellos *nunca* lo considerarán para el gobierno de su iglesia. Algunas tradiciones están arraigadas profundamente y algunas interpretaciones del Nuevo Testamento sobre gobierno de la iglesia difieren de lo que se ha presentado aquí. En dichos casos, considera la siguiente exhortación: independientemente de la estructura de liderazgo que abraces, determina por todos los medios aumentar los estándares de los líderes para que coincidan con los requerimientos bíblicos. El fracaso en cumplir esos requisitos es la mayor deficiencia del liderazgo de la iglesia. La falta de hombres piadosos (hombres que se encuentren saturados de la Escritura, sean sabios en la aplicación de la Palabra de Dios a la vida diaria y sean fieles a las disciplinas espirituales) deja cualquier estructura de liderazgo deficiente. Por tanto, si el liderazgo plural de ancianos no coincide con tu visión de gobierno de la iglesia, por lo menos presta mayor atención a aumentar los estándares de tu iglesia para que se parezcan a las demandas bíblicas sobre los líderes espirituales.

Tal vez, mientras leías este libro, has determinado comenzar a cambiar hacia el liderazgo plural de ancianos en tu propia iglesia y estás listo para hacerlo *¡ahora!* No vayas muy rápido, por favor. Recuerda establecer el fundamento. Los cambios radicales en el gobierno de la iglesia pueden no ser bien recibidos, así que actúa con juicio. El Capítulo 17 ofrece un modelo para llevar a cabo el cambio del pensamiento congregacional e implementar la transición hacia el liderazgo de ancianos. Estúdialo cuidadosamente, adáptalo a tu propio contexto y, por la gracia de Dios, avanza.

Puede que algunos de ustedes encuentren que el liderazgo plural de ancianos es atractivo, pero llevas poco tiempo en tu iglesia y no quieres que termine rápidamente. Por tanto, estás considerando la idea de hacer un cambio en la estructura de tu iglesia *más adelante*. Si ese eres tú, comienza *ahora*. Enfócate en la enseñanza fiel de la Escritura para tu iglesia, porque desarrollar una

---

13. R. Albert Mohler, «*Church Discipline: The Missing Mark*», en *Polity: Biblical Arguments on How to Conduct Church Life*, Mark Dever, ed. (Washington, D. C.: Center for Church Reform, 2001), 53.

congregación que estudie y aplique la Palabra a la vida diaria es más importante que el gobierno de la iglesia. Establece tu enfoque, por la gracia de Dios, solo en desarrollar dicha iglesia. El cambio en el gobierno de la iglesia se hará a su debido tiempo, porque una congregación que ama la Palabra de Dios y desea seguir todo lo que Dios ha hablado estará abierta al liderazgo plural de ancianos. Continúa desafiando a tu iglesia a estudiar la Escritura detenidamente, a hacer preguntas de los textos bíblicos y pensar bíblicamente.

Cambiar el gobierno de la iglesia para que sea conforme a la enseñanza del Nuevo Testamento puede ser una jornada fascinante. Hay momentos en que serás como Daniel Boone mientras cortas el camino a través de la maleza que ha cubierto los caminos claros de la revelación de Dios. En otras ocasiones puede que te sientas como si estuvieras en un globo de aire caliente elevándote a grandes alturas en la comprensión de la Escritura de la iglesia, solo para de repente hundirte mientras luchas por los cambios demandados por la Palabra. Permanece en la jornada sabiendo que el Señor de la iglesia un día te llamará para que reportes lo fiel que cumpliste tus deberes con su rebaño. Y, tal vez, a través de la jornada conocerás el gozo de dirigir a tu iglesia a abrazar el liderazgo plural de ancianos. Entonces, comenzará una nueva etapa del viaje.

REFLEXIONES

- Piensa sobre el tema de la autoridad en la iglesia. ¿Cómo calificarías la autoridad en la congregación y la autoridad de los ancianos? ¿En qué maneras difiere esta autoridad?
- ¿Cómo funciona el pastor principal con los ancianos que comparten la misma autoridad?
- ¿Cómo cooperan los ancianos y los diáconos con el servicio para el bien de la iglesia?
- ¿Cuál es tu respuesta a este estudio sobre el liderazgo plural de ancianos? ¿De qué maneras esto desafía tus pensamientos anteriores sobre el gobierno de la iglesia?

CAPÍTULO VEINTE

Lo que sentirás

En la película del año 2011, *La dama de hierro*, Margaret Thatcher, interpretada por Meryl Streep, responde a la pregunta de su médico acerca de cómo se siente: «¿Qué? ¿Estoy "obligada a sentir"? Las personas ya no piensan, sienten… Uno de los grandes problemas de nuestra era es que somos gobernados por personas que se preocupan más por los sentimientos que por lo que hacen con sus pensamientos e ideas. Lo que me interesa son los pensamientos y las ideas. Pregúnteme lo que estoy pensando».

En este libro se ha tratado de pensar. Pensar en lo que dice la Biblia sobre el gobierno de la iglesia. Pensar sobre el gobierno de la iglesia de tu denominación o de tu iglesia. Pensar sobre cómo llevar a cabo mejor la reforma. Pensar y conocer son prioritarios. El personaje de Thatcher tiene razón.

SENTIRÁS…

Sin embargo, sería negligente no decir nada sobre los sentimientos. Un anciano no se limita a pensar en su camino a través de su llamado y tareas, sino que siente. Y la variedad de emociones puede ser sorprendente. Recibe consuelo y coraje de la lista que sigue.

Orgullo

Ser llamado a servir como anciano entre un cuerpo respetable de ancianos puede inicialmente hacerte sentir orgulloso. «¡Finalmente lo logré!». Sospecho que esto desaparecerá poco tiempo después de que comience la labor. Sin embargo, los ancianos enfrentarán una tentación continua hacia el orgullo, no solo de la misma manera que lo hacen todos los cristianos, sino de una manera que se intensifica por su oficio. Pablo tenía esto en mente cuando escribió que un anciano debía ser «no un neófito, no sea que envaneciéndose caiga en la condenación del diablo» (1 Ti. 3:6).

Entusiasmado

Sentarse «a la puerta» con hombres piadosos que conocen su teología y tienen una sabiduría pastoral aparentemente interminable es revelador y estimulante. Y, aunque esto es emocionante, probablemente sea bueno que cuando te conviertas en anciano guardes silencio y simplemente escuches durante los primeros meses. Recibe todo y aprende.

Sorprendido

Con un simple voto de la congregación ahora eres un anciano y comienzas a asistir a las reuniones de ancianos. Pero ahora, y por primera vez, te encuentras escuchando sobre miembros de la congregación que no tenías ni idea que luchaban con ese pecado tan enorme. Cuando no eras anciano pensabas que tu iglesia era una comunidad santa, y como anciano descubriste niveles de pecado que harían que tu abuela se ruborizara. Cuando seas sorprendido por el pecado, canaliza esa preocupación en la oración por las ovejas.

Perplejo

La complejidad del pecado de las personas puede ser desconcertante. Y, aunque la Escritura es suficiente para capacitarnos a vivir de una manera que agrade a Dios, comprender cómo aplicarla a situaciones especialmente complicadas puede estar lejos de ser fácil.

Un ejemplo: un esposo comete adulterio. Él se arrepiente y su esposa decide aceptarlo. ¿Alguno de los dos debería ser disciplinado? ¿Pueden divorciarse y permanecer ambos como miembros de la congregación con una buena posición? ¿Qué función juega la iglesia? ¿Hasta dónde deben los ancianos presionar para una reconciliación?

Aquí es donde la pluralidad de ancianos es crucial. Una y otra vez descubrirás que la sabiduría llega mientras trabajan juntos para resolver los puntos de fricción.

Dividido

Estar enojado con los ancianos o con cualquier anciano se parece mucho como estar enojado con la esposa. Después de todo, los ancianos deben estar unidos, ¿no es así? Deben ser ejemplo de sumisión y dirigir con una sola voz, ¿no es así? Sin embargo, hay momentos en que habrá desacuerdos teológicos o hasta problemas de compatibilidad personal entre los hombres, así que haz todo lo posible por hacer las paces.

Despreciado

De la misma forma que tus hijos no tienen idea de los sacrificios que haces por ellos, las ovejas que te han encargado proteger, instruir, amar y disciplinar, sin duda te dejarán sintiéndote despreciado. Lee una y otra vez 1 Corintios 13 y considera qué significa amar a las ovejas. Considera las cargas que llevó el apóstol Pablo por las iglesias e imita su afecto por el pueblo de Dios.

Incomprendido

Incluso las palabras que son preparadas cuidadosamente pueden ser malinterpretadas. Un anciano tiene que saber que sus palabras bien intencionadas en ocasiones serán recibidas de manera equivocada. La paciencia, la tolerancia y una buena disposición a explicar las cosas una vez más ayudarán en el entendimiento y preservación de la unidad.

Juzgado

El sentimiento de ser juzgado vendrá a ti en oleadas cuando las personas enojadas abandonen tu iglesia por una posición teológica que tienes o por una decisión que tomaste sobre el gobierno de la iglesia. Trabaja para pensar lo mejor de los demás. Si se van, deséales el bien, ora por ellos y habla bien sobre ellos. Y recuerda que solo Dios es juez.

Con deseo de renunciar

En algún punto, ya sea debido a una discordia entre tus compañeros ancianos o por el cansancio de llevar muchas más cargas de las que debes, podrías sentir el deseo de renunciar. Antes de renunciar busca consejo de tus compañeros ancianos. No tomes una decisión apresurada. Hebreos 10:36 dice: «Porque os es necesaria la paciencia, para que habiendo hecho la voluntad de Dios, obtengáis la promesa». Conocer tu necesidad de resistencia mientras recibes el oficio de anciano, te ayudará a perseverar.

Desequilibrio

«¿Cómo encuentras un equilibrio entre el hogar, el trabajo y la iglesia?». Probablemente, esa sea la pregunta que más me hacen los compañeros ancianos de mi iglesia y otras iglesias. Pero piensa en varios personajes bíblicos y pregúntate si sus vidas parecían equilibradas. ¿Abraham? ¿Noé? ¿Moisés? ¿Jesús? ¿Pablo?

En resumen, pienso que podemos ser tentados a valorar el equilibro de la manera que valoramos la comodidad, demasiado. Las personas «equilibradas» probablemente no hacen viajes misioneros al extranjero ni permanecen despiertas toda la noche cuando un miembro enfermo está en el hospital. Las personas «equilibradas» no son generosas ni se levantan temprano a orar y discipulan a un hombre más joven. Si asumes la responsabilidad de ser anciano, tú y tu familia necesitan saber que la vida en ocasiones no estará en equilibrio. Habrá momentos en que estarás muy abrumado por las cosas de la iglesia. La clave está en asegurarse de que esto no sea la costumbre. Si tienes un día, semana o mes muy ocupado en la iglesia, asegúrate de que tu familia se encuentre informada y luego haz que las cosas vuelvan a la normalidad el día, la semana o el mes siguiente.

Básicamente, somos llamados a la fidelidad en el hogar, en el trabajo y en la iglesia, no al equilibrio.

Gozoso

Cuando te entregas a la obra del Señor en unidad con otros compañeros ancianos, es un deleite. Trabajar con hermanos en la oración y consejería, y ver al Señor cumplir el fruto deseado en el corazón de un pecador arrepentido es simplemente un gozo. ¿Qué mejor trabajo hay que calibrar el plan de estudios de tu iglesia, asegurarte de que la predicación sea consistente, construir una comunidad de amor y luego hacer que los no creyentes entren, huelan el aroma de Cristo y respondan con fe?

Satisfecho

Llevar una carga solo es insoportable. El descanso y el contentamiento pueden ser encontrados cuando compartimos esa carga con hermanos piadosos, mientras esperan junto a ti una resolución sobre cualquier cantidad de asuntos con los cuales los ancianos se encuentran luchando.

Unido

El Salmo 133:1 dice: «¡Mirad cuán bueno y cuán delicioso es habitar los hermanos juntos en armonía!». De la misma manera que un niño prospera cuando sus padres están de acuerdo, una iglesia prosperará cuando los hermanos ancianos están unidos por su bien. Es una sensación dulce estar unido a hombres piadosos por una causa piadosa.

Sabio

Si es honesto, cada anciano te dirá que su mentalidad puede cambiar varias veces durante una discusión. Escuchar hermano tras hermano expresar sus pensamientos y aplicar varias partes de la Escritura a un problema en particular hará esto. En este proceso se obtiene sabiduría. Y esa sabiduría se convertirá en una enseñanza del anciano tanto en la iglesia como en su hogar.

Amado y respetado

Una congregación que está siendo bien pastoreada corresponderá con amor y respeto. Puede que no se encuentre de acuerdo con todas las decisiones, pero diferirán de forma amorosa con los ancianos porque han sido beneficiados por la supervisión fiel de los ancianos una y otra vez.

Que tu labor marcó la diferencia

Me encanta la manera como Isaías describe el esfuerzo colaborador entre el hombre y Dios en Isaías 26:12, cuando escribe: «Jehová, tú nos darás paz, porque también hiciste en nosotros todas nuestras obras». Los ancianos, más que otras personas, deben reconocer la obra providencial y regeneradora de Dios a su alrededor sin ignorar los instrumentos humanos que Dios utiliza. Al ver a algunos pasar de la muerte a la vida, al escuchar sus testimonios cuando se bautizan, al ver matrimonios restaurados o parejas jóvenes dejar sus hogares para llevar el evangelio a un grupo étnico no alcanzado, entonces te darás cuenta de que tu labor marcó la diferencia.

EL GOZO Y RECOMPENSA FUTURAS

Margaret Thatcher tiene otra cita memorable: «Si mis críticos me vieran caminar sobre el Támesis dirían que fue porque no podía nadar». En otras palabras, algunas personas siempre encontrarán algo que criticar, pero considera lo que Jesucristo enfrentó «por el gozo puesto delante de él» (He. 12:2). Hay gozo y recompensa más adelante por aquellos que sirven fielmente a pesar de las críticas y los detractores, y algunas veces se pudiera decir nuestras propias emociones.

CAPÍTULO VEINTIUNO

El desarrollo del liderazgo en lugares difíciles

Misioneros, iglesias nuevas y ancianos

A finales del siglo XX, la nación de Ruanda en el este africano llevó el título país más evangelizado y cristianizado del continente, porque alrededor del 90% del país había sido bautizado como cristiano. Gran parte de la influencia cristiana surgió a partir del avivamiento generalizado de África Oriental que comenzó en Ruanda en 1927 y luego se expandió a diferentes denominaciones y países vecinos.[1]

Sin embargo, en 1994 surgió un conflicto entre los grupos étnicos de la minoría Tutsi y de la mayoría Hutu, el primero había sido exiliado por el último, que ahora trataba de ganar nuevamente el control del gobierno. Finalmente, el conflicto llevó a la matanza de casi un millón de personas en una nación de menos de nueve millones. En una reunión misionera, James Enger expresó lo que algunos ciudadanos de Ruanda estaban sintiendo: «Ustedes nos trajeron a Cristo por su celo con el evangelismo, pero nunca nos enseñaron cómo vivir».[2] Un graduado del Instituto de Teología Evangélica de Ruanda explicó la práctica regular de las iglesias en Ruanda: «Usábamos la Biblia, pero en realidad no *pensábamos bíblicamente* ni *enseñamos* siempre *la Biblia con exactitud*».[3] John Robb y James Hill observaron que en la mayoría de las iglesias de Ruanda había cristianos nominales debido al

---

1. Patrick Johnstone, *Operation World: The Day-by-Day Guide to Praying for the World* (Grand Rapids: Zondervan, 1993), 472; Glenn Kendall, «Rwanda», *Evangelical Dictionary of World Missions*, A. Scott Moreau, ed (Grand Rapids: Baker Books, 2000), 842-843.

2. James Engel, «Beyond the Numbers Game», *Christianity Today*, 7 de agosto de 2000, 54 en David Sills, *Reaching and Teaching: A Call to Great Commission Obedience* (Chicago: Moody Press, 2010), 55.

3. Alexis Nemeyimana, African Inland Mission On-Field Media, *So We Do Not Lose Heart*, video de AIM International Online, MPEG; visitado el 20 de septiembre de 2009; en Sills, *Reaching and Teaching*, 162; cursivas Sills; http://www.aimint.org/usa/videos/so_we_do_not_lose_heart.html.

fracaso en «hacer la obra de discipulado de esas multitudes».[4] Una misionera de tercera generación en Ruanda, Meg Guillebaud, fue testigo de primera mano de la falta de santidad de los líderes, así como de la enseñanza superficial «dando como resultado que los cristianos no estaban siendo discipulados».[5] Ella destacó más adelante el sincretismo predominante que debilitaba la influencia de este país altamente evangelizado.[6] Y aunque Ruanda una vez fue alabado por su evangelismo efectivo, el genocidio de 1994 arruinó la confianza de los ciudadanos en la iglesia porque muchos que profesaban ser cristianos cometieron asesinatos.[7]

¿Qué diferente habría sido si la iglesia de Ruanda hubiera aprendido a pensar bíblicamente porque sus líderes les habían enseñado fielmente la Palabra de Dios y discipulado en la fe de la forma que Jesús lo ordenó? El rápido crecimiento de la iglesia de Ruanda dejó una brecha en el liderazgo que pudo haber cambiado si el último encargo de la gran comisión («enseñándoles que guarden todas las cosas que os he mandado») hubiera recibido tanta atención como el primero («id y haced discípulos... bautizándolos», Mt. 28:19-20). La gran comisión exige enseñanza y capacitación continuas.[8]

Ruanda tenía oficialmente libertad de religión durante esos días de avivamiento, pero ¿y los demás lugares del globo donde la proclamación abierta del evangelio es prohibida y los creyentes enfrentan persecución regularmente? ¿Qué evitaría que los nuevos creyentes se aparten de su antigua religión y del sincretismo de la adoración cristiana con las supersticiones paganas? Los misioneros enfrentan el desafío significativo de identificar y desarrollar líderes en «lugares difíciles» del mundo, en áreas de rápido desarrollo de iglesias y áreas de persecución. Mientras, las mismas necesidades son enfrentadas por plantadores de iglesias de áreas que tienen muchas iglesias y las situaciones son muy diferentes donde hay pocos cristianos maduros.[9] El deseo de hacer discípulos

---

4. John Robb y James Hill, *The Peace-Making Power of Prayer: Equipping Christians to Transform the World* (Nashville: Broadman & Holman, 2000), 178-179.

5. Meg Guillebaud, *Rwanda: The Land God Forgot? Revival, Genocide, and Hope* (Grand Rapids: Kregel, 2002), 285.

6. Ibíd., 287.

7. Kendall, «Rwanda», 843.

8. Sills, *Reaching*, 55, citando a Paul Washer en «Gospel 101», *HeartCry Magazine* 54 (sept.-nov. 2007): 6.

9. Bruce Riley Ashford, «*A Theologically-Driven Missiology*», en Chuck Lawless y Adam Greenway, eds., *Great Commission Resurgence: Fulfilling God's Mandate in Our Time* (Nashville: B&H, 2010), 202-203, identifica dos asuntos misionológicos relacionados con los movimientos de plantación de iglesias (CPMs). El primero genera preguntas sobre la teología y metodología de CPMs; el segundo, que es el enfoque de este capítulo, observa «la pregunta sobre cuán rápido un creyente puede ser reconocido como anciano». Esta situación surge en ambos escenarios: CPM y persecución, y por eso este capítulo considerará toda la necesidad del liderazgo en ambos.

también debe incluir planes para enseñar y capacitar. La tesis de este capítulo es que las iglesias nuevas de lugares difíciles deben identificar y desarrollar líderes pastorales (ancianos) que enseñen, sean ejemplo y conduzcan a la iglesia hacia la madurez espiritual. El desarrollo del liderazgo es muy desafiante donde los movimientos de plantación de iglesias han dejado múltiples iglesias sin liderazgo y donde la persecución hace que el desarrollo de liderazgo sea improbable. En este capítulo exploraremos por qué y cómo los misioneros deben priorizar el desarrollo de líderes y designar ancianos en las iglesias nuevas en lugares difíciles. Además, revisaremos las epístolas pastorales para investigar lo rápido que un convertido puede servir como anciano, y luego concluiré con un plan para el desarrollo de liderazgo en lugares difíciles.

UN DILEMA MISIONOLÓGICO

Como profesor de misiones, el profesor Bruce Ashford destacó que los bautistas del sur «han estado orando mucho y trabajando por el surgimiento de los movimientos de plantación de iglesias entre los grupos de personas no alcanzadas del mundo, y en realidad aun en nuestro propio país».[10] Algunos de los movimientos de plantación de iglesias están en regiones que son conocidas por la persecución de cristianos. Sin embargo, advierte correctamente que, debido a que nuestro objetivo es «el aumento de la gloria y el reino de Dios», nada debe sustituir la prioridad de la gloria de Dios, especialmente los métodos reduccionistas que carecen de fidelidad bíblica. «Por esta razón, nos preocupamos no solo por la rapidez en el crecimiento numérico de la iglesia sino también por la pureza del evangelio y la salud de la iglesia». Por tanto, no son aceptables un énfasis excesivo en la rapidez multiplicativa ni una pureza doctrinal que no se preocupe por la multiplicación.[11]

A pesar de todo, si Dios está complacido por la rápida multiplicación de la iglesia, porque esas noticias positivas pueden irónicamente dejar perplejos a los plantadores de iglesias y misioneros, el crecimiento rápido de las iglesias necesita madurar líderes rápidamente para que las pastoreen. Sin embargo, los misioneros enfrentan la pregunta de cuán rápido un convertido que tenga potencial de liderazgo puede ser reconocido como anciano.[12] ¿Es que la edad y la cantidad de experiencia como creyente está incluida en la designación de liderazgo? ¿Cómo avanzarán hacia a la madurez las iglesias que se encuentran en regiones propensas a la persecución y que solo tienen creyentes jóvenes?

---

10. Ibíd., 202.

11. Ibíd., 202-203.

12. Ibíd., 203.

El problema es más crítico donde la persecución es común. Puede que un misionero necesite limitar su tiempo con las iglesias nuevas para que su presencia no los ponga en peligro. Sin embargo, fallar en establecer algún liderazgo aparente para las iglesias recién nacidas es un grave incumplimiento del deber. El misionólogo David Sills nos recuerda que «el desafío de los países de acceso creativo no impide el cumplimiento de los mandatos bíblicos para enseñarles a observar todo lo que Cristo nos ordenó».[13] El misionero debe establecer un plan apropiado para pastorear las iglesias nuevas aun cuando parezca inadecuado. Especialmente, él enfrenta tres desafíos:

1. Capacitar y designar cuidadosamente a líderes que demuestren el tipo de carácter expresado en 1 Timoteo 3 y Tito 1.
2. Implementar de forma rápida una estructura de liderazgo que permanezca más que su ministerio personal entre ellos.
3. Encomendar la iglesia al Señor que es capaz de protegerlos.

Este fue el modelo que Pablo y Bernabé siguieron durante su primer viaje misionero (Hch. 14:23). El líder misionero Daniel Sinclair llama a esto «un punto final consistente» utilizado por los apóstoles y sus acompañantes en la plantación de iglesias.[14] Ellos trabajaban para establecer un equipo de liderazgo que pastorearía las iglesias nuevas.

Cada iglesia local necesita un liderazgo autóctono y en la mayoría de las congregaciones «debe consistir en una pluralidad de ancianos».[15] Ese es el ideal al que toda congregación debe aspirar. Sin embargo, puede que las circunstancias requieran creatividad dentro de los parámetros bíblicos para establecer un marco de liderazgo que será suficiente hasta que el ideal pueda ser alcanzado. Los misioneros necesitarán cuidarse de imponer un modelo de iglesia occidental en escenarios de movimientos de plantación de iglesias o persecución. Como fue correctamente establecido por Edward Dayton y David Fraser: «Debe permitir que los verdaderos fundamentos de la iglesia tengan poder y control sobre las características accidentales de organización, institución y tradición», distinguiendo «entre lo ejemplar y lo obligatorio en la Escritura».[16] En medio del establecimiento del fundamento para la enseñanza y el liderazgo

---

13. Sills, *Reaching and Teaching*, 68.

14. Daniel Sinclair, *A Vision of the Possible: Pioneer Church Planting in Teams* (Colorado Springs: Authentic Publishing, 2005), 219.

15. Gary Corwin, «*Church Planting 101*», *Evangelical Missions Quarterly* (abril 2005, 41:2), 142.

16. Edward R. Dayton y David A. Fraser, *Planning Strategies for World Evangelization*, ed. rev. (Grand Rapids: Eerdmans, 1990), 242.

continuo de las nuevas iglesias, la Escritura debe mantenerse como la parte central. Esto es primordial aun cuando los misioneros consideren preguntas de contextualización.

UNA NECESIDAD ECLESIÁSTICA: LA RAZÓN DE TENER PASTORES LÍDERES

El Nuevo Testamento requiere líderes calificados para mantener la salud de las congregaciones locales.[17] Esto, en realidad, es una marca esencial de una iglesia sana.[18] Los líderes, ya sean llamados ancianos, pastores o supervisores, deben prestar atención a la enseñanza, el ejemplo, la capacitación, la exhortación, la disciplina y la corrección. El presbiteriano del siglo XIX, David Dickson, explicó: «El liderazgo de ancianos, *de alguna forma u otra,* es absolutamente necesario para tener una iglesia saludable y útil».[19] Él continúa mostrando cómo los wesleyanos adoptaron una forma de liderazgo de ancianos con líderes de clase, bautistas y congregacionalistas con diáconos, y episcopales con una representación laica aprobada formalmente.[20] En otras palabras, el nombre o título no es tan importante como el carácter y la función del líder. El pastor-teólogo Philip Ryken considera el liderazgo de ancianos como algo esencial para proteger la inversión de Dios en la iglesia. Él afirma que «el plan de Dios fue colocar a la iglesia bajo el cuidado de pastores».[21] Daniel Sinclair coincide destacando que en sus observaciones extensas de la obra misionera pionera, las iglesias que fallaron en establecer la pluralidad de ancianos cayeron, mientras que aquellas con pluralidad de ancianos prosperaron.[22] Por tanto, el objetivo de establecer pastores líderes nunca es opcional para los misioneros y plantadores de iglesias.

Una razón es bastante clara: los miembros de las iglesias son ovejas que necesitan pastores que los dirijan a la madurez espiritual. Ellos no deben ser como «ovejas sin pastor» (Mt. 9:36). Siguiendo la dirección del Señor (Hch. 20:28;

---

17. Ver los ejemplos de Hechos 1:15-26; 2:42-47; 4:32-35; 5:1-11; 6:1-7; 11:19-26; 14:21-23; 20:17-35; 1 Tesalonicenses 5:12-13; 1 Timoteo 3:1, 5; 5:17; 2 Timoteo 1:6-8; 4:1-5; Tito 1:5-9; Hebreos 13:7, 17; Santiago 5:14-15; 1 Pedro 5:1-4.

18. Mark Dever, *Nine Marks of a Healthy Church,* ed. rev. (Wheaton. IL: Crossway, 2004), 218-243.

19. David Dickson, *The Elder and His Work* (Phillipsburg, NJ: P & R Publishing, 2004 de reimp. del siglo XIX, s.f.), 26; cursivas añadidas para enfatizar que la pluralidad de ancianos no es practicada de manera monolítica.

20. Ibíd.

21. Philip Graham Ryken, *City on a Hill: Reclaiming the Biblical Pattern for the Church in the 21st Century* (Chicago: Moody Press, 2003), 97-98.

22. Sinclair, *A Vision of the Possible,* 220.

Jn. 21:16; 1 P. 5:2), Pablo y Pedro utilizaron el verbo «pastorear» (*poimainen*) para describir la obra de cuidado, protección y alimento de la iglesia.[23]

En general, los apóstoles y ancianos del Nuevo Testamento ofrecieron un claro modelo para el desarrollo de iglesias saludables como en el ejemplo de Pablo: «A quien anunciamos, amonestando a todo hombre, y enseñando a todo hombre en toda sabiduría, a fin de presentar perfecto en Cristo Jesús a todo hombre; para lo cual también trabajo, luchando según la potencia de él, la cual actúa poderosamente en mí» (Col.1:28-29). El «nosotros» en «a quien anunciamos» está en plural, lo cual es lo mismo que decir que el evangelismo y hacer discípulos pertenece a toda la iglesia y no solo a los apóstoles.[24] Las generaciones futuras de pastores líderes tendrán las mismas responsabilidades. Estas responsabilidades que vemos en el pasaje incluyen «amonestando a todo hombre, y enseñando a todo hombre». Proclamar a Cristo, al parecer, implica a un líder pastor en cuidado pastoral intenso e instrucción continua.[25] Peter O'Brien expresa: «Como verdadero pastor, Pablo no estará satisfecho con cualquier cosa menor que la total madurez cristiana de cada creyente».[26] Todo líder pastor debe adoptar el mismo objetivo.

La tendencia de los cristianos a caer en prácticas pecaminosas, falsas enseñanzas, herejías, desunión y hasta el sincretismo es un llamado a la vigilancia y las correcciones apropiadas de parte de los líderes pastores.[27] Sills habla sobre el sincretismo observado mientras servía entre pastores indígenas andinos, incluyendo derramar los restos de sus bebidas a una diosa de la tierra, así como un servicio funeral para un niño que incorpora el catolicismo, animismo y tradiciones evangélicas.[28] Las iglesias no pueden ser abandonadas a su suerte sin líderes piadosos formados.

El liderazgo y la madurez de la iglesia

Toda iglesia necesita formación continuada en la Escritura para poder crecer. Y esto requiere que una iglesia tenga líderes maduros que los enseñe y entrene

---

23. *BDAG*, 842.

24. James D. G. Dunn, *The Epistles to the Colossians and to Philemon*, NIGTC (Grand Rapids: Eerdmans, 1996), 124.

25. Peter T. O'Brien, *Colossians, Philemon*, WBC (Waco, TX: Word Books, 1982), 87. Ver también Eduard Lohse, *Colossians and Philemon*, Hermeneia (Filadelfia: Fortress Press, 1971), 77.

26. O'Brien, *Colossians, Philemon*, 90.

27. Ver Mateo 18:15-20, que hace un llamado a la disciplina correctiva en la iglesia; fíjate también en los muchos ejemplos de los discípulos errantes y con necesidad de pastores para corregirlos, advertirlos e instruirlos: 1 Corintios 3:1-8, 16-20; 5:1-13; Gálatas 1:6-9; 3:1-5; 5:7-9; Filipenses 4:2-3; 1 Tesalonicenses 5:14; 2 Tesalonicenses 3:6-15; 1 Timoteo 1:3-7, 18-20; 4:11-16; 2 Timoteo 2:22-26; 4:10; Tito 1:10-16; 2:6; Hebreos 5:11-14; 6:9-12; 2 Pedro 1:8-15; 1 Juan 5:16, 21; 2 Juan 7-11; 3 Juan 9-11; Apocalipsis 2–3.

28. Sills, *Reaching*, 161.

constantemente en la Palabra.[29] J. I. Packer coloca el conocimiento de la Escritura en el corazón del crecimiento en la piedad, identificando la piedad genuina como (1) «una vida de *fe en las promesas de Dios*… (2) esto implica *obediencia a las leyes de Dios*… (3) y siempre está marcada por el *deleite en la verdad de Dios*».[30] Además de la Escritura, un creyente profeso no tiene la capacidad para crecer en piedad.

Esto significa que el evangelismo y la enseñanza continua no son «esfuerzos mutuamente excluyentes», como si uno existiera sin el otro.[31] Más bien, instruir a los nuevos creyentes para que crezcan en piedad protege la pureza del evangelio y produce un testimonio evangelístico, atractivo. Por tanto, no debemos sorprendernos de que el gran texto evangelístico, que es la Gran Comisión, anticipe la necesidad de líderes pastorales que enseñen fielmente al rebaño de Dios a guardar todo lo que Jesús ordenó (Mt. 28:20; 1 P. 5:1-5). Mantener la pureza del evangelio va de la mano con el crecimiento en la piedad.

Pablo reprendió a los gálatas: «Estoy maravillado de que tan pronto os hayáis alejado del que os llamó por la gracia de Cristo, para seguir un evangelio diferente» (Gá. 1:6). Aunque la congregación debería estar involucrada como «columna y baluarte de la verdad» (1 Ti. 3:15), los ancianos deben estar al frente preservando el evangelio. Pablo compartió esta preocupación con los ancianos de Éfeso para advertirles sobre la «teología de los lobos» que se infiltraría y distorsionaría la fe cristiana. Él también instruyó a Tito para que establecer ancianos en las iglesias de Creta fuera una prioridad importante. Los ancianos trabajarían contra aquellos «a los cuales es preciso tapar la boca; que trastornan casas enteras, enseñando por ganancia deshonesta lo que no conviene» (Tit. 1:11). John Stott resume la estrategia de defensa del Nuevo Testamento: «Cuando aumentan los falsos maestros, la estrategia más apropiada a largo plazo es aumentar el número de verdaderos maestros que se encuentren equipados para refutar y rechazar el error».[32] Los creyentes jóvenes en la fe de iglesias que se multiplican rápidamente necesitan la dirección y la instrucción doctrinal que es ofrecido por los líderes pastores. Sin esto, es muy probable que caigan en falsas enseñanzas.[33]

---

29. Por ejemplo, Mateo 28:19-20; 21:15-17; Hechos 20:28; Efesios 4:11-16; 5:19; 1 Timoteo 4:11-16; 5:17; 2 Timoteo 2:2, 14-15; 3:14-17; 4:1-5; Tito 1:3, 9; Hebreos 2:1-4; Santiago 1:18-25; 1 Pedro 1:22-2:3; 2 Pedro 1:19-21; 3:14-18.

30. J. I. Packer, *God Has Spoken* (Grand Rapids: Baker Books, 1979), 126-132, cursivas en el original.

31. Sills, *Reaching*, 36.

32. John Stott, *Guard the Truth: The Message of 1 Timothy & Titus* (Downers Grove, IL: InterVarsity Press, 1996), 179.

33. Véase Timothy Z. Witmer, *The Shepherd Leader*, 45-73, donde él rastrea históricamente el reflujo y el flujo del liderazgo de ancianos de las iglesias locales con sus efectos correspondientes sobre las congregaciones.

Ejemplos para el rebaño

Las iglesias jóvenes que se encuentran en situaciones difíciles no solo necesitan protección doctrinal, sino también buenos modelos de vida cristiana que muestren cómo vivir conforme a las demandas del evangelio como consideramos anteriormente en este libro. John Hammett incluye esto cuando identifica cuatro responsabilidades de los pastores de iglesias: (1) el ministerio de la Palabra; (2) la obra del ministerio pastoral; (3) ejercer supervisión o liderazgo; y (4) servir como ejemplo del rebaño.[34] Es posible que los líderes hagan un trabajo excelente en la enseñanza y la supervisión, pero fracasen como líderes pastorales al descuidar el dar ejemplo de la vida cristiana. Pablo le dijo a Timoteo, su delegado para la iglesia de Éfeso: «Sé ejemplo de los creyentes… ten cuidado de ti mismo y de la doctrina» (1 Ti. 4:12, 16). En una carta posterior, explicó lo que esto significaba, aun hasta en la manera en que Timoteo siguió su ejemplo: «Pero tú has seguido mi doctrina, conducta, propósito, fe, longanimidad, amor, paciencia, persecuciones, padecimientos, como los que me sobrevinieron en Antioquía, en Iconio, en Listra; persecuciones que he sufrido, y de todas me ha librado el Señor» (2 Ti. 3:10-11). Pablo exhortó a los filipenses: «Hermanos, sed imitadores de mí, y mirad a los que así se conducen según el ejemplo que tenéis en nosotros» (Fil. 3:17).[35] La doctrina no es suficiente. Los líderes pastores deben mostrar la manera en que la vida cristiana toca cada aspecto de las relaciones, la comunidad, la familia y la vida laboral.

Liderazgo: siempre una prioridad

En medio de la rápida expansión de las iglesias estadounidenses, es importante recordar que la necesidad de liderazgo espiritual es igual de crítica en otros lugares alrededor del mundo. Sin embargo, hay una gran diferencia. Las iglesias estadounidenses tienen una mayor cantidad de líderes espirituales disponibles y recursos casi ilimitados que pueden asistir a las iglesias nuevas hasta que sean levantados líderes dentro.[36]

El resto del mundo es otra historia completamente diferente. La mayor parte de los líderes de iglesia no tienen una educación teológica formal. «De hecho,

---

34. John S. Hammett, *Biblical Foundations for Baptist Churches: A Contemporary Ecclesiology* (Grand Rapids: Kregel Academic & Professional, 2005), 163-166.

35. El uso de *summimetai* o «compañero imitador», y *tupon*, «tipo, patrón, modelo, ejemplo [moral]», demuestra la preocupación de Pablo de que fueran establecidos ejemplos concretos para la iglesia. *BDAG*, 958, 1019-1020.

36. Había cerca de 70.000 estudiantes inscritos en los seminarios ATS de Canadá y los Estados Unidos en el año 2009 según las tablas de datos anuales, visitadas el 15 de septiembre de 2010; http://www.ats.edu/Resources/Publications/Documents/AnnualDataTables/2009-10AnnualDataTables.pdf.

existen aproximadamente dos millones de líderes pastorales en la mayor parte del mundo», según una investigación de un misionero educador llamado John Balmer Jr., «y 1.8 millones (95%) de ellos no han tenido ninguna formación ministerial formal».[37] La falta de educación teológica muchas veces tiene como resultado el sincretismo, mientras las prácticas animistas continúan en un marco torcido y subcristiano.[38] La respuesta no se encuentra necesariamente en formar un seminario al estilo occidental, porque los costos, las leyes políticas y otras partes de la logística pueden hacer que esto no sea práctico. Y aún más, la tendencia hacia el etnocentrismo hace que los puntos de vista occidentales descuiden la contextualización de la capacitación teológica para adaptarse apropiadamente a un grupo de personas.[39] El teólogo David Clark explica que la tendencia hacia ciertas formas y enfoques hermenéuticos puede llevar a los misioneros a «ejercer una poderosa influencia formadora» de manera natural, sobre cómo piensa teológicamente la mayoría del mundo en lugar de ayudarles a comprometerse directamente con la cosmovisión bíblica.[40] Por tanto, la respuesta para entrenar líderes pastores no está en mover las estructuras occidentales hacia el resto del mundo, sino que los misioneros necesitarán ampliar el contenido, siendo flexibles en la forma, dentro del contexto cultural de las nuevas iglesias.[41]

Liderazgo sin seminarios

Existe una necesidad especial de líderes pastores donde se ha llevado a cabo poco trabajo de evangelización. En dichos escenarios, la comprensión bíblica es limitada y temas como el sincretismo y la falsa enseñanza son críticos. Los cristianos de Estados Unidos pueden observar que muchas personas son capacitadas en seminarios de su propio país y no tienen cargos en iglesias, y pueden suponer que hay un exceso global de personas capacitadas. Pero ese no es el caso. Steve Clinton, de *Campus Crusade,* hizo una observación asombrosa: aunque los niveles de graduación del seminario mundial están aumentando, son totalmente insu-

---

37. John Balmer, Jr., «Nonformal Pastoral Ministry Training in the Majority World: Four Case Studies» (tesis doctoral, Columbia Biblical Seminary and School of Missions, Columbia International University, 2008), haciendo referencia a Ramesh Richard, «The Challenge Before Us», conferencia dictada en la conferencia Trainers of Pastors International Consultation (TOPIC), 1 al 3 de diciembre de 1997. Wheaton, IL [discurso ofrecido el 1 de diciembre de 1997]; Ralph Winter, «Will We Fail Again?» *Mission Frontiers,* 1993, 15:7-8; Winter, «Editorial», 1994, 16:1-2; Winter, *The Challenge of Reaching the Unreached* (Pasadena, CA: William Carey Library, 1996), s.p.

38. Sills, *Reaching,* 161-162.

39. David K. Clark, *To Know and Love God: Method for Theology* (Wheaton, IL: Crossway, 2003), 100.

40. Ibíd., 112-113.

41. Sills, *Reaching,* 168.

ficientes para las necesidades mundiales. Aun cuando los niveles de graduación se mantienen en cincuenta mil graduados por año, por los próximos cuarenta años solo habrá seiscientos mil nuevos graduados. «Sin embargo, si el nivel de crecimiento de la iglesia continúa, necesitaremos cinco millones de pastores en los próximos cuarenta años. En consecuencia, 85-90% de las iglesias nuevas del mundo tendrán un liderazgo pastoral que no ha sido formado en un seminario».[42] Por supuesto, la formación en un seminario no es el objetivo principal, pero representa una necesidad.

La iglesia primitiva consolidó sus ganancias. Un enfoque por etapas aseguró que las iglesias maduraran en la fe. «Los apóstoles visitaron nuevamente a sus convertidos», explica el estudioso Michael Green, «ellos establecieron presbíteros que los cuidaran, escribieron cartas, enviaron mensajeros y oraron por ellos».[43] Este es el modelo para los plantadores de la iglesia moderna: visitas continuas, capacitación de liderazgo, correspondencia, mensajeros delegados y oración. Establecer un modelo similar permite que el misionero continúe enseñando por etapas hasta tener «formadores capacitados» que mantendrán un liderazgo pastoral efectivo.[44]

Si los misioneros y plantadores de iglesias capacitan a los formadores en las iglesias locales establecidas en lugares difíciles, la formación en seminarios, aunque es conveniente, no será imprescindible. A los líderes se les puede enseñar la sana doctrina, habilidades pastorales y eclesiología contextualizada a través del tiempo. El misionólogo Jim Slack reportó que un grupo de investigadores de movimientos de plantación de iglesias tenían pocos líderes que habían sido formados en seminarios. Más bien, los líderes surgieron dentro de las iglesias o comunidades. «Los líderes pastorales de cada evaluado del movimiento de plantación de iglesias eran líderes laicos que llegaron de los lugares donde las iglesias comenzaron. En un solo movimiento de plantación de iglesias había incluso algunos pastores a tiempo completo que habían sido formados teológicamente... la mayoría de los líderes pastorales surgieron de dentro de la nueva iglesia que había comenzado».[45] Este parece ser el mismo modelo practicado en el Nuevo Testamento (Hch. 6:1-7; 14:21-23; Tit. 1:5).

Las iglesias deben ser formadas para ministrar al cuerpo y para el mundo no

---

42. Steven Clinton, «Twenty-first Century Population Factors and Leadership of Spiritual Movements», *EMQ*, abril 2005, 41:2, 191.

43. Michael Green, «Methods and Strategy in the Evangelism of the Early Church», J. D. Douglas, ed., *Let the Earth Hear His Voice: International Congress on World Evangelization, Lausanne, Switzerland* (Minneapolis: World Wide Publications, 1975), 167.

44. Sills, *Reaching*, 46.

45. Jim Slack, «Church Planting Movements: Rationale, Research and Realities of Their Existence», *Journal of Evangelism and Missions*, vol. 6, primavera 2007, 41-42.

creyente (Ef. 4:11-16). Green reafirma el enfoque bíblico de equipar una iglesia para dirigir la gama completa del ministerio cristiano: «El método supremo de Dios es el hombre, el hombre regenerado, santificado, comprometido, movilizado, capacitado y equipado. El instrumento principal de Dios es la iglesia y la iglesia tiene un cuerpo de personas dedicadas. El liderazgo espiritual y una congregación que es movilizada y capacitada, son las demandas de Dios para el avance de su causa».[46] Ver la iglesia reproducirse es un objetivo importante de la capacitación. Las iglesias evangelizarán efectivamente solo hasta donde se capaciten y movilicen al cuerpo de Cristo, y eso sucederá primeramente a través de líderes pastores efectivos.[47]

Las primeras cosas

Ya sea que te encuentres involucrado en un movimiento de plantación de iglesias o en escenarios de persecución, el plantador de una iglesia misionera necesitará evaluar inmediatamente a líderes potenciales para las nuevas iglesias, y para hacer esto debe consultar a los conocedores culturales que han observado la posición de un líder potencial en la comunidad.[48] Ciertamente, capacitar líderes lo detendrá de continuar a plantar la próxima iglesia nueva, pero la última demanda de Cristo en la gran comisión prevé la necesidad de formar líderes que equiparán regularmente a la nueva iglesia. Esta fue la práctica del apóstol Pablo, como fue señalado por el misionólogo pionero Roland Allen: predicar por cinco o seis meses en un lugar y luego dejar establecida una iglesia con ancianos. Pablo se enfocó en la indigenización en lugar de dejar atrás una iglesia que dependiera de él.[49] Su regreso a las iglesias que plantó dieron evidencia del establecimiento de congregaciones que podrían existir sin que el apóstol mirara por encima de sus hombros. Él capacitó líderes en los fundamentos de la fe cristiana para así asignar esas cosas a los demás (2 Ti. 2:2).[50]

¿Qué es capacitar? Colin Marshall y Tony Payne lo explican sabiamente: «En el Nuevo Testamento, capacitar es mucho más sobre pensar y vivir de forma cristiana, que de habilidades y capacidades específicas».[51] Entonces, puede que el misionero no tenga oportunidad ni necesidad de fingir su formación académica.

---

46. Green, «Methods and Strategy», 195.

47. Ibíd.

48. Correspondencia con Bruce R. Ashford, 30 de septiembre de 2010.

49. Roland Allen, *Missionary Methods: St. Paul's or Ours?* (Grand Rapids: Eerdmans, 1962), 83-84.

50. Contra Allen, el misionero presbiteriano a la China del siglo xix John Nevius, *The Planting and Development of Missionary Churches* (Phillipsburg, NJ: P & R, 1958), 27-28, aconseja un enfoque más lento y deliberado para la capacitación empleando años, si es necesario. Nevius también elaboró un modelo occidental para las iglesias chinas, 32-44.

51. Colin Marshall y Tony Payne, *The Trellis and the Vine: The Ministry Mind-Shift That Changes*

Esta preocupación debe existir para el desarrollo de líderes pastorales que saben cómo pensar bíblicamente y aplicar la Escritura a las exigencias de la vida. «El objetivo principal de la capacitación no es impartir una habilidad, sino una doctrina sana»,[52] lo cual es opuesto a algunos enfoques occidentales. «Pablo utiliza el lenguaje de "instrucción" para referirse a un proceso que dura toda la vida, donde Timoteo y su congregación son enseñados por la Escritura a rechazar la religión falsa y conformar sus corazones y vidas según la sana doctrina. La buena instrucción bíblica tiene como resultado una vida piadosa basada en una enseñanza sana y que da salud».[53] El misionero no puede simplemente ofrecer a los líderes potenciales un libro de trabajo sobre los ancianos y esperar lo mejor. La instrucción es «profunda e ineludiblemente relacional».[54] Solo necesitamos echar un vistazo a la relación que Pablo tenía con Timoteo y Tito para entender esta necesidad relacional. «Esta relación cercana era un medio para uno de los elementos claves de la instrucción de Pablo a Timoteo: imitación».[55] Pablo estaba impartiendo especialmente una forma de vida, y eso solo podía ser comprendido al verla siendo ejemplificada por el apóstol.[56] Los misioneros modernos deben seguir el mismo modelo.

Una iglesia tiende a imitar a sus líderes. Si los líderes fallan en aplicar la sana doctrina a la vida diaria, la iglesia probablemente seguirá el mismo paso perjudicial. Aunque puede que un líder sea relativamente joven en la fe, si ha aprendido bien de la inversión relacional del misionero en su vida, tendrá una mayor disposición de ayudar a otros a ver cómo el evangelio aplica a la vida en la nueva iglesia. «La naturaleza relacional de la instrucción significa que la mejor capacitación generalmente ocurrirá por osmosis en lugar de instrucción formal. Será captado más que enseñado. Los aprendices terminarán reflejando a sus formadores de la manera que los hijos reflejan a sus padres».[57] Marshall y Payne reducen la naturaleza y el objetivo de la capacitación a tres enfoques: «*Convicción*, su conocimiento de Dios y comprensión de la Biblia; *carácter*, el carácter y la vida piadosa que está de acuerdo con la sana doctrina; *aptitud*, la habilidad de hablar en oración las palabras de Dios a los demás de diferentes maneras».[58] Un misionero que instruye líderes potenciales puede preferir

---

Everything (Kingsford, Australia: Matthias Media, 2009), 70. Ver 1 Timoteo 1:11-12, 18-20; 4:7; 6:11-14, 20-21; 2 Timoteo 2:2; 3:16, 17.

52. Ibíd., 71.
53. Ibíd.
54. Ibíd., 71-72.
55. Ibíd., 72.
56. Ibíd.
57. Ibíd., 76.
58. Ibíd., 78.

enseñar la historia de la iglesia, teología sistemática y apologética a los líderes pastores potenciales. Y, aunque eso puede parecer ideal, puede que el tiempo y las circunstancias le impidan ofrecer dicha capacitación tan amplia. Él necesitará priorizar la convicción, el carácter y la aptitud, o ajustarlo a lo que el pastor y profesor de teología Timothy Witmer llama «elementos esenciales de un ministerio pastoral efectivo», porque un misionero en un lugar difícil debe enfatizar los fundamentos de ser bíblico, relacional, responsable y devoto.[59] Él le enseñará la Escritura a los líderes potenciales, dará ejemplo de las relaciones cristianas, mostrará la necesidad de la rendición de cuentas continua, y demostrará por precepto y práctica la función principal de la oración en el ministerio pastoral.

Descubriendo líderes potenciales

¿Cómo descubre el misionero potenciales líderes pastorales? Primero, debe buscar a aquellos que abrazan la responsabilidad, aman el rebaño, muestran alguna habilidad para enseñar y demuestran fidelidad. Esto requiere invertir tiempo con la nueva iglesia, haciendo preguntas a líderes potenciales y promoviendo esos líderes. La demanda en lugares difíciles hace que uno se enfoque en lo mínimo en lugar de lo ideal, y en cualidades en lugar de una lista de requisitos.[60] En vez de comparar a los líderes potenciales con los líderes maduros que el misionero conoce de iglesias establecidas, debe buscar las cualidades que muestran su desarrollo en su caminar y práctica cristianas.[61]

¿Qué sucede cuando un líder potencial es un nuevo convertido a Cristo? ¿Cuánto tiempo debe invertir un misionero antes de poner un nuevo creyente en una posición de liderazgo? La necesidad apremiante de líderes en lugares difíciles demanda un enfoque diferente al que se practica comúnmente en Occidente, uno que acelerará el proceso de establecimiento de ancianos. El Nuevo Testamento trata con muchos lugares difíciles donde fueron plantadas iglesias. Debido a que Pablo permanecía en la mayoría de las congregaciones seis meses o menos y, sin embargo, apartaba líderes para servir en esas iglesias (Hch. 14:21-23), Allen concluye que dicho plazo de tiempo es adecuado para establecer ancianos. Él

---

59. Witmer, *The Shepherd Leader*, 193-224. Él también añade que el ministerio pastoral efectivo debe ser sistemático, comprensivo y funcional, pero a la luz de líderes de capacitación en lugares difíciles, los cuatro identificados anteriormente deben ser una prioridad en el entrenamiento del liderazgo y, si el tiempo y las circunstancias lo permiten, expandirlo para incluir los demás elementos.

60. Sinclair, *A Vision of the Possible*, 228; Sills, *Reaching*, 64, identifica el mínimo como enseñanza «la Escritura, la sana doctrina y una vida piadosa para aquellos que la siguen».

61. Sinclair, *A Vision of the Possible*, 228-231, añade, «a lo largo de los siglos Dios ha expandido los límites de la iglesia a través de plantadores extraordinariamente deficientes y creyentes locales imperfectos. Todos somos bienes dañados que Dios tiene en un proceso de sanidad y restauración. Eso es motivador para mí» (pp. 230-231).

admite que si alguien propone hacer lo mismo hoy «se le consideraría precipitado y al borde de la locura. Sin embargo, nadie niega que San Pablo lo hizo».[62] Allen explica más adelante que para la mayoría los nuevos convertidos no tiene ninguna ventaja especial en términos de entendimiento del evangelio o la fe cristiana. Aunque puede que algunos se hayan familiarizado con la ley judía o la filosofía griega, «la gran mayoría estaba inmerso en las locuras e iniquidades de la idolatría y eran esclavos de supersticiones grotescas. Nadie sabía nada de la vida ni de la enseñanza del Salvador».[63] Si Pablo fue capaz de establecer estructuras de liderazgo efectivas en un tiempo breve con las nuevas iglesias que plantó, ciertamente los misioneros de hoy pueden hacer lo mismo. Por tanto, ¿cómo equilibran los misioneros modernos la necesidad urgente de líderes con los requisitos bíblicos de los líderes pastores? Las observaciones de las epístolas pastorales informarán nuestro pensamiento.

OBSERVACIONES DE LAS EPÍSTOLAS PASTORALES

Pablo plantó la iglesia en Éfeso al inicio de su tercer viaje misionero y pasó tres años predicando, enseñando y haciendo discípulos (Hch. 18:22-23; 19:1-10; 20:31). Estableció el liderazgo de ancianos, como es evidenciado en la visita de Pablo a los ancianos de Éfeso en Mileto (Hch. 20:17-38) antes de su fatal viaje a Jerusalén donde fue arrestado y eventualmente transferido a Roma para presentarse ante César (Hch. 21:27-40; 25:10-12; 28:11-31). El viaje a Jerusalén lo llevó a su primer encarcelamiento romano que duró del año 60-62 d.C., después del cual estuvo libre por aproximadamente dos y no más de tres años para labores adicionales del ministerio.[64] Durante este tiempo parece haber visitado Creta con Tito, a quien luego dejó atrás para poner las cosas en orden posiblemente para ir a España.[65] La visita de Pablo a la isla, aunque fue lo suficientemente

---

62. Allen, *Missionary Methods*, 85.

63. Ibíd.

64. Thomas D. Lea y Hayne P. Griffin, Jr., *1, 2 Timothy, Titus: An Exegetical and Theological Exposition of Holy Scripture* (NAC, 34; Nashville: Broadman Press, 1992), 41.

65. William D. Mounce propone que el apóstol visitara Creta antes de su supuesto viaje a España. En *Pastoral Epistles* (WBC, 46; Nashville: Nelson, 2000), lix. La idea de que Pablo fue a España viene de Clemente, quien escribió que Pablo predicó «en Oriente y Occidente ... habiendo enseñado justicia a todo el mundo y llegado al límite extremo de occidente». 1 Clemente 5:7; *ANF* 1:6; 30-100 d.C. Eckhard Schnabel explica que la frase «hacia los límites del Occidente» era una designación común para España. Eckhard J. Schnabel, *Paul the Missionary: Realities, Strategies and Methods* (Downers Grove, IL: InterVarsity Press, 2008), 116, citando 1 Clemente 5:6-7, junto a los *Hechos de Pedro* y el *Canon muratorio* como otra indicación de la misión hispana, 117. Otros estudiosos que destacan la falta de evidencia bíblica interna están menos seguros que Schnabel, y que la misión hispana realmente tuvo lugar; ver a James D. G. Dunn, *Romans 9–16* (*WBC*, 38B; Dallas:

larga como para establecer varias congregaciones en ella (Tit. 1:5 «y designarás ancianos en cada ciudad», LBLA), duró menos de un año.[66] Mounce hace varias observaciones sobre la misión de Pablo en Creta que corresponde con la pregunta: «¿Qué tiempo se considera muy rápido para establecer ancianos en las congregaciones nuevas?».[67] Él basa sus observaciones en la evidencia interna de que las iglesias de Creta eran relativamente nuevas, lo cual significa que sus ancianos potenciales eran nuevos creyentes. Lo que sigue a continuación es mi propia explicación de los puntos de Mounce:

1. Pablo instruyó a Tito que designara líderes, pero no mencionó los diáconos (Tit. 1:5, LBLA), lo que sugiere que los diáconos llegaron después de que la iglesia comenzara a crecer (Hch. 6:1-6).

2. A Tito no se le dice que aparte a los supervisores ofensivos, como Timoteo debía hacer en Éfeso (1 Ti. 5:19-21), sino simplemente que los designe (Tit. 1:5). Esto parece indicar que los supervisores no existían hasta ese momento y por eso no era necesaria la corrección.

3. Pablo no repite la orden de que un supervisor no puede ser un recién convertido (1 Ti. 3:6). Esto sugiere que tampoco había recién convertidos, lo cual es poco probable, o que todos eran nuevos convertidos, lo cual parece más probable según la evidencia interna.

4. La mayor parte de la epístola es catecismo básico apropiado para los nuevos convertidos, extrayendo las implicaciones diarias de los dos dichos salvíficos alrededor de los cuales está formada la epístola (Tit. 2:11-14; 3:3-8). Esto parece indicar que las iglesias eran nuevas y que a los creyentes le faltaba madurez.

5. La enseñanza de los opositores, aunque exitosa (Tit. 1:11), no juega un papel significativo aquí como lo hizo en 1 Timoteo, sugiriendo que los problemas no estaban tan avanzados.[68]

Además, el estudioso del Nuevo Testamento, Benjamin Merkle, destaca la

---

Word, 1988), 871-873; Ben Witherington, *Paul's Letter to the Romans: A Socio-Rhetorical Commentary* (Grand Rapids: Eerdmans, 2004), 362-363; Douglas J. Moo, *The Epistle to the Romans* (*NICNT*; Grand Rapids: Eerdmans, 1996), 899-902.

66. Ibíd., lx. Schnabel, *Paul the Missionary*, utiliza ligeramente diferentes fechas, colocando la primera prisión romana del 60 al 62 d.C. y la consolidación de las nuevas iglesias en Creta alrededor del 63 d.C.

67. Ashford, «A Theologically-Driven Missiology», 203.

68. Mounce, *Pastoral Epistles*, lix-lx; con la ayuda de los comentarios de Benjamin L. Merkle, «*Ecclesiology in the Pastoral Epistles*», en Andreas Köstenberger y Terry Wilder, eds., *Entrusted with the Gospel: Paul's Theology in the Pastoral Epistles* (Nashville: B&H Academic, 2010), 183-186.

diferencia significativa entre las dos listas de requisitos para los ancianos en 1 Timoteo y Tito: «Tito omite el requisito de no ser un nuevo convertido».[69] ¿Por qué fue omitido esto? «Esta omisión puede haber sido una modificación necesaria debido a la etapa temprana de desarrollo de las iglesias de Creta. Relativamente, los nuevos convertidos entonces serían necesarios en el liderazgo de las iglesias más jóvenes».[70] Esta modificación, junto a los demás requisitos mencionados en 1 Timoteo, puede que indiquen la flexibilidad de Pablo «con algunos asuntos de organización de iglesia como lo demandaba la situación local,[71] según fue observado por Thomas Lea y Hayne Griffin Jr. Sin embargo, durante el breve período de tiempo de Pablo en Creta, seguido por algunos meses escribiendo su epístola a Tito, el delegado apostólico tuvo suficiente tiempo para evaluar a los candidatos a ancianos calificados y prepararlos para ser designados en las iglesias de Creta.[72] Pablo procuró reunirse con Tito en Nicópolis antes de que comenzara el invierno, así que anticipó sus instrucciones para que fueran llevadas a cabo rápidamente (Tit. 3:12). ¿Qué tan jóvenes eran los nuevos convertidos que Tito designó como ancianos? Uno podría especular que (1) eran en realidad «ancianos», es decir, hombres de edad avanzada en la comunidad cristiana, (2) que estaban instruidos en la Escritura del Antiguo Testamento ya que tal vez había grandes comunidades judías en la isla, o (3) que estaban entre esos convertidos del pentecostés de treinta años atrás y regresaron para establecer por lo menos una comunidad cristiana en Creta (Hch. 2:11). Pero estas son especulaciones. La evidencia interna, especialmente la de Tito 2:1-8, sugiere que las iglesias de Creta estaban recién formadas y que sus miembros eran de diferentes edades.[73]

Timoteo y Tito posiblemente servían, no como ancianos en sus respectivas congregaciones cristianas, sino como delegados apostólicos temporales o misioneros.[74] El ministerio de Timoteo se había complicado más que el de Tito. Debía dedicarse a instruir «a algunos que no enseñen diferente doctrina, ni presten atención a fábulas y genealogías interminables» (1 Ti. 1:3-4). Él también tenía la responsabilidad de comunicar las instrucciones pastorales que Pablo había dado para la congregación (1 Ti. 4:6, 16). La autoridad otorgada a él incluía la represión pública de los ancianos impenitentes que pudieran

---

69. Benjamin L. Merkle, «Ecclesiology in the Pastoral Epistles», 185.

70. Ibíd.

71. Lea y Griffin, *1, 2 Timothy, Titus*, 278, nota 11.

72. Mounce, *Pastoral Epistles*, lx.

73. Ibíd., lix-lx.

74. Merkle, «Ecclesiology in the Pastoral Epistles», 196-198.

haber caído en pecado, así como la designación de hombres para el oficio pastoral (1 Ti. 5:17-22).

De la misma manera, Pablo había encargado a Tito poner en orden lo que quedaba de su ministerio en las iglesias y designar ancianos en cada ciudad, como le había ordenado en un principio, probablemente mientras trabajaban juntos en Creta (Tit. 1:5). ¿Es que el uso de la autoridad de Tito y Timoteo sacó a la congregación completamente del proceso de toma de decisiones? Tanto Timoteo como Tito probablemente involucraron a la congregación en sus decisiones sobre la designación de ancianos, porque como Stott observó: «Su énfasis en la necesidad de tener una reputación intachable indica que la congregación tendría una voz en el proceso de selección».[75] Esto sigue el mismo modelo señalado anteriormente en nuestra reflexión sobre pasajes seleccionados de Hechos.

Hablando más ampliamente, las epístolas pastorales presentan algunos modelos básicos sobre la enseñanza del Nuevo Testamento para los líderes de las iglesias locales.[76] Primero, los ancianos son escogidos en la iglesia y son conocidos por su fidelidad, respeto, e involucramiento. Segundo, los ancianos deben ser escogidos cuidadosamente. Las características específicas mencionadas en 1 Timoteo 3:1-7 y Tito 1:6-9 reducen la lista de los candidatos a ancianos. Hay requisitos significativos que son comunes a ambas epístolas: sin reproche, intachable, marido de una sola mujer, que administre bien su hogar, hijos creyentes (o fieles), dominio propio, hospitalario, no dado al vino, no violento, apto para enseñar o exhortar la sana doctrina y no avaro.[77] Y, como sugerí anteriormente, el hecho de que Pablo no instruye a Tito a excluir a los nuevos creyentes para candidatos a ancianos sugiere «flexibilidad en la organización de la iglesia requerida para diferentes situaciones».[78] Tercero, los líderes pastores deben ser «plurales en composición (por ejemplo, no un liderazgo dominado por una sola personalidad)».[79] Obviamente, estas iglesias no tenían ningún concepto de obispado monárquico que las gobernara, como sucedería con las generaciones posbíblicas.[80]

El modelo continúa en las iglesias nuevas en desarrollo rápido y persecución. Los misioneros deben buscar ancianos potenciales dentro de la nueva iglesia prestando atención cuidadosa a los requisitos bíblicos descritos en las epístolas

---

75. Stott, *Guard the Truth*, 174.

76. Lea y Griffin, *1, 2 Timothy, Titus*, 276-277.

77. Gene Getz, *Elders and Leaders: God's Plan for Leading the Church: A Biblical, Historical and Cultural Perspective* (Chicago: Moody, 2003), 157.

78. Lea y Griffin, *1, 2 Timothy, Titus*, 278.

79. Ibíd.

80. Merkle, «Ecclesiology in the Pastoral Epistles», 185.

pastorales (especialmente en Tito, ya que estas características aparecen más simplificadas para una iglesia joven) y buscando siempre establecer el liderazgo plural solo a menos que solo un hombre se encuentre calificado.[81]

ESTABLECIENDO UN PLAN PARA EL LIDERAZGO

Un plan coherente para misioneros para ser desarrollado en escenarios de movimientos de plantación de iglesias y en situaciones de persecución ayudará a mantener el fruto de hacer discípulos. Las iglesias deben tener líderes pastores. En algunos contextos, debido a que no están disponibles, los misioneros se enfrentarán a la difícil decisión de recomendar a alguien joven en la fe para servir como anciano. ¿Cómo puede él hacer esto con la confianza de que está siguiendo el liderazgo del Señor? Para ayudar a establecer un plan factible identificaremos diez puntos importantes del proceso de establecer liderazgo en la iglesia local.

Primero, el carácter es importante en los líderes potenciales. Aunque los requisitos del comportamiento descritos en 1 Timoteo 3 y Tito 1 no se encuentran en la designación de ancianos de la región de Galacia de Pablo y Bernabé (Hch. 14:23), los detalles otorgados a Timoteo y Tito ofrecen una garantía de que el carácter nunca debe ser pasado por alto. Debido a que el misionero probablemente no encuentre muchos hombres que hayan alcanzado un alto nivel de madurez cristiana, debe considerar cómo se ha desarrollado el carácter de los líderes potenciales en el tiempo que los ha estado observando. Específicamente, debe buscar fidelidad, disponibilidad, integridad personal, capacidad de ser enseñado, con énfasis especial en la última cualidad.[82]

Segundo, debido al enfoque en las congregaciones más nuevas en Tito, un misionero debe prestar atención de manera especial a los requisitos de carácter descritos en Tito 1:6-9 donde identifica a los ancianos potenciales. Lo ideal es que un candidato muestre todos los requisitos mencionados en 1 Timoteo 3 y Tito 1, pero la realidad se establece cuando se consideran los nuevos creyentes, las nuevas iglesias y los lugares difíciles. Dickson también ofrece este comentario útil:

---

81. Ver el análisis sobre la pluralidad de ancianos y el razonamiento de ello en el libro de W. B. Johnson, «The Gospel Developed through the Government and Order of the Churches of Jesus Christ», en Mark Dever, ed., *Polity: Biblical Arguments on How to Conduct Church Life* (Washington, DC: Center for Church Reform, 2001), 192-195.

82. Lea y Griffin, *1, 2 Timothy, Titus*, 279; Sinclair, *A Vision of the Possible*, 235, utiliza un acróstico útil: «Algunos hablan acerca de buscar a aquellos que son FAT: fieles, disponibles y capaces de ser enseñados (por sus siglas en inglés)».

Ya que el oficio y la labor son espirituales, es necesario que los ancianos sean hombres espirituales. No es necesario que sean hombres de muchos dones o con una posición social, de riqueza o mucha educación, pero es indispensable que sean hombres de Dios que se encuentren en paz con Él, nuevas criaturas en Cristo Jesús; comprometidos con la embajada de la reconciliación, y ellos mismos deben estar reconciliados.[83]

Al considerar los candidatos a ancianos, las siguientes cuatro preguntas pueden ser útiles para resumir lo que Pablo requiere en Tito 1:

1. ¿Es un hombre fiel a su familia, dedicado a su esposa y dirige bien a sus hijos? (1:6).[84]
2. ¿Ejerce dominio propio sobre sus afectos, deseos y relaciones? (1:7).
3. ¿Se lleva bien con los demás y los trata como uno que vive el evangelio? (1:8).[85]
4. ¿Está dispuesto a exhortar y corregir a otros a través del uso apropiado de la Escritura? (1:9).

Tercero, busca dos o tres hombres que la iglesia reconozca como dignos de autoridad por virtud de su carácter y servicio. Esta es la autoridad para dirigir, pastorear, reprender, instruir, enseñar y gobernar. La edad no es el problema tanto como el nivel de respeto de la congregación.[86] Tal y como lo destaca Ray Steadman, este respeto debe ser «propiciado por su [de los ancianos] propio ejemplo de amor y piedad».[87]

Cuarto, si solo una persona está calificada para dirigir la iglesia, puede que la congregación lo aparte y planifique añadir otro hombre tan pronto como pueda. La pluralidad puede ser más difícil en áreas de persecución donde pocas familias o personas se reúnen en una pequeña iglesia en una casa. Sin embargo, cuando funciona apropiadamente, la pluralidad ayuda a evitar que se desarrolle el autoritarismo y la dictadura. Esto provoca una mayor efectividad al multiplicarse los dones ministeriales y ofrece un fuerte sistema de ayuda para las demandas del ministerio.[88]

Quinto, si solo hay un hombre calificado para servir, puede que el anciano solitario

---

83. Dickson, *The Elder*, 30.

84. Ver Getz, *Elders and Leaders*, 163-171.

85. Para lo concerniente a vivir el evangelio, ver J. Mack Stiles, *Marks of the Messenger: Knowing, Living and Speaking the Gospel* (Downers Grove, IL: InterVarsity Press, 2010), 49-60.

86. Getz, *Elders and Leaders*, 287-289.

87. Ray Steadman, *Body Life* (Glendale, CA: Regal Books, 1972), 82.

88. Getz, *Elders and Leaders*, 241-242.

quiera tener un compañero a quien rendir cuentas o un equipo responsable que lo asista. Aquellos a quienes rinde cuentas no comparten la misma autoridad, pero pueden ayudar al anciano a guardar su caminar y su doctrina.[89]

Sexto, el misionero debe invertir mucho tiempo con los ancianos potenciales observando la manera como responden a la instrucción y observando su humildad, crecimiento personal, disciplina en la Palabra y la oración, fidelidad a la familia y reputación en la comunidad. Sills destaca una herramienta misionera que ha sido efectiva: MAWL (modelo, asistencia, observación, ir, por sus siglas en inglés). «Esto llama al aprendiz a aprender de un maestro observando y haciendo… Cuando el aprendiz está "solo" sin incidencia, puede que el maestro se retire».[90] Sinclair sugiere que este proceso toma de dos a seis meses, enfocándose especialmente en «la obra intensa de carácter».[91] En este sentido, el misionero está en la capacidad de vigilar de cerca la manera en que los líderes potenciales se están desarrollando antes de enviarlos a las iglesias nuevas.

Séptimo, el plantador de iglesia no debe insistir en un seminario con la educación occidental para los líderes pastores potenciales, sino ofrecer algunos fundamentos para el entrenamiento en el ministerio.[92] Allen examina el asunto: «La pregunta que tenemos ante nosotros es, cómo es que él [Pablo] podría entrenar a sus convertidos para poder dejarlos después de un breve tiempo con cualquier seguridad de que podrían permanecer y crecer».[93] Por consiguiente, ¿cuáles son los fundamentos que deben ser considerados? A continuación, hay siete posibilidades:

1. Los fundamentos de la fe cristiana con énfasis en la teología bíblica. Enséñales el evangelio.[94]
2. Reglas simples de hermenéutica.
3. Modelos para las disciplinas espirituales.[95]
4. Rendición de cuentas unos con otros acerca del caminar personal y la obediencia.
5. Responsabilidades básicas de los líderes espirituales: doctrina, disciplina, dirección y ejemplo de la vida cristiana (Hch. 20; 1 P. 5; Tit. 1:5-9).

---

89. Ibíd., 273, 276.

90. Sills, *Reaching*, 49.

91. Sinclair, *A Vision of the Possible*, 236.

92. Ver David Bosch, *Transforming Mission*, 5-6, para un vistazo profundo ver los modelos de imposición occidental.

93. Allen, *Missionary Methods*, 87.

94. Ibíd.

95. Donald S. Whitney, *Spiritual Disciplines for the Christian Life* (Colorado Springs: NavPress, 1991).

6. La práctica de la disciplina de iglesia, cómo y cuándo (Mt. 18:18-20; 1 Co. 5, etc.).
7. Discipulado de la congregación.

Octavo, el misionero debe describir las áreas de instrucción y ministerio de la iglesia a los nuevos líderes ordenados. Gene Getz identifica seis prioridades importantes: «Enseñar la Palabra de Dios, dar ejemplo del comportamiento cristiano, mantener la pureza doctrinal, disciplinar a los creyentes rebeldes, supervisar las necesidades materiales de la iglesia y orar por los enfermos».[96] Esto constituye los «deberes» más importantes de los ancianos en las iglesias nuevas.

Noveno, si el misionero y la congregación están preocupados porque los líderes recién designados son nuevos en la fe, entonces desígnalos temporalmente hasta que se prueben a sí mismos, presta atención a la advertencia de 1 Timoteo 3:6: «No un neófito, no sea que envaneciéndose caiga en la condenación del diablo». El misionero Brian Hogan recomienda establecer «ancianos provisionales» o «ancianos en formación», que sirven hasta que hombres más maduros se encuentren calificados para dirigir la congregación.[97]

Décimo, después de suficiente capacitación y observación, la congregación debe apartar a los hombres como ancianos o pastores de la congregación mientras el misionero los encomienda al Señor siguiendo el ejemplo de Pablo en Hechos 14:23-24 y 20:31-32.

CONCLUSIÓN

Incluso en contextos de movimientos de plantación de iglesias y de persecución, los líderes capacitadores deben permanecer como una prioridad para los misioneros. De otra manera, la gran comisión sigue sin cumplirse a pesar de los esfuerzos celosos del evangelismo. Recuerda el fracaso de la iglesia de Ruanda para desarrollar líderes pastores fieles para enseñar a su gente. El misionero/plantador de iglesia no debe descuidar la orden de Cristo para alcanzar más personas, como parece haber sucedido en Ruanda. Nada del Nuevo Testamento da credibilidad a buscar más personas mientras se descuida la enseñanza de todas las cosas que Cristo le ordenó a sus discípulos. Los verdaderos discípulos buscan obedecer a Jesucristo como Señor aun en los lugares difíciles.

---

96. Getz, *Elders and Leaders*, 266.
97. Brian Hogan, «Distant Thunder: Mongols Follow the Khan of Khans», en el libro de Ralph Winter y Steven Hawthorne, *Perspectives on the World Christian Movement* (3.ª ed., Pasadena, CA: William Carey Library, 1999), 694-695, 696.

Obviamente, la enseñanza es un proceso continuo. Como misionólogo, Jonathan Chao insiste en que el misionero «debe reconocer la autoridad legítima de Cristo sobre todas sus iglesias».[98] Después de establecer un fundamento bíblico, debe confiarle el gobierno de la iglesia local a ancianos que tomen la responsabilidad para enseñar, dirigir y pastorear. Aunque él pueda estar luchando con deseos idealistas para establecer líderes totalmente maduros en la iglesia nueva, probablemente necesite mostrar algo de la flexibilidad que Pablo mostró hacia las iglesias de Creta. Algunos de los ancianos que designe pueden parecer «muy nuevos» en la fe, pero aquí él necesitará mucha discreción y dirección del Espíritu Santo. Tal y como lo señala sabiamente Roland Allen, si Pablo pudo permanecer por seis meses en una ciudad, plantar una iglesia, apartar ancianos y encomendarlos al Señor, entonces los misioneros modernos pueden hacer lo mismo.[99] Y, aunque nadie puede ofrecer una fecha o tiempo exacto en la fe como requisito previo para ser anciano, el misionero necesitará ser juicioso al considerar los requisitos fundamentales que son necesarios en los líderes espirituales y luego seguir adelante encomendando la iglesia al cuidado del Señor. También es sabio para él continuar las relaciones con los nuevos líderes y la iglesia, no como uno que ejerce control externo sino como un padre espiritual que puede ofrecer consejo y motivación, como lo hizo Pablo cuando regresó de visitar las iglesias que había plantado.

---

98. Jonathan T'ien-en Chao, «The Nature of the Unity of the Local and Universal Church in Evangelism and Church Growth», en Douglas, *Let the Earth Hear His Voice*, 1111.

99. Cf. Allen, *Missionary Methods*, 81-107.

Conclusión

Gálatas 6:9 emite una advertencia y una promesa que es especialmente relevante para los ancianos: «No nos cansemos, pues, de hacer bien; porque a su tiempo segaremos, si no desmayamos». Quisiéramos concluir este libro volviendo a emitir la misma advertencia y promesa.

¿Recuerdas cómo mencionamos anteriormente que el oficio de anciano es un oficio de llevar cargas? Las cargas pesan. Las cargas son agotadoras. Las cargas que permanecen por largos períodos de tiempo pueden volverse agotadoras. Puedes ser joven y estar cansado de una larga «lucha en la iglesia». O puedes tener más edad y simplemente no estar seguro de cuánto «fuego activo» o «combustible en el tanque» queda. Aquí está el verdadero problema: muchas veces hemos visto a un obrero cansado, independientemente de la edad, caer en pecado y luego ser descalificado porque ya no es un ejemplo. El cansancio generalmente hace que nos apartemos del espíritu y alimentemos la carne.

A muchas madres embarazadas de poco tiempo se les aconseja: «Descansa antes de que te canses». Eso se aplica igualmente a pastores, ancianos y diáconos. ¿Cómo permaneces descansado con todas las necesidades clamando por atención?

En realidad, si eres capaz de arreglar una sola cosa, todo lo demás fluiría a partir de ello. Estamos llamados a «permanecer» en Cristo (Jn. 15:4). De hecho, nuestra productividad es totalmente dependiente de este acto de morar. «Permaneced en mí, y yo en vosotros. Como el pámpano no puede llevar fruto por sí mismo, si no permanece en la vid, así tampoco vosotros, si no permanecéis en mí».

Otros versículos expresan la misma idea, pero de maneras diferentes. Lucas 12:21 nos ordena ser «… rico[s] para con Dios». El Salmo 37:4 exhorta: «Deléitate asimismo en Jehová…» y Filipenses 4:4: «Regocijaos en el Señor siempre».

En tu labor, trabaja duro para mantener tu primer amor como tu Primer Amor. Cuida que tu relación con Dios no se convierta en algo secundario. En otros términos, todo lo demás simplemente no es importante.

Probablemente has escuchado la expresión que dice: «No puedes ofrecer lo que no tienes». Nosotros, los ancianos, primero y ante todo queremos poseer e impartir a Cristo. Todo lo demás palidece en comparación. Si hacemos esto hay recompensa. Vuelve a la promesa de Gálatas 6:9: «A su tiempo segaremos, si no desmayamos».

Hay mucho en juego en esta idea de ser un anciano fiel: una recompensa para nosotros; la salud espiritual de los creyentes; el testimonio de la iglesia en la comunidad; el nombre de Cristo en el mundo.

No desmayemos.

Apéndice

Más abajo se encuentra un cuestionario para ancianos que puede ser adaptado al contexto de tu propia iglesia.

CUESTIONARIO PARA ANCIANOS

1. Explica brevemente cómo llegaste a la fe en Cristo.
2. Describe tu propia práctica de las disciplinas espirituales como creyente.
3. ¿Cómo describirías tu relación con tu esposa e hijos? Habla un poco sobre tu vida de familia, prioridades y lo que el Señor te está enseñando en tu matrimonio y en la crianza de tus hijos.
4. ¿Qué es el evangelio de Jesucristo? Explica brevemente o prepara un esquema del evangelio tal como lo presentarías a alguien con necesidad de Cristo.
5. Explica tu comprensión de la iglesia. ¿Qué es la iglesia, cuál es su propósito, cómo es ordenada por Cristo, cuál es su futuro, etc.?
6. En este sentido, ¿cuáles son los oficios de la iglesia del Nuevo Testamento y cómo funcionan estos en la vida de la iglesia local?
7. Explica brevemente la doctrina bíblica del hombre.
8. Explica brevemente la doctrina bíblica del pecado.
9. Explica brevemente cada uno de los siguientes términos y su importancia en la vida cristiana:
   A. Justificación
   B. Redención / Reconciliación
   C. Adopción
   D. Propiciación
   E. Predestinación / Elección
   F. Regeneración

Bibliografía seleccionada

Anyabwile, Thabiti M. *Cómo encontrar ancianos y diáconos fieles*. Serie IX Marcas. Washington, DC: 9Marks, 2020.

Ascol, Thomas K., ed. *Dear Timothy: Letters on Pastoral Ministry*. Cape Coral, FL: Founders Press, 2004.

Dever, Mark E. *A Display of God's Glory: Basics of Church Structure*. Washington, D. C.: Center for Church Reform, 2001.

____________. *Una iglesia saludable: Nueve características*. Graham, NC: Publicaciones Faro de Gracia, 2001.

____________, ed. *Polity: Biblical Arguments on How to Conduct Church Life*. Washington, D. C.: Center for Church Reform, 2001.

Dever, Mark y Paul Alexander, *La iglesia deliberante: Edificando su ministerio en el evangelio*. Washington, DC: 9Marks, 2019.

Dickson, David. *The Elder and His Work*. Phillipsburg, NJ: P&R, 2004.

Getz, Gene. *Elders and Leaders: God's Plan for Leading the Church. A Biblical, Historical and Cultural Perspective*. Chicago: Moody, 2003.

Hammett, John S. *Biblical Foundations for Baptist Churches: A Contemporary Ecclesiology*. Grand Rapids: Kregel Academic & Professional, 2005.

MacArthur, John, Jr., ed. *El ministerio pastoral: Moldeando el ministerio pastoral del siglo XXI con principios bíblicos*. Terrassa: Clie, 2005.

____________. *El plan del Señor para la iglesia*. Grand Rapids: Portavoz, 2005.

Merkle, Benjamin. *Preguntas y respuestas sobre ancianos y diáconos*. Grand Rapids: Portavoz, 2012.

____________. *The Elder and Overseer: One Office in the Early Church*. Studies in Biblical Literature, 57. Hemchand Gossai, gen. ed. Nueva York: Peter Lang, 2003.

Piper, John. *Biblical Eldership: Shepherd the Flock of God Among You*. http://www.DesiringGod.org/library/tbi/bib_eldership.html.

____________. *Biblical Eldership*. Minneapolis: Desiring God Ministries, 1999.

Ryken, Philip. *City on a Hill: Reclaiming the Biblical Pattern for the Church in the Twenty-first Century*. Chicago: Moody, 2003.

Strauch, Alexander. *Liderazgo bíblico de ancianos: Un urgente llamado a restaurar el liderazgo bíblico en las iglesias.* Littleton, CO: Lewis and Roth Publishers, 2001.

Wills, Gregory. *Democratic Religion: Freedom, Authority, and Church Discipline in the Baptist South, 1785-1900.* Nueva York: Oxford University Press, 1997.

Witmer, Timothy Z. *The Shepherd Leader: Achieving Effective Shepherding in Your Church.* Phillipsburg, NJ: P&R, 2010.

Índice de la Escritura

Índice temático

La mentoría debe involucrar a la congregación, no solo a los pastores principales, para formar líderes maduros y resistentes preparados para todo lo que conlleva el ministerio. Las soluciones sólidas y prácticas en *La iglesia mentora* ofrecen a las iglesias de cualquier tamaño la visión para orientar a futuros líderes y un modelo viable para seguir. Con una consideración perspicaz de los modelos de capacitación teológicos, históricos y contemporáneos para las asociaciones de pastores e iglesias, Newton es una guía confiable para desarrollar una cultura eclesiástica que equipe a líderes totalmente preparados.

EDITORIAL
PORTAVOZ

NUESTRA VISIÓN

Maximizar el efecto de recursos cristianos de calidad que transforman vidas.

NUESTRA MISIÓN

Desarrollar y distribuir productos de calidad —con integridad y excelencia—, desde una perspectiva bíblica y confiable, que animen a las personas a conocer y servir a Jesucristo.

NUESTROS VALORES

Nuestros valores se encuentran fundamentados en la Biblia, fuente de toda verdad para hoy y para siempre. Nosotros ponemos en práctica estas verdades bíblicas como fundamento para las decisiones, normas y productos de nuestra compañía.

Valoramos la excelencia y la calidad
Valoramos la integridad y la confianza
Valoramos el mérito y la dignidad de los individuos y las relaciones
Valoramos el servicio
Valoramos la administración de los recursos

Para más información acerca de nuestra editorial y los productos que publicamos visite nuestra página en la red: www.portavoz.com